仙台藩家臣録

第二巻

監修　佐々久
編著　相原陽三

JN244182

東洋書院

例言

佐々久

寄子《よりこ》と寄親《よりおや》

戦国時代、侍も足軽も寄親を中心にして一団をなし、この支配関係をそのまま戦時には編成して一隊とした。徒党を組むことは厳しく禁じられていたが、寄親、寄子の関係は公然と許された。寄親は寄子の私生活、例えば婚姻、訴訟等の相談をうけ許可もしこれをかばった。文武の修練、武具の整備、飲酒・口論・博奕の取締や禁戒も寄親の責任とされた。

仙台藩は後にこの制度を次第に改編し十隊の大番組に組織がえし、藩主の命により十人の大番頭、脇番頭を定めその下に武士三六〇人を属せしめ一隊とした。さらに足軽等を配分した。しかし一門や大身の中には伊達安芸のように二万二千石余で家中（下中）一四〇〇余をかかえ隠然たる勢力を示したものもあった。一門の一番坐八人だけで一三万二千余石を領し五千六〇〇の家中を抱えていた。

家臣の片倉小十郎は一万八千石で一四〇〇の家中を抱えていたので財政的には苦しかった。

伊達氏系譜

①朝宗（念西公満勝寺殿）—②宗村（念山公）—③義広（観音寺殿）—④政依（東昌寺殿）—⑤宗綱（金福寺殿）—⑥基宗（満願寺殿）—⑦行宗（念海公延命院殿）—⑧宗遠（喜見寺殿）┬⑨政宗（儀山公東光寺殿）—⑩氏宗（正光寺殿）—⑪持宗（天海公真常院殿）—⑫成宗（栖竜院殿）—⑬尚宗（香山公）┬⑭稙宗（直山公）┬⑮晴宗（保山公）┬⑯輝宗（性山公）┬⑰政宗（貞山公）┬⑱忠宗（義山公）—⑲綱宗（万治三年八月二六日致仕）┬⑳綱村（万治二年三月八日生・万治三年八月二五日襲封）

- 宗遠 └夫人（輪王寺殿）
- 尚宗 └夫人（泰心院殿）
- 稙宗 └夫人（裁松院殿）
- 晴宗 └夫人（保春院殿）
- 輝宗 └陽徳院殿
- 政宗 └夫人（孝勝寺殿）
- 綱宗 └夫人（稲葉氏仙姫延宝五年四月六日婚儀）

延宝五年（一六七七）には綱宗は品川の下屋敷に居り、嘉心と称していた。綱村は十九歳従四位下左近衛少将陸奥守である。

伊達政宗の子供たち

政宗

- 庶子 秀宗（遠江守）宇和島十万石、万治元年歿六八歳
- 正妻の子 五郎八《イロハ》姫（西舘様）越後少将上総介忠輝に嫁し後仙台帰る。落飾して天麟院と号す、寛文元年歿六八歳
- 母正妻 忠宗（母徳川振姫）（義山公）
  慶長十六年美作守　寛永元年越前守　寛永十三年襲封陸奥守　万治元年七月歿、年六〇
- 庶子 宗清（河内）寛永十一年歿、（吉岡邑主）年三五歳
- 庶子 宗泰（三河）寛永十五年歿三七歳、岩出山邑主
- 宗綱《ツナ》（摂津）元和四年歿六歳、正妻ノ子
- 庶子 宗信（筑前）岩ケ崎邑主、寛永四年歿、年二五
- 庶子 宗高（右衛門介）村田邑主、寛永三年歿、年二〇
- 女、牟宇 庶子 角田邑主石川宗弘に嫁す、天和三年歿、七六歳
- 正妻ノ子 竹松丸、慶長一四年歿、年七
- 庶子 宗実（治部）（安房）亘理邑主伊達成実の嗣となる。寛文五年歿、五三歳
- 庶子 女、涌谷邑主伊達宗実に嫁す。寛永十二年歿、年二〇
- 庶子 宗勝（兵部）忠宗一ノ関一万石の支藩となす、綱宗隠居に当り、田村右京と共に幕命により、三万石の支

藩とさる、寛文事件（伊達騒動）の総責任をとらされ土佐に謫され延宝六年謫所に歿す。年五七

─庶子 千菊寛永十二年、丹後守京極高国に嫁す。明暦元年歿、年三〇

○正妻の子は家をつぐとき優先する、庶子はその後とされる。政宗の最初に生れた秀宗は正妻の子でなく妾腹であり庶子となる。よって正妻の子忠宗が家をついだ。仙台藩主三代目綱宗は幼なくして母を失なったので忠宗の正妻はあわれに思って自分の養子とした。当時忠宗には光宗という嫡子が健在であった。光宗が正保二年一九歳で歿したので正妻の養子綱宗が庶兄たちをおいて嫡子とされた。これが御家騒動の発端となった。

二代藩主忠宗（義山）の子供

忠宗
夫人（徳川振姫）

―鍋―（母忠宗の正妻）柳川一〇万石侍従立花忠茂に嫁す。延宝八年歿、五八歳

―虎千代（母同上）寛永七年歿年七、正眼院と号す

―光宗（同上）正保二年歿年一九、円通院、要山公と号す

―庶子 宗良 政宗夫人陽徳院の命により田村氏を称す、万治三年幕命により岩沼三万石の支藩とされ兵部と共に宗家の事を摂す寛文十年隠岐守、十一年寛文事件により閉門、翌年許され延宝六年歿、四二歳

―庶子 五郎吉・白石若狭の嗣となる。正保元年歿、七歳

―庶子 宗倫（式部）白石若狭宗勝の女に配して白石家をつぎ登米伊達氏となる。寛文一〇年歿、三一歳。天山、高台院に号す

―綱宗（正妻の養子となる）万治元年襲封陸奥守三年故ありて致仕、品川第に隠居天和三年嘉心と号す

―庶子 宗規（左兵衛）江刺郡岩谷堂邑主、貞享二年歿、四二

―庶子 宗房（肥前）黒川郡宮床邑主、貞享三年歿、四一

―庶子 宗章、飯坂氏の養子となる寛文三年歿、一六歳

○直高《ナオシダカ》之事（扶持と御切米は玄米の現物支給で、知行は土地で与えられる。扶持米、御切米支給を知行に直すときの計算高を直高という。百石とれる土地を仙台藩では一〇貫文とし、一石とれる地を一〇〇文といった。

銀《ギン》一匁高　九文五分三り三毛（一両ノ六〇分ノ一）
御《オ》切米《キリマイ》一切　一四三文（一両の四分ノ一）
同　一両　五七二文（五石七斗二升の地）
御《オ》扶持《フヂ》方《カタ》一人分　四五〇文（知行四石五斗）

金銀の普通計算の仕方は次の通りでこれに準じて直し高を定めた。

判金一枚　二九切に両替する
銀一枚　二切と代八六六文
小判一両　銀六〇匁

判金一枚之直高ハ三〇切ト見て高四貫二九〇文
（御切米一切の三〇倍）知行四二九〇文となる。後に四二九一文としている。

知行金　百石　一〇貫文
御切米　十俵（四石）　一貫文
御切米　十石（二五俵）　二貫五〇〇文
〃　一石（二俵半）　二五〇文

一人扶持とは一日玄米五合、一ケ月で一斗五升一年間で一石八斗となる。

知行地では原則として四公六民の計算がなされ武士の領地から一〇石とれると武士は四割の四石を収納する原則である。実際一石八斗を収納するためには四石五斗の産米が必要であると計算された。

○御仕着《オシキセ》の直高＝藩主側近に仕える者は衣料を与えられた。御仕着、御四季着、四季施などと書かれ、幕府では正、四、五、九、十二月に同朋頭、数寄屋坊主などに時服を与えたという。仙台藩の場合これを知行に直した例を見ると二四石・一八・一四石の場合が見られる。上の御仕着、と中の御仕着下の御仕着の三段階があったらしい。

野村喜兵衛（一二貫文）の項に、「御次の間の書物役とされ、御切米二両、御扶持方四人分、さらに御仕着を与えられた。御仕着は毎年次の通りであった。

小袖　三枚（袷《アワセ》一、帷子《カタビラ》二）、麻上下《カミシモ》　二具、木綿袴《ハカマ》　一着、上鼻紙　一二〇帖
人足代金　一両

この御仕着を御切米四両一分に直し、さらに人足一人を貸し下げられている。

四両一分は知行に直すと二貫四三一となる。二貫四〇〇文が原則であることを暗示している。御仕着は医者に与えられた例が多いが、知行一貫八〇〇文余に直されている。これは野村某の場合とは異なる衣服であったろう。

組士進退（士分以下を凡下格という。その中でも組士、御足軽、御職人等に大別する）。

御鷹匠	三人分	二切銀一二匁八分	一七五六・六文相当
御不断組	三人分	三切	一七七九文〃
御給士組	三人分	二切銀一〇匁	一七三一文〃
御名懸組	四人分	二切銀四匁八分	一六八一・六文〃

御　歩　組　四人分　六切　二六五八文〃
御大所組(台所)　四人分　一両　二三八八文〃
御　茶　道　四人分　三両　三五一六文〃
御　同　朋　三人分　五両　四二一〇文〃
御　坊　主　三人分　二両二分　二七八〇文〃

(これはその職につけられたときの最初の原則的給料であった)。

○馬之喰《ムマノクライ》一疋分の直し高＝御切米三〇両、御扶持方二〇人、馬之喰一疋分を三〇貫文に直した例がある。

御切米三〇両ハ一七一六〇文、二〇人分は九貫文である、残りは三八四〇文となる、直すときは幾分加増分もあるから馬の喰一疋分はそれ以下である。馬一四分を三〇石と見てよいと思う。しかし未だ明確な記録はない。

仙台藩家臣録　第二巻　目次

侍衆（十四）

侍衆（十五）

侍衆（十六）

侍衆（十七）

侍衆（十八）

侍衆（十九）

侍衆（二十）

侍衆（二十一）

侍衆（二十二）

侍衆（二十三）

侍衆（二十四）

侍衆（二十五）

御知行被下置御帳

仙台藩家臣録

第二巻

侍衆

御知行被下置御牒（十四）

三十六貫文より
三十五貫文迄

1 清水左助

一 拙者養父清水有閑儀
義山様御代津田古豊前を以御相伴衆被相抱、御知行五貫文被下置候。寛永十三年霜月朔日為御加増弐拾五貫文合三拾貫文被成、古内古主膳を以被下置候。然処寛永廿一年八月十四日大御検地二割出共に都合三拾六貫文被成、古内古主膳を以被下置候て相勤罷在候処、老衰仕候付て、
義山様御代津田中豊前を以隠居被仰付、家督無御相違正保四年極月廿七日拙者に被仰付候。拙者被下置候御扶持方四人分御切米七両を御知行被相直、御加増共九貫文に被成、有閑隠居分津田中豊前を以被下置候。其後日野次右衛門有閑聟に被仰付、右之九貫文之御知行娘に指添遣申候。其刻年号覚不申候。拙者実父岡田忠右衛門儀田村御譜代に御座候。
義山様御近習御奉公仕候処於江戸病死仕候。其節拙者一歳に罷成候間、苗跡不被相立候付て、母方之伯父今村正右

衛門に十四歳迄被致養育罷在候処、
義山様より被召出御小性組に被仰付相勤申候。然処有閑妻子持不申候付て、寛永十三年に母共に養子古内古主膳を以被仰付候。拙者儀
義山様御遠行被遊以後、石田孫市御番組被仰付、御国御番両年相勤申候処に御懐守古内中主膳を以被仰付候処、眼病重にて罷在候間、其旨訴訟仕候処御免被成下候間、則奥山大炊を以実子市之助番代に願上申候得ば、御小性組に被仰付相勤申候処、病死仕付、日野次右衛門嫡子三弥儀拙者に甥に御座候間、娘に取合聟名跡仕度段願上申候処、被達上聞御小性組に被仰付、只今相勤罷在候。以上

延宝五年三月朔日

2　国井七郎左衛門

一　拙者実父同苗忠左衛門儀加州浪人御座候処、
義山様代寛永十七年二月古内古主膳を以被召出、御知行三拾貫文被下置旨同人を以被仰渡候。

御同代寛永廿一年二割出六貫文拝領仕、取合三拾六貫文に被成下候。忠左衛門延宝三年七月晦日病死仕候付て、跡式右知行高之通無御相違拙者に被下置候旨、同年十一月十九日柴田中務を以被仰渡候。以上

延宝五年三月廿七日

3　森田杢右衛門

一　拙者先祖国分能州盛氏一家御座候。
貞山様御代天正年中名取国分御手に相入申候砌、曽祖父郷六外記助儀被召出、本領之内国分愛子村にて七貫七百文之所被下置御奉公仕候処、慶長二年九月最上修理殿上杉景勝御合戦之砌、国分衆御加勢に被遣節、右外記助馬上同心幷御足軽被相副被指遣候。然処外記助深入仕、二男堀江源蔵父子共討死仕候由承伝候。其節嫡子孫九郎儀は伏見に罷在候。其品は岩出山御在城にて屋代勘解由御仕置被仕
貞山様伏見御定詰被遊候内、右孫九郎儀勘解由所罷在候節、大事之討物両度仕候て被召出伏見定詰被仰付、部屋住故歩にて御奉公仕罷在候。且又
貞山様御代服部勘兵衛と申者御暇不申請御家を引切罷出候て、筑前中納言殿へ取付居申付て、
貞山様以之外御腹立被遊候故、右孫九郎願申上候は、二・三年も御暇被下置候はば闇討に可仕由申上候得ば、如願御暇可被下候間討可申之由被仰付候条、御横目を被相副被下度旨追て申上候処、弓田右馬丞被仰付、文禄四年六月廿三日早朝に伏見罷立同廿四日午之上刻に右勘兵衛上下十七人にて大坂伝馬橋を罷通候を討捕、首刀脇指共取申候て京都御屋舗へ懸入其段相達御耳為上意相模之内富士沢之遊行上人へ被相頼、三箇年隠し被指置候内、御腰物幷御金五拾両被下置、成程用心可仕由御意にて居申候。其以後慶長三年に被召出候節、森田杢右衛門と改名被仰付、津田民部を以外記助跡式幷御加増弐拾弐貫三百文之所被下置、知行高三拾貫文被成下、其上愛子村本領地は諸役御免許之御黒印頂戴仕候。元和元年大坂御陣へ御供仕、御陣場にて御足軽頭被仰付引続相勤申候。
義山様御代御給主頭被仰付、隠岐と改名仕、嫡子孫九郎儀杢右衛門と改名被仰付候。且又惣御検地二割出目御加増被下置、御知行高三拾六貫文被成下、寛永廿一年八月十四日御黒印頂戴仕候。正保元年御不断頭被仰付相勤申候

内、嫡子杢右衛門部屋住候得共、御屋舗奉行被仰付候故難有奉存、父子共馬上にて御奉公仕候。承応二年に右隠岐八十歳にて古内古主膳を以隠居願申上如願隠居被仰付、右御知行三拾六貫文之所無御相違右杢右衛門被下置御黒印頂戴仕、并御不断頭不相替被仰付候。寛文七年於江戸隠岐と改名被仰付、拙者儀杢右衛門改名被仰付候。右隠岐寛文十一年右京殿御改名付て、筑後と改名仕候。六十八歳にて隠居願申上候処、延宝二年二月三日柴田中務を以願之通被仰付、右御知行三拾六貫文之所無御相違拙者に被下置候。御下書は罷出御黒印は未頂戴仕候。以上

延宝五年五月四日

4　坂本平右衛門

一　拙者先祖

誰様之御代被召出何代御奉公申上候哉不承伝候。稙宗様・晴宗様・輝宗様御三代之御書判之御証文先祖に被下候所持仕候。乍去拙者祖父代に火事仕御判先祖之名付御文言も少々相残候所も御座候。拙者祖父坂本平右衛門嫡子甚七代迄引続御知行被下置候得共、村郷在家にて被下置候故、知行高は相知不申候。然処甚七廿歳にて病死仕、嫡子長三郎幼少に御座候付て、拾貫百四拾七文被下置、右甚七弟拙者親同氏右衛門に御知行拾九貫八百五拾三文貞山様御代に被下置由承伝候。其以後御同代茂庭了安御取次を以志田郡中沢村にて野谷地被下置、勝手次第取立可申之由被仰付、右新田起目拾貫百四拾七文被下置、都合三拾貫文被成下由承伝候。右之通

御先代様段々被成下候年号・御申次等承知不仕候。親平右衛門儀寛永廿年五月十七日病死仕、跡式無御相違義山様御代茂庭古周防を以同年九月十三日拙者に被下置候。其以後寛永年中惣御検地被相入二割出目被下置、高三拾六貫文之御黒印頂戴仕候。以上

延宝五年五月三日

5 浜田五右衛門

一 私先祖御家御譜代にて

御先祖様より御奉公申上、伊達へ被遊御下にも御供仕罷下、御宿老役目相勤申由候得共、誰様御代より私先祖何代已前より御家へ被召出、御知行何程被下置候哉、祖父已前之儀不承伝候。祖父正九郎儀浜田下総二男御座候。

貞山様御代右正九郎御小性組に被召出、其後御知行廿貫文拝領、以後御切米判金弐枚拾人御扶持方被下置、御人足弐人御馬弐疋被借下、渡部半三郎同役にて御小性頭相勤申由承及申候。中度進退中絶仕候由御座候得共、何之品を以中絶仕候哉不承伝候。然処被召返片倉備中被預置、其後右備中を以被召出由御座候得共、何年に被召出候哉不承伝候。御切米四切五人御扶持方被下置、五右衛門と改名仕、御国御番相勤申候内、御手水番被仰付致勤仕、大坂御陣へ御供仕罷登御帰国被遊、伊達御譜代三百人御足軽衆之内百人御弓衆に被成置候師匠を五右衛門に被仰付候付て、仕立申吉田図書・鹿野清兵衛指引に被仰付候。寛永元年に其身にも御弓頭被仰付候間、御弓之衆作り立可申由被仰付、新組に百人作立御物頭被仰付、大和田四郎右衛門同役にて相勤申砌は、御人足壱人御馬一疋被借

下、勿論御人足御扶持方馬之喰被下置、御国之御奉公は右之御切米御扶持方にて相勤、江戸御番之砌は御賄にて相務、行幸之御供仕候には内之者相抱可申由にて、御金拾両御馬道具被下置、御賄にて被召連候由承及候。以後石母田大膳・中島監物を以御知行弐拾貫文拝領仕候。先代之儀故年号不承伝候。右之御知行祖父五右衛門・伯父浜田備前隠居跡式被下置候由承及申候。其後義山様御代何も御物頭三拾貫文より不足之者共に御加増被下置、三拾貫文宛に被成置候砌、拾貫文拝領、三拾貫文に被成下候由、年号・御申次不承伝候。且又惣御検地二割出六貫文拝領、都合三拾六貫文被成下、祖父五右衛門慶安二年七月十一日に相果、親五右衛門に跡式右高之通、同年古内主膳を以被下置、引続御弓頭被仰付候。御黒印同年十月十一日頂戴仕候。親五右衛門御当代迄御奉公申上、寛文十一年四月十六日相果申付、同年七月十一日跡式御知行高三拾六貫文拙者に被下置之旨片倉小十郎申渡候。同年七月十一日之御日付之御黒印所持仕候。以上

延宝五年四月廿一日

6　丹野善右衛門

一　拙者祖父丹野善右衛門儀国分譜代御座候て、先祖仙台に居住仕候。国分没落以後貞山様へ被召出、国分之内六丁目村にて御知行五貫文被下置、黒川古城御番仕罷在候。其比貞山様伏見被成御座、屋代勘解由執権之砌右善右衛門勘解由に願申候は、伏見へ罷登御奉公仕度由申達、慶長元年正月伏見へ罷登候処、木村伝内を以御前へ被召出、御鉄炮御用被仰付同五年迄彼地御奉公致勤仕候内、和泉境に

て国友に御番筒百挺為御張被成候御役人に被仰付、出来以後同年白石御陣之刻右御鉄炮百挺為持
貞山様より御先に罷下、名取北目之古城へ参着仕候。同年七月廿四日右御合戦御供仕大手口にて討死仕候。拙者養
父同名善右衛門儀其節十歳に罷成幼少に御座候。其上
貞山様御当地に不被成御座、且又其時分乱世に御座候故家督可申立様無之、同七年極月迄流浪仕罷在候。親善右衛
門討死仕候儀に御座候間、跡式被下置候様に申上度と右屋代勘解由へ願申候得ば当時
貞山様上方に被成御座候条、御下向御座候は親善右衛門に被下置候御知行被下置候様に可申上候間、先其内は御給
主並にも相加御奉公可仕由被申渡、御知行壱貫七百文にて養父善右衛門十二歳罷成候慶長七年極月、右御組被召
出引続大坂御陣迄御供仕候。
貞山様御代元和四年霜月十五日右御組御赦免被成下候。右之御知行組付に御座候付て被召上、御切米七切拾匁四人
御扶持方被下置、御肴役人・常陸御米御用・御流木御用等段々引続被仰付相勤候処、
義山様御代祖父善右衛門討死、養父善右衛門数年御奉公、且又所々討者大坂御陣にて勤功被仰立、寛永廿年八月十
七日以奥山古大学、御知行三拾貫文被下置御物頭被仰付候。同廿一年二割出六貫文被下置、都合三拾六貫文被成
下候。御黒印致頂戴御奉公相勤申候。男子無之候付て、拙者儀幼少之節より養子に候仕、娘御座候取合指置、
御当代寛文三年正月隠居願申上、家督無御相違拙者に被下置、則養父跡式御物頭役共に被仰付旨、同年五月朔日以
奥山大炊被仰付、御黒印頂戴奉所持候。以上
延宝五年三月十四日

7 細谷次兵衛

一　拙者祖父細谷九兵衛、越後浪人御座候て十二歳より貞山様へ御小性御奉公仕御知行三拾貫文被下置、其後義山様御小座へ被相付御代初御中間奉行被仰付候由承伝候。正保元年右九兵衛病死仕、嫡子拙者親十太夫家督無御相違被下置、同年二割出六貫文被下、都合三拾六貫文之高被成下御国御番仕、明暦二年致病死候。拙者幼少御座候付母に真籠五郎右衛門御取合拙者十六歳迄番代被仰付候。寛文六年に拙者十六歳罷成候故、五郎右衛門方より義山様御意之通、兵部殿・隠岐殿へ申上候付、同年二月十九日右御知行三拾六貫文無御相違拙者に被返下置候由、富塚内蔵丞を以被仰渡候。拙者六歳にて親病死仕候故、先祖之様子品々委細不奉存候。以上

延宝五年二月廿日

8 渡辺隼人

一　拙者先祖渡辺伊勢と申候て、伊達御譜代之者御座候。右伊勢儀尚宗様御代被召出、御知行拾五貫文被下置候。誰御申次にて拝領仕候哉、其段は不承伝候。其以後引続御代々不相替御奉公仕候由申伝候。拙者曾祖父も渡辺伊勢と申候。祖父は渡辺宮内後に伊勢と申候。拙者親は渡辺伝左衛門後に伊勢と申候。
貞山様御代米沢より御国替之節拙者祖父宮内・拙者親伝左衛門・拙者又伯父渡辺今内何も御供仕岩出山へ参、夫より御当地へ参候て御奉公仕候。其刻右渡辺今内古遠江守様御四之御年御守被仰付、京都へ御供仕宮内罷登時分、

拙者親伝左衛門今内召連御供罷登申候て、
貞山様へ御奉公申上候。其後石田治部少輔乱罷出、則
貞山様御供仕此方へ罷下、白石御陣へ御供仕候。其砌右宮内病死仕候付て、跡式拾五貫文右伝左衛門に被下置、仙台御本丸御作事奉行被仰付、越後御城御普請迄十六箇年御普譜奉行相勤申候。大坂御陣にも両度御供仕候。其後従
貞山様奥山出羽を以御知行拾五貫文御加増被下置、御知行高三拾貫文被成下候。年号は覚不申候。其節江戸御金奉行被仰付、
義山様御代迄三拾五箇年江戸定詰相勤申候。正保四年右御役目御免成下御国元へ罷下候。
義山様御代惣御検地被相入、御知行二割出目六貫文拝領仕、知行高三拾六貫文被成下寛永廿一年八月十四日
義山様御黒印頂戴仕候。右伝左衛門儀伊勢と改名歳罷寄申に付、嫡子長太郎を伝左衛門と改名仕、御番代に相出御国虎之間御番仕候。拙者儀は渡辺三十郎と申候て、右伊勢二男御座候。十一歳より要山様へ御小性御奉公仕、御切米三両御扶持方四人分被下候。要山様御遠行被成候以後
義山様へ被召出、御小性御奉公仕候。其後御小性組御免被成御国御番仕候処、右伝左衛門病死仕候付、親伊勢拙者を家督仕度由願申上候処願之通被仰付、右御知行高三拾六貫文無御相違中古内主膳を以、寛文元年九月十一日被仰渡拙者被下置、同年十一月十六日御黒印頂戴仕候。勿論拙者本進退御切米御扶持方被召上候。寛文五年より江戸御番被仰付相勤申候処、同九年九月より相煩申に付、同十年に江戸御番御免被成宮内権十郎御番組にて御国虎之間御番仕候。拙者儀江戸御国共に当年迄三十七年御奉公相勤申候。拙者祖父之儀は慥覚不申候間有増申上候。

以上

延宝五年二月廿三日

9　佐藤平助

一　私曽祖父佐藤小左衛門と申、森美作守殿知行五百石被下置奉公仕罷在候。男子三人有之内嫡子は苗跡相続文右衛門と申候。二男佐藤九兵衛と申、長谷川式部少輔へ親類に御座候付浪人分合力を請罷在候。三男私祖父佐藤平助儀も浪人にて式部少輔所に罷在候処、貞山様御代御家へ被召出被下度旨式部少輔直々被申上候処、可被召抱由被成御意鈴木和泉御申次にて元和之比平助儀被召出、則御知行三拾貫文被下置御番所虎之間江戸番被仰付候由承伝候。寛永廿一年二割出被下三拾六貫文にて御割奉行・御郡司相勤候。以後隠居之願申上、嫡子私親六兵衛跡式無御相違寛文元年十月十六日被下置、平助法躰仕平入と申候。六兵衛儀も江戸御番相勤寛文六年七月廿九日病死、同年十月廿八日私七歳之節古内志摩を以右知行高三拾六貫文被下置候。以上

延宝五年正月十一日

10　河東田善兵衛

一　拙者祖父は白川譜代一家御座候。右郷罷在候時分より貞山様へ高祖父縫殿助度々御目見仕、似合之御奉公仕候付御直書数通被下置于今所持仕候。右縫殿義

貞山様御代慶長年中被召出、御知行三拾貫文被下置御足軽奉行被仰付相勤申候由承伝候。曽祖父代迄家督誰を以何年比被下置候哉、年久儀故不承伝候。右二代御抱頭職仕候由承伝候。

貞山様御代曽祖父縫殿寛永十一年正月廿六日病死仕候付、家督嫡子作右衛門同年中茂庭佐月を以家督被下置御足軽奉行共被仰付候。

義山様御代寛永十六年七月十九日に右作右衛門病死仕、家督親縫殿に同年中古内古主膳を以被下置候。其以後御小人奉行被仰付御物頭職四代引続被仰付候。寛永年中惣御検地之砌二割出被下置三拾六貫文に罷成候。親縫殿寛文九年十月廿七日病死仕家督拙者に被下置候段、同十年二月廿三日柴田外記を以被仰付候。親縫殿代寛文八年一迫柳目村知行付野谷地被下置、延宝元年御竿被相入高弐貫三百六文罷成候。然処私伯父河東田甚之丞少進にて御番等も勤兼申仕合御座候間、右弐貫三百六文之所右甚之丞被下置度段奉願候処、同年九月朔日柴田中務を以被仰渡候。当時拙者知行高三拾六貫文御座候。尤御黒印頂戴仕候。以上

延宝五年二月十三日

11　清水長左衛門

一　拙者曽祖父清水長左衛門儀元来毛利輝元家臣にて備中国高松之城相預罷在候処、天正十年

秀吉公西国御発向之節右高松之城水責に被成候故籠城之人数可及溺死之処、長左衛門兄并加勢之足軽大将両人へも相談之上、右四人致切腹籠城之衆命可相助由にて右之趣

秀吉公へ相達候処、代衆命可致切腹之儀御感被成望之通被相叶候条、右四人之外は雖為長男連被切腹為仕間舗由依

仰、湖水舟中にて右四人共切腹仕候由申伝候事、右勤功
権現様相達御耳、祖父長左衛門儀天正十八年被召出、同年九月晦日御知行五百五拾壱石八斗致拝領候。御朱印壱枚幷文禄五年正月廿日御知行七百八石九斗九舛五合拝領之御黒印壱枚又慶長三年二月廿二日為寄子給御知行三百石拝領之御黒印壱枚、同年十一月廿一日御加増三百石拝領之御黒印壱枚、同六年九月九日御知行四千石拝領之(被)朱印壱枚、同年同日為寄子給御知行千六百弐拾石拝領之(被)朱印壱枚、右寄子知行割符高名付之御朱印一枚、同八年正月九日為寄子給御知行四千四百石拝領之御朱印壱枚、右八枚共于今所持仕候。其以後祖父長左衛門儀越前之一
白様へ御守に被相付候処、如何様之品有之候哉家老中諸大名衆へ御預被成候節、右長左衛門儀は
貞山様へ御預被成候。長左衛門儀中比は石見と申其後丹後と申候。御家へ罷越候て
貞山様より為御扶助分百人御扶持方右丹後一代致頂戴候。丹後儀元和三年三月七日於御当地病死仕候由承伝候。亡父長左衛門九歳罷成候時右丹後相果申候付、御扶持方百人分をば被召上長左衛門には別て御知行三拾貫文被下置候由承伝候。御申次衆は不奉存候。寛永年中大御検地之節二割出六貫文拝領、三拾六貫文被成下其節致頂戴候御黒印所持仕候。亡父長左衛門代承応四年四月六日東山上奥玉村野谷地拾九町拝領開発、明暦元年御竿相入五貫三百弐拾九文罷成候を、存生之内茂庭周防を以二男瀬兵衛被下置度由願申上候処、願之通瀬兵衛被下置候由、万治三年二月十日茂庭周防・富塚内蔵丞を以被仰渡候。
義山様御代亡父長左衛門儀明暦四年三月廿八日相果、跡式無御相違拙者被下置候由茂庭周防を以被仰渡候。同年七月
義山様御他界被遊候故黒印は頂戴不仕候。

御当代之御黒印致頂戴候。知行高今以三拾六貫文御座候。以上

延宝五年三月廿九日

12 斎藤杢丞

一 拙者曾祖父鹿股壱岐伊達御譜代に候。壱岐三男祖父同氏雅楽助、同人三男親斉藤清兵衛何品を以何時斉藤に名字相改申候哉様子承伝不仕候。清兵衛事慶長年中義山様御部屋住之節無足にて御奉公罷出御家督以後、御知行三拾貫文被下置、寛永十六年九月病死仕候。其節拙者七歳罷成候故拾貫文を以苗跡被立下、寛永年中惣御検地之時二割出目被下置拾弐貫文罷成候。拙者儀十三歳より義山様御小性組に被召仕、慶安三年十二月廿三日御加増弐拾四貫文被下之旨御直々有難御諚共にて致拝領、都合三拾六貫文之御黒印頂戴仕候。右鹿股之由緒鹿股五郎右衛門可申上候。以上

延宝五年正月十六日

13 吉田作蔵

一 拙者曾祖父吉田正兵衛儀生国薩摩浪人御座候処、貞山様御代十六歳にて御小性組に鈴木和泉を以被召出、御知行三拾貫文被下置候。被召出候時分之年号御知行被下置候御申次・年号等不承伝候。伏見御取立之時分は御作事奉行仰付首尾能相勤申候付、為御褒美御腰物被下置、江戸御作事奉行被仰付相勤申候由承伝候。右曾祖父正兵衛病死仕候付、拙者祖父同氏正兵衛に引続家督無御相違

被下置、何年に誰を以跡式被下置候哉其段不承伝候。祖父正兵衛儀も
義山様へ御小性組被召仕御膳番被仰付、
義山様御代寛永年中二割出目被下置、三拾六貫文之高に被成下、江戸表御番被仰付十ヶ年余相勤申候処、病人罷成
江戸御番御訴訟申上御国御番七・八ヶ年相勤、寛永廿年極月病死仕候。拙者親同氏正兵衛正保元年家督無御相違
被下置候。御申次不承置候。親正兵衛儀も幼少之時分は
義山様へ御小性組被召仕成長仕、江戸御留守御番被仰付相勤、
当屋形様御代江戸表御番被仰付五・六箇年相勤申候処、眼病相煩、江戸御番御訴訟申上御国御番被仰付相勤申候処、
延宝三年三月病死仕候。拙者に家督被下置度由親類共奉願候処、御知行高無御相違拙者被下置之旨、同年閏四月
廿八日柴田中務を以被仰付、当時拙者知行高三拾六貫文御座候。以上
延宝七年七月朔日

14　瀬戸休兵衛

義山様へ私御奉公申上候品先年御上洛之刻於京都御目見仕候節、拙者儀御所望被遊候得共余り悴に御座候故親差上
不申候。其後随致成長候御奉公望奉存従上方罷下、先古内主膳迄願之通相達申候処、津田古豊前相談之上被遂披露
候得ば、可被召仕旨御意にて、寛永九年御奉公被召出則御小性組被仰付、御仕着幷御合力等被下置御奉公相続仕
候処、神妙相勤申由被成御意、寛永十七年御知行三拾貫文右古内主膳を以致拝領候。其以後御検地被相入二割出
目之通、寛永廿一年に被下置、都合三拾六貫文只今之知行高御座候。次先祖之儀承伝於有之者無遠慮可申上旨被

仰出付て、乍恐申上候品、私祖父瀬戸筑後と申者織田上野守殿旗本にて伊勢国之内浜田中之脇谷赤部以下廿五箇所致領地、南浜田之内纔成城之形相構右筑後迄代々久彼地居住仕候。上野守殿御進退相果申候刻致浪人候。右之品親常に申聞殊其身覚申候通、近代之儀書付候て渡置候。以其書面若是御座候。以上

延宝五年三月晦日

15 谷伝左衛門

一 義山様御部屋住之御時分拙者親伝左衛門儀十六歳にて、元和年中於江戸御近習へ被召出候由承伝申候。誰を以被召出何時御知行被下置候哉、拙者幼少之節親相果申候故委儀承伝不申候。寛永廿一年八月十四日親頂戴仕候高三拾六貫文之御黒印は所持仕候。拙者三歳に罷成候節、親儀慶安二年七月廿九日病死仕候処、跡式無御相違拙者被下置之旨古内古主膳を以被仰付候。同年十月十一日被下置候御黒印所持仕候。御当代寛文元年十一月十六日頂戴仕候御黒印所持仕候。於于今三拾六貫文之高にて御座候。以上

延宝五年二月十一日

16 梶田数之助

一 貞山様御代義山様へ元和六年拙者親梶田二左衛門柳生但馬殿御取持古津田豊前を以御相伴役被召抱、御切米大判三枚弐拾人御扶持方被下置御前に相詰相勤申候。其上御呼懸に被仰付候。其後寛永八年極月廿六日従貞山様為御加増同判壱枚被下置御印判奉頂戴候。于今所持仕候。拙者儀寛水四年中津田豊前を以

義山様御小性組被召出御奉公相勤申候処、寛永七年山口内記を以御切米三両四人御扶持方被下置候。同九年氏家主水・山口内記を以為御加増三両被下置、本御切米取合六両四人御扶持方被成下、親子御奉公相勤申候処、同十四年親梶田二左衛門御切米御扶持方御知行三拾貫文に被致下、古内古主膳を以奉拝領候。同十五年九月二左衛門病死仕、同年霜月二日親進退三拾貫文古内伊賀を以無相違拙者被下置家督被仰付、拙者御切米御扶持方は被召上候。其後寛永廿一年八月十四日御知行二割出被下置、都合知行高三拾六貫文之御黒印奉頂戴候。以上

延宝五年三月八日

17　星野半蔵

一　拙者祖父佐久間朝鮮儀高麗御陣之時分
貞山様被召連御当地へ参、御切米四両弐歩御扶持方八人分被下置候。嫡子佐久間三四郎儀御同代御奥小性被召仕、御仕着被下置候。然処星甚兵衛門病死仕候進退百貫文之内五拾貫文は右甚兵衛甥星平七に被下置家督に被仰付、残五拾貫文は右三四郎に被下置、甚兵衛二女御座候を三四郎妻に被仰付候。三四郎義御上洛之御供仕京都にて死去仕候。子共無之に付弟佐久間清五郎跡式無御相違被下置候。其節右朝鮮奉願候は、元来右甚兵衛進退御座候間星苗字仰付被下度由申上、則星に被仰付候。

貞山様御遠行迄御小性奉公相勤申候。寛水年中惣御検地之節二割出目共に六拾貫文被成下候。右清五郎改名甚左衛門に被仰付候。右之通被仰付候年号・御申次衆不承伝候。

義山様御代江戸表御番被仰付、江戸にて正保四年四月病死仕候。男子無之付弟足満清三郎儀其砌御小性奉公仕候を、

兄甚左衛門家督に同年に被仰付、弐拾貫文被下置引続御小性奉公被仰付候。進退御減少之品御申次衆不承伝候。

右足満之名字は清三郎母方之苗字御座候。右甚左衛門家督御仰付星名字に罷成候。

義山様為御意兄共短命候間、自今は星野に可罷成由被仰付、其後右朝鮮御切米御扶持六貫文に被相直御加増に拝領仕候。年号・御申次衆は不承伝候。明暦三年名倉山へ御供仕御加増之地拾貫文致拝領候。如何様之品にて被下置候哉御申次誰御座候哉不承伝候。都合三拾六貫文之高被成下候。

御当代親星野清三郎儀江戸表御番被仰付相勤申候処、江戸にて寛文七年九月病死仕候。跡式無御相違同年極月四日古内志摩を以拙者に被下置候。拙者義幼少之時分親清三郎死去申付、承伝を以若是申上候。当時御知行高三拾六貫文之御黒印頂戴仕候。星甚兵衛先祖之儀は右半七子星長兵衛方より申上候。以上
延宝七年九月十六日

18 宮城与右衛門

一 拙者養祖父宮城主膳当国譜代浪人にて罷在相果候。養父同氏善右衛門右主膳二男御座候。

貞山様御代大町駿河を以被召出、御知行弐貫百六拾壱文拝領仕候。御奉公之品并御知行何年被下置候哉不承伝候。

寛永十二年京極丹後守様奥様へ御賄方御用被仰付被相付候節為御合力拾両御扶持方拾人分被下置候。右御奉公弐拾ヶ年相勤年罷寄候故御暇被下、明暦元年被相返候。其節拙者を聟苗跡に仕度由願上候処、御合力之内御扶持方七人分被下置、拙者御切米三両四人御扶持方取合御知行弐貫百六拾壱文御切米三両御扶持方拾壱人分拙者被下置、右善右衛門隠居被仰付候。古内古主膳を以被仰渡候。寛文元年八月奥山大炊を以御目付役被仰付、同年十月於江

戸柴田外記・富塚内蔵丞を以御加増被下置、三拾貫文被成下候。寛文三年極月進退困窮仕御奉公難相勤段訴訟申上候処、如願之役目御免被成下、御知行御加増之所は役目依被仰付被下置候条被召上候。本知行御切米御扶持方を以御国御番可相勤之由両御後見より外記・内蔵丞を以被仰付候。拙者儀実子之男子無之付、成田権丞弟彦七拙者娘に取合聟名跡仕度由申合候。其節権丞知行高之内六貫文分為取申度由願上候処、如願被成下之由古内志摩を以寛文八年被仰付候。右之知行取合私知行高八貫百六拾壱文御切米三両拾壱人御扶持方にて御国御番相勤候処、延宝三年六月柴田中務・大條監物を以当御近習目付役被仰付、同九月於江戸小梁川修理を以三拾貫文被成下之由被仰付、御切米御扶持方被召上候。翌年正月於御城中務・修理・監物を以両御後見之時分被召上候御加増之地一宇被返下之由被仰付候。依之当時私知行高三拾六貫文に御座候。以上

延宝七年二月廿五日

19　但木弥兵衛

一　拙者祖父但木弥兵衛儀但木惣九郎曽祖父下野実弟御座候処、貞山様御代被召出、御知行弐拾貫文被下置御材木奉行御役目被仰付数年相勤、御番所中之間被仰付候。如何様之子細にて何時誰を以被召出候哉不承伝候。御同代寛永十三年右弥兵衛桃生郡大田村にて野谷地拾弐町拝領仕自分開発仕内、義山様御代罷成、同十六年六月十五日右弥兵衛病死仕、実嫡子三十郎に跡式無御相違同年九月被下置候。御申次等不承伝候。同十八年右大田村野谷地新田開発仕候付御竿被相入、起高拾壱貫五百文罷成候。右本地へ取合三拾壱

貫五百文へ二割出目拝領仕、都合三拾八貫文之高に被成下、同廿一年八月二日御黒印にて右新田共に拝領仕候。右新田高に被成下候被仰渡は別て無御座候。其後右三十郎、弥兵衛と改名被仰付、江戸御留守御番数年相勤、承応二年十月江戸へ罷登、翌年二月中より散々相煩御暇被下罷下候砌、道中下野之内古河にて同年三月廿一日三十九歳にて病死仕候。右弥兵衛儀実子持不申其上病人御座候付、拙者儀三吉と申候て間宮彦兵衛三男にて弥兵衛実甥に有之候を兼て養子に申合指置申付、弥兵衛跡式拙者に被下置候様仕度と親類共願申上、願之通同年八月津田豊前を以被仰渡、明暦元年五月

義山様御黒印頂戴仕御国御番十箇年相勤、

御当代寛文四年弥兵衛と改名被仰付候。

御当代間宮彦兵衛次男次左衛門に拙者知行高之内壱貫文被下度由先達品々願上候付、願之通無御相違寛文十二年六月七日古内志摩を以被仰渡、次左衛門拙者共に御黒印頂戴仕候。当時拙者知行高三拾七貫文御座候。拙者先祖之様子は惣領筋目但木惣九郎申上候。以上

延宝五年三月十日

20 佐藤次郎右衛門

一 拙者養祖父佐藤彦右衛門儀何年誰を以被召出何程御知行被下置候哉不承伝候。右彦右衛門二男同姓内蔵丞儀義山様御部屋住之時分御小性組に被召出、段々御知行三十六貫弐百文被下置候得共、何様之品を以被下置候哉、勿論被召出候時分之年号・御申次且又段々御加増何年誰を以被下置候哉承伝不仕候。其以後右彦右衛門家督佐藤九

左衛門病死仕子共無御座候付、御知行高拾壱貫四百文為御加増
義山様御代養父内蔵丞被下置、都合知行高四拾七貫六百文拝領仕候。誰を以何年被下置候哉其段も不承伝候。養父内蔵丞男子無御座候付、拙者儀中津川新四郎三男御座候を聟名跡仕度旨、
義山様御代奉願候処、願之通明暦元年霜月廿一日山口内記を以被仰付候。其以後内蔵丞実子佐藤六右衛門出生仕、右知行高之内六右衛門拾壱貫六百文分為取申度旨、右内蔵丞遺言仕於江戸明暦二年五月廿六日病死仕候。其以後養父内蔵丞遺言願之通拾壱貫六百文実子六右衛門に分為取申度旨拙者奉願候処、
義山様御代明暦二年七月十七日古内主膳を以右知行高四拾七貫六百文之内、拾壱貫六百文同姓六右衛門に被分下、残三拾六貫文之所拙者被下置、右高之御黒印頂戴仕候。右養父以前之儀は不承伝候。以上

延宝七年三月廿五日

21　中条理閑

一　拙者祖父中条宗閑儀

義山様御代寛永十五年二月古内主膳御取次を以外科に被召抱、御相伴組被成下、知行高三拾貫文被下置候付、同年九月妻子召連江戸より御当地へ罷下候。其後御領内不残御検地入申候砌、高拾貫文・弐貫文宛々二割出目何も為御加増被下置候節、右宗閑儀六貫文御加増被成下、知行高三拾六貫文罷成存生之内江戸御国共に御奉公相勤、正保四年十一月廿五日於御国祖父宗閑病死仕候。祖父宗閑病死仕候砌は親宗閑を宗益と申候。同年極月祖父宗閑忌之内に候得共、従

義山様古内主膳を以祖父宗閑跡式無御相違宗益被下置之由被仰付候。依之正保五年正月忌明罷出候節、宗益儀改名被仰出宗閑に罷成、祖父宗閑同前外科相勤御相伴組被成下江戸御国共御奉公仕候。然処寛文十一年三迫之内畑村にて開発仕候新田知行五貫九百弐拾壱文為御加増致拝領、本地新田取合知行高四拾壱貫九百弐拾壱文に罷成、延宝三年之秋親宗閑依病気隠居之願申上候砌、本地三拾六貫文拙者に譲、新田五貫九百弐拾壱文之所拙弟同氏市之進に分渡隠居仕度旨申上候処、同年十二月十八日大条監物を以親宗閑如願被仰付、拙者儀右三拾六貫文被下置、外科相勤御相伴組被成下、江戸御国共御奉公仕候。尤市之進儀新田五貫九百弐拾壱文之所被下置候。親宗閑事致隠居、延宝五年六月六日於御当地病死仕候。以上

延宝七年九月廿一日

22　宮野二兵衛

一　拙者先祖

誰様御代誰を初て被召出候哉、御知行等被下置候品々不承伝候。養祖父宮野豊後御知行六拾貫文之高にて貞山様へ御奉公候由右豊後家督は同氏主悦に相譲隠居分別て御知行拾貫文被下置、伊達河内殿へ被相付御奉公仕候。其砌後嗣無之付、拙者親二右衛門儀菱沼駿河二男御座候を養子に仕度段願上、同御時代願之通被仰付候。然処豊後病死仕家督拾貫文無御相違二右衛門被下置由、右段々御知行被下家督仰付候御申次・年号等不承伝候。河内殿御遠行已後

御同代右二右衛門、佐々若狭を以被召出右拾貫文被下置候。年号は不承伝候。

義山様御代寛永年中惣御検地被相入二割出目弐貫文被下置、拾弐貫文之高被成下候。且又野谷地申受起目九貫五百文寛永廿壱年八月十四日古内主膳を以被下置、本地取合弐拾壱貫五百文被成下御黒印頂戴仕、其以後野谷地申受開発高三拾壱貫八百三拾八文正保弐年十二月二日古内主膳を以被下置、都合五拾三貫三百三拾八文之高被成下御黒印頂戴仕候。拙者親二右衛門儀明暦二年五月十六日病死仕、右御知行高五拾三貫三百三拾八文之所無御相違同年七月廿五日古内主膳を以拙者被下置候処、右知行高之内拾七貫三百三拾八文毎年水入悪地にて物成所務不仕御役等弁上仕内々困窮仕候付、右悪地差上申度段奉願候処、願之通寛文三年十二月廿日茂庭周防を以被仰付、拾七貫三百三拾八文之所差上、残三拾六貫文被下置御黒印頂戴仕候。以上

延宝七年四月十日

23　青木長兵衛

一　拙者親青木安兵衛儀は古田伊豆二男に候処、十四歳より貞山様御小性に被召出、御切米六両六人御扶持方にて御奉公仕、其以後義山様へ被相付御小座にて御奉公仕、

義山様御代被為成候節、御小座之衆何も御加増被下候付て安兵衛御切米七両に被成下、寛永廿一年御買新田野谷地申請開発之地六貫文致拝領、江戸御国之御奉公仕候。然処青木七蔵聟名跡に被仰付候。其品は青木七蔵貞山様御代十二歳之比、山岡志摩を以御小性被召出上之御四季施にて致御奉公、其以後御四季施之上に為御加増三拾貫文被下置、十九ヶ年御奉公相勤三十一歳にて病死仕、男子無之二歳罷成候女子一人持申候付、右七蔵被下置

御知行三拾貫文之内五貫文元和元年七蔵後家に被下置候。其外は被召上候。寛永十八年二割出共六貫文罷成候。古田安兵衛知行六貫文と兄同苗内匠知行高之内拾貫文青木七蔵後家に被下置、六貫文取合弐拾弐貫文へ安兵衛御切米御扶持方御知行に被直下、三拾貫文に被結下、右七蔵聟名跡被成下候様双方親類共申上候付、慶安元年願之通七蔵名跡に三拾貫文にて被立下候。自是古田を改青木罷成候。其後野谷地申請開発、新田高三貫三百八拾弐文之地万治元年に致頂戴候。寛文元年知行所地尻にて切添起目壱貫弐百八拾六文之所拝領仕候。知行高三拾四貫六百六拾八文罷成候。
御当代寛文六年十一月十九日安兵衛病死仕、実子拙者に跡式無御相違被下置之旨、寛文七年二月十七日古内志摩被申渡候。寛文十一年正月廿五日知行所地尻にて、新田開発高六百四拾六文之地於江戸片倉小十郎を以拝領仕候。御知行高三拾五貫三百拾四文御座候。亡父安兵衛実父古田伊豆儀は小梁川上総三男候処、貞山様御代被召出、御知行百五拾貫文被下置、為御意本苗改古田伊豆と被仰付候。右伊豆嫡子内匠と申候。其子九兵衛万治四年廿七歳にて病死仕、実子無御座候条及末期苗跡申立、兵部殿・隠岐殿御後見之砌御両殿へ遂披露候処、末期之遺言被相立間舗由にて古田名跡被相禿候付、古田先祖之儀有増申上候。右先祖より段々御知行被下置並新田等拝領家督相続被仰付年号等御申次不承伝候。以上
延宝七年十月五日

24　斉藤伊右衛門

一　拙者祖父斉藤外記儀斉藤豊後二男御座候。伊達御譜代之筋目を以

貞山様米沢成御座候時分被召出、無足にて御奉公相勤候由承伝候。其節之御申次・年号不承伝候。
貞山様御国替御当地へ御移被遊候節、御知行五貫文余被下置御給主組頭被仰付相勤候処、黒川郡富谷村にて討者御座候節被仰付罷越討捕候得共、越度有之進退被召上由、就夫伊達へ相越候内、蟹四郎兵衛と申者被為討度思召被相尋由承及、
貞山様従上方御下向之砌八丁目へ罷出、右四郎兵衛在所申上候処討可申被仰付、相馬領野川と申所にて討捕首持参指上申候節、御知行拾六貫五百文被下置候由、然処長尾主殿進退被召放候刻寄親に付て扶持仕候処、其段相達御耳進退被召上、不慮に被召返、右御知行半分被下置御奉公相勤候内、下郡山清八郎と申者背御家罷出候付て相尋可申由被仰付、於越前居所見届罷下様子申上候処、召捕可申旨依御意罷越、右清八郎召捕罷下候付、本地拾六貫五百文之所被返下候。右四度之御申次・年号不承伝候。寛永五年卯月十九日
貞山様御在江戸之時分御前へ被食出、右清八郎召捕候段、大坂勲功数度討者之儀仰立を以御加増被下置、本地合五拾貫文被成下旨御意之上、御盃頂戴其上御直に御黒印被下置候。其以後御足軽頭被仰付相勤候由申伝候。勿論右御黒印于今所持仕候。寛永十二年三月十三日右外記病死跡式五拾貫四百五拾七文之所無御相違外記嫡子拙者親淡路被下置之旨、同年四月十七日於江戸中島監物を以被仰渡、同年五月二日親外記跡役御足軽頭被仰付、御下向之御供仕罷下由、且又右外記死去以前之御知行高五拾貫文家督仰渡之時御知行高五拾貫四百五拾七文と御座候儀、切添之地にも御座候哉其段不承置候。
義山様御代寛永年中惣御検地之節二割出被下置、六拾貫五百文被成下候。御黒印所持仕候。然処淡路儀苗跡之男子就無御座候奉願候は、八乙女吉兵衛儀元来聟に御座候間、吉兵衛知行弐拾四貫文へ淡路御知行六拾貫五百文之内

四拾六貫五百文之所被指添七拾貫五百文に被成下以来家督被仰付、残拾四貫文之所は淡路死後淡路弟斉藤六右衛門二男同名孫六被下置候様仕度段申上、慶安元年願之通被仰付之旨古内古主膳を以被仰渡候処、其以後御当代実子拙者出生仕候。右吉兵衛申上候は病気指出御奉公相勤可申様無御座間、右七拾貫五百文之御知行以来半分宛、淡路実子拙者・吉兵衛実子当吉兵衛に被下置候様に仕度段申上候処、寛文元年願之通被仰付候。同二年八月吉兵衛病死跡式当吉兵衛に被下置候節、淡路御知行高之内拾壱貫弐百五拾文之所分渡、淡路儀は四拾九貫弐百五拾文にて御奉公相勤申候。尤御黒印所持仕候。将又右斉藤孫六に拾四貫文之所淡路死後被下置候様仕度旨最前申上、願之通被仰出候処、寛文八年孫六病死仕候付、孫六弟同名六左衛門に右御知行被下置候様仕度段追て申上候処、無御相違被仰付旨同九年二月四日柴田外記を以被仰付候。寛文九年三月八日右淡路病死跡式御知行高四拾九貫弐百五拾文之内三拾五貫弐百五拾文之所拙者被下置家督被仰付、残拾四貫文之所は淡路存生之内申上候通、右六左衛門被下置旨同年七月朔日柴田外記を以被仰渡候。勿論御黒印所持仕候。先祖之儀は斉藤勘右衛門方より可申上候。以上

延宝五年正月廿七日

25　斉藤吉兵衛

一　拙者父斉藤吉兵衛儀八乙女善助二男御座候。義山様御部屋之時分寛永八年白石宇兵衛を以御小性に被召出、御仕着被下置相勤申候処、寛永十四年八月御部屋之時分より御奉公相勤候儀被仰立を以、池田正吉と申者喜理志丹宗にて切腹被仰付候跡、御知行弐拾貫文家中共古

古主膳を以被下置候。其節御仕着被召上候。寛永年中惣御検地之時分弐割出目被下置、弐拾四貫文被成下候。尤内御黒印所持仕候。然処舅斉藤淡路跡之子共無御座付、淡路御知行六拾貫五百文之内、四拾六貫五百文之所右本地弐拾四貫文へ取合、七拾貫五百文以来吉兵衛被下置候様仕度段淡路申上候処、慶安元年に願之通可被成下由、古内古主膳を以被仰付候。親吉兵衛淡路名跡に被仰付候以後、淡路実子同氏伊右衛門出生仕候。然処父吉兵衛中風相煩御奉公相勤可申様無御座付、寛文元年吉兵衛申上候は病気差出御奉公難相勤候間、以来は七拾貫五百文之所淡路実子伊右衛門并拙者両人に半分宛被下置候様仕度段、淡路相対を以奉願候処、願之通以来可被成下旨同年に古内中主膳を以被仰渡候。寛文二年八月廿一日父吉兵衛病死仕、跡式吉兵衛存生之内申上候通吉兵衛御知行高弐拾四貫文、淡路御知行高拾壱貫弐百五拾文、取合三拾五貫弐百五拾文無御相違拙者に被下置旨同年に柴田外記を以被仰渡候。勿論御黒印所持仕候。先祖之儀は斉藤勘右衛門可申上候。以上

延宝七年九月廿日

26　久光勘左衛門

一　拙者祖父久光丹波儀、津田古豊前甥御座候処、貞山様御代右豊前手前御預給主に被仰付、御知行六貫七拾文致拝領候。其後丹波名跡は二男に被下置、嫡子拙者親久光喜兵衛儀

義山様御部屋之時分右豊前を以被召出、御扶持方御切米被下置、定御供奉公被仰付相勤申候処、寛永廿一年御同代御知行拾弐貫百文之地致拝領、御手水番被仰付候。御取次誰に御座候哉不承伝候。其節右御扶持方御切米被

召上候。其以後津田中豊前野谷地新田拝領仕候内、八貫六百壱文右喜兵衛に被分下度旨願申上候処、願之通八貫六百壱文并本知行拾弐貫百文之外本地にて御加増被下置、都合三拾貫文被成下之旨、明暦元年右豊前を以被仰渡、三拾貫文之御黒印致頂戴候。然処如何様之相違御座候哉、右御加増之地九貫弐百七拾九文御割地申請、取合弐拾九貫九百八拾文御座候て弐拾文不足に致拝領、引続御手水番御奉公相勤、明暦三年に病死仕、跡式義山様御代同年九月廿八日古内肥後を以無御相違拙者被下置候。且又津田中豊前代に野谷地新田拝領、起高之内四貫弐拾四文之所拙者被分下度旨、津田玄番綱宗様御代願申上候処、万治三年二月十日茂庭中周防・富塚内蔵丞を以被下置、都合三拾四貫四文に被成下候。其以後拙者知行所切添之地少々御座候間御竿被相入高に被成下度旨、寛文九年御割奉行松林忠左衛門・久世九左衛門所迄願申達候得ば、右切添起目へ御検地被相入、壱貫百三拾壱文之所延宝元年十月廿八日大條監物を以被下置、都合三拾五貫百三拾五文被成下候。右御知行度々被下置候御黒印四通致拝領候。切添起目被下置候御黒印は于今頂戴不仕候。以上

延宝七年二月廿九日

27　武市善兵衛

一　拙者養祖父武市三郎右衛門儀

貞山様御代佐久間不干老・同大膳殿御肝煎を以、元和七・八年之比御家へ被召出、奥山古大学を以御知行千石之御積に五拾貫文被下置候。二割増にて六拾貫文に被成下候。已後野谷地申請自分開発仕右起高弐拾四貫文致拝領、

都合八拾四貫文御座候。何年誰を以拝領仕候哉不奉承知候。拙者親九郎太郎儀三郎右衛門甥に御座候。惣領筋之儀御座候間家督可相譲由にて、従上方相下三郎右衛門御郡司相勤候内、九郎太郎儀江戸御番被仰付被下候様願上、願之通被仰付五・六度も江戸御番仕親子之御奉公相勤申候。其後病人に罷成御奉公可仕様無之、三郎右衛門儀も年寄御役目相勤兼候付て訴訟申上、正保三年御郡司役御免被成下候。過分之御知行拝領乍仕父子共に御奉公不仕候儀無拠奉存、以番代御奉公可為仕由にて九郎太郎甥同名六右衛門と申者、上方より相下候処無間病死仕候。拙者儀幼少に御座候付て、追て予州に罷在候佐藤勘兵衛と申者之子共休之丞、三郎右衛門又甥御座候故相下、義山様へ為致御目見三郎右衛門番代為仕候。依之右知行高八拾四貫文之内五拾四貫文同名休之丞後名を改候て甚左衛門に罷成候。三拾貫文拙者に被分下、三郎右衛門義は隠居仕度旨願上候付て、願之通明暦二年奥山大炊を以被仰渡候。右之通故拙者知行高三拾貫文に御座候処、知行所地付切添三貫百五拾五文之所拝領仕度由願上、願之通被下置旨、寛文三年奥山大炊を被仰渡候。延宝元年野谷地致拝領自分開発、此起目高壱貫九百五拾八文被下置旨、於江戸延宝六年十月柴田中務以被仰渡候。右知行高都合三拾五貫百拾三文御座候。以上

延宝七年七月廿一日

28　油井茂兵衛

一　貞山様御代祖父油井六助儀、油井善助祖父善右衛門弟御座候。慶長六年廿一歳にて上郡山右衛門を以御歩行被召出、御切米銀百五拾目御扶持方五人分被下置候。先祖伊達御譜代之由承伝候。元和元年大坂御陣之節六助馬上にて罷上、於御陣場玉薬御足軽衆へ相渡候役人被仰付相勤申候。元和五年十月御知行拾貫文被下置、其以後六右衛

門改名被仰付、同六年に江戸御畳御用相勤、引続常陸御米御用、右両御用寛永九年迄拾三年余定詰仕相勤申候処、不調法之儀仕切腹被仰付候。

義山様御部屋へ右六右衛門嫡子拙者親茂兵衛十七歳にて元和三年十一月守屋伊賀を以被召出、御切米三両四人御扶持方被下置虎之間御番被仰付、其以後御手水番相勤申候処、六右衛門切腹被仰付候砌茂兵衛進退被召上、伊達之内三ヶ年余浪人仕罷在候。

義山様御代寛永十三年八月被召返、右之御切米御扶持方被下置、定御供相勤申候。寛永十五年久荒御郡司衆を以拝領仕起立申候内、同十八年惣御検地相入、起高弐貫八百文被下置候。同弐拾年十一月廿八日御知行三十貫文被下置、都合高三拾弐貫八百文被成下、御小人頭被仰付候旨、古内主膳を以被仰渡候。

義山様万治元年御他界被遊、親茂兵衛追腹仕候。

綱宗様御代万治元年十二月十九日右之御知行無御相違拙者被下置、御国虎之間御番被仰付之旨、茂庭周防を以被仰渡候。

御当代拙者知行所之内、切添弐貫弐百拾八文寛文元年十一月十六日奥山大学を以被下置、都合高三拾五貫拾八文被成下候。寛文四年三月廿日柴田外記・富塚内蔵丞を以御足軽頭被仰付、十四ヶ年相勤申候処、延宝五年正月六日御旗本御足軽頭被仰付旨、柴田中務を以被仰渡候。以上

延宝五年三月廿一日

29 長沼与兵衛

一　拙者儀長沼古作左衛門四男候処、義山様御代明暦元年三月被召出、大条兵庫を以御切米三両四人御扶持方被下置、品川様御小座之節被相付、江戸定詰仕御児小性御奉公相勤申候処、同二年御切米八両六人御扶持方に被成下之旨、大条兵庫を以被仰渡打続相勤申候処、品川様御代に被為成、御部屋より無懈怠御奉公相勤申者共其御加恩被成下候並を以、拙者儀も御切米三拾両拾人御扶持方に被成下之旨、万治元年奥山大学を以被仰付、其以後於品川御屋敷年久無懈怠相勤候。依之御切米御扶持方御知行被直下、其上御加増被下置、三拾五貫文之高被成下之旨、寛文元年右大学を以被仰渡候。先祖委細之儀は同氏作左衛門方より可申上候。以上

延宝七年十月廿一日

30　山下三郎兵衛

一　拙者儀

綱宗様御部屋住之刻、明暦元年四月二十八日大條兵庫を以御小性に被召出、御仕置并御切米弐拾両拾人御扶持方致拝領、万治元年極月朔日御仕着は被召上、一倍之御加恩を以御切米四拾両弐拾人御扶持方被下置之旨、奥山大学を以被仰渡、且又寛文元年十一月十六日同人を以右御扶持方御切米は被召上、御知行三拾五貫文致拝領御黒印頂戴仕候。以上

延宝五年三月七日

31 甲田弥右衛門

一　拙者甲田弥左衛門二男御座候。

貞山様御代寛永十二年奥御小性に被召出御仕着にて御奉公仕、

義山様御代迄引続御奉公申上候処、

義山様御代御切米五両四人御扶持方被下置、其以後慶安二年十二月廿八日山元勘兵衛を以、為御加増御切米三両被下置、都合御切米八両四人御扶持方被成下候。然処拙者儀年久御奉公仕候付、右御切米御扶持方被召上御知行弐拾貫文被下置由、明暦三年六月朔日山口内記を以被仰付候。且又拙者姉甲田儀

貞山様御代被召出、御遠行以後

義山様へ被召出、御切米六両御扶持方拾人分被下置

綱宗様御代迄御奉公仕候。

綱宗様より御切米拾壱両弐歩御加増被下置、右御切米拾七両弐歩御扶持方拾人分被下置御奉公仕候。

御当代右御扶持方御切米御知行に被直下譲申度旨、右甲田願申上候処如願被仰付、右御切米御扶持御知行拾五貫文に被直下、為御加増拙者被下置由、寛文二年七月十八日奥山大学を以被仰付拝領仕、拙者知行高三拾五貫文御座候。以上

延宝四年十二月十八日

侍衆

御知行被下置御牒（十五）

三十四貫九百九文
より三十三貫文迄

1　横沢半右衛門

一　拙者祖父横沢半右衛門儀会津浪人に御座候て
貞山様御代御当地へ参、大町駿河所罷在駿河手前にて随て御用被申付首尾能相勤申段、
貞山様相達御耳、御知行五貫文大町駿河を以被下置被召出候由承伝候。其後佐々若狭を以両度御加増被下置、取合
三拾壱貫七拾五文に被成下候。年久儀に御座候故右之品々は不奉存候。
義山様御代寛永十五年八月朔日祖父半右衛門病死、跡式無御相違拙者父半右衛門被下置之旨年号は不奉存候、中島
監物を以被仰渡、其後大御検地之節弐割出目共三拾七貫三百文に罷成候。且又桃生郡深谷之内北村にて野谷地拝
領仕候。然処
義山様御代承応四年四月廿二日父半右衛門死去、跡式御知行高三拾七貫三百文之所無御相違拙者に被仰付之旨、明
暦元年六月山口内記を以被仰渡候砌、右野谷地開発高六百九文御加増に被下置、都合三拾七貫九百九文之御黒印

頂戴仕候。延宝三年三月右御知行高之内三貫文拙者弟正兵衛分為取申度旨奉願候処、願之通同年四月廿二日柴田中務を以被仰渡候。依之拙者御知行高三拾四貫九百九文に御座候。被分下候以後御黒印は于今頂戴不仕候。以上

延宝五年二月十八日

2　山路次郎八

一　拙者曽祖父山路金平儀同氏長門二男に候処、貞山様御代御小性に被召出、御知行高弐拾四貫文被下置候。金平病死仕男子持不申に付、高野壱岐二男八兵衛と申者を聟苗跡に御同代に被仰付、山路之苗跡相続仕、御櫛御番御奉公相勤申候。元和四年十二月御加増拾貫文江戸にて被下置候。寛永三年十一月御加増弐拾貫文佐々若狭を以被下置由承伝候。義山様御代惣御検地弐割出拝領仕、右御知行高六拾四貫八百文に御座候。祖父八兵衛宇治へ御茶詰御用に罷登京都にて病死仕候。跡式無御相違拙者親山路八兵衛に被下置候。右金平儀被召出御知行被下置、段々御加増等被下置候品、家督被仰付候年号・御申次等承伝不申候。且又右八兵衛儀男子持不申候付、拙者儀片倉太兵衛弟に御座候を聟苗跡に仕度由申上聟苗跡に被仰付候処、其後八兵衛実子三之助出生仕候付、右知行高之内分被下候様にと願指上候処、願之通可被成下之旨被仰付候。然処親八兵衛儀延宝三年八月六日に病死仕候間、親類共願書物を以申上候得ば、右知行高六拾四貫八百文之内三拾四貫八百文拙者、残三拾貫文弟三之助に願之通同年十一月十九日に柴田中務を以被仰付候。拙者知行高三拾四貫八百文に御座候。曽祖父以前之品々不承伝候。以上

3　河東田十兵衛

延宝五年三月四日

一　親河東田十兵衛

貞山様御代元和元年佐々若狭を以被召出、御知行弐拾壱貫四百拾弐文右若狭を以被下置候。其以後御役目等被仰付首尾能相勤申に付、寛永十一年九月御加増十貫文佐々若狭を以被下置、知行高三拾壱貫四百拾弐文罷成候処、義山様御代寛永年中惣御検地之砌弐割出目被下置、三拾七貫七百文に罷成候内、七貫七百文は親十兵衛願指上、慶安元年六月廿五日私弟同氏長兵衛に分被下、三拾貫文は拙者家督被下置候由、成田木工を以被仰付候。

義山様御代承応三年知行付野山新田に被下置開発仕、万治元年御竿被相入壱貫六百六拾五文

綱宗様御代万治弐年三月山口内記・真山刑部を以被下置候。

御当代寛文五年知行付野山新田被下置開発仕、同八年御竿被相入、三貫弐拾三文寛文九年十二月十日古内志摩を以被下置候。拙者知行畑過に御座候故願指上申畑返仕、御竿被相入出目之地壱貫三百三拾五文、延宝五年二月十日柴田中務を以被下置候。知行付野山并海新田寛文拾年に被下置開発仕、延宝五年御竿被相入、六貫七百六拾八文同六年十月十九日黒木上野を以被下置、知行高四拾弐貫七百九拾壱文に罷成候。然処拙者二男又兵衛儀佐々木次兵衛聟養子に被仰付候。右知行高之内八貫百文之所次兵衛に被分下度段奉願候処に、願之通分被下之旨、延宝七年二月十九日柴田中務を以被仰付候。拙者知行高三拾四貫六百九拾壱文に被成下候。先祖由来之儀は、同苗善兵衛方より書上申候間、拙者は書上不申候。已上

4　芦立正左衛門

延宝七年六月廿八日

一　拙者先祖伊達御譜代之由承伝候得共
誰様御代先祖被召出候哉、高祖父以前之儀不奉存候。私より四代以前之高祖父芦立惣右衛門儀
稙宗様御代柴田郡芦立之郷にて御知行被下置候。御判物永正十六年三月廿四日之御日付にて壱通、同十七年四月五
日之御日付にて壱通、同十七年四月五日之御日付にて壱通、両通所持仕候得共、知行員数相知不申候。右惣右衛
門実嫡子拙者には曽祖父芦立小太郎にも、従
晴宗様右芦立之郷にて御知行被下置候。御判物天文弐拾弐年正月十七日之御日付にて所持仕候得共、知行高相知不
申候。右小太郎実嫡子私には祖父芦立令夫儀、
貞山様御代慶長十三年十月五日御知行四貫拾八文被下置候。奥山出羽・鈴木和泉書付所持仕候。同拾九年二月四日
四貫八百三拾五文被下置候。山岡志摩・奥山出羽書付所持仕候。右弐口合八貫八百五拾三文之高に罷成候。先祖
代々隠居跡式被下候哉、死後に被下候哉、御申次衆は誰御座候哉否委細之品相知不申候。右令夫儀病死仕候に付
て、実嫡子拙者には父芦立正左衛門に知行高八貫五百弐拾六文を以跡式被立下之旨、馬場出雲を以被仰付候。年
月等は相知不申候。祖父令夫知行高よりは不足に相見得申候得共、如何様之品にて相減申候哉承伝不申候。其後
御買新田野谷地拝領自分取立起目拾貫八拾八文之所、
貞山様・義山様両代に段々御竿入候下置候年月・御申次衆は相知不申候。本高合拾八貫六百拾四文之高に被成下候。

将又

義山様御代惣御検地以後二割出目弐貫三百八拾六文被下置、本高合弐拾壱貫文に罷成候。寛永弐拾壱年八月十四日之御黒印所持仕候。且又野谷地拝領自分開起仕、新田起高壱貫四百九拾文之所、慶安五年四月六日拝領仕、取合弐拾弐貫四百九拾文之高被成下候。御申次衆は相知不申候。同年同日之御黒印所持仕候。然ば御当代右正左衛門儀歳罷寄候付て隠居被仰付、右知行高之通拙者に被下置度段申上候処如願被仰付、知行高弐拾弐貫四百九拾文之所無御相違拙者に被下置候由、寛文弐年二月朔日柴田外記を以被仰渡候。同年六月十日之御黒印頂戴所持仕候。其以後野谷地拝領自分開起、新田起目高拾壱貫五百四拾弐文之所、寛文九年七月二日柴田外記を以被下置、本高合三拾四貫三拾二文罷成候。同年同日之御黒印頂戴所持仕候。且又切添之地弐百九拾三文之所、延宝元年十月廿九日小梁川修理を以被下置、都合三拾四貫三百弐拾五文之高罷成候。先祖之儀は承伝を以有増書上仕候。以上

延宝五年三月廿八日

5　安田多門

一　拙者先祖田村御譜代にて本名小沢御座候。証拠之御教書数通於于今所持仕候。拙者曽祖父三町目玄蕃事小沢之城罷在三町目へ移申に付て三町目と申伝候。拙者祖父小沢左兵衛貞山様御代御当地へ浪人にて罷越候。三町目利兵衛と改名仕、茂庭古周防を以田村御譜代之品々貞山様へ申上候得ば、御知行弐拾貫文被下置、江戸御番被仰付候。

義山様御代迄引続江戸御番相勤申候。右御知行被下候年号等も不承伝候。右知行所之内八拾三文之所其村割余之所被指添被下置、弐拾貫八拾三文にて御奉公相勤申候。其以後

義山様御代に御取次御番仕候時節、三町目を安田可罷成由古内伊賀を以被仰付候。品々之儀拙者未生以前之儀候間不承伝候。其以後寛永弐拾壱年に御知行割之時分弐割出四貫拾七文被下置、弐拾四貫百文にて御奉公相勤罷在候。其以後御遣方末書之御役人に被仰付、仙台定詰仕御奉公仕候処、首尾能相勤申候由被仰立、山口内記を以明暦三年極月廿七日御加増拾貫文被下置、三拾四貫百文にて御奉公相勤申候。其以後御役目替被仰付相勤申候内、寛文元年六月十九日歳五十九にて病死仕候。依之嫡子拙者親伊兵衛に跡式被下置度旨願指上候処、同年霜月十六日奥山大炊宅にて、親跡式無御相違被下置之由被申渡候て、間も無御座、江戸御番被仰付、首尾能五箇年相勤病人に罷成御訴訟申上候得ば、御免被成下、無間寛文十弐年七月十六日歳四拾五にて病死仕候付て、跡式拙者被下置度旨親類共願指上申候処、同年十月廿九日に拙者七歳之時古内志摩宅にて親跡式三拾四貫百文之所無御相違拙者被下置候由被申渡候。以上

延宝五年四月廿日

6 山崎吉右衛門

一 拙者祖父山崎吉右衛門儀

貞山様御代岩城より御当地へ罷越、御知行弐拾貫弐百文被下置、御勘定奉行御物成納方御用両様被仰付数年相勤申に付、御加増拾貫文拝領三拾貫弐百文にて御奉公仕候処、男子持不申私儀須田主計実子御座候て、吉右衛門には

嫡孫に御座候故家督仕度段、御同代申上願之通被仰付候。寛永十三年に右吉右衛門病死仕、拙者儀其節拾弐歳罷成幼少御座候に付、十貫文御同代被召上、弐拾貫弐百文被下置旨、同年三月奥山古大学を以被仰付候。然処義山様御代惣御検地之時分弐割出四貫文被下置、弐拾四貫弐百文之高に被成下候。御同代私知行之内野谷地御座候を被下置度段申上、五貫十八文切起、明暦弐年山口内記を以拝領弐拾九貫弐百拾八文罷成候。其以後同所にて新田弐百三文切起申候を寛文元年十一月十六日奥山大炊を以被下置、弐拾九貫四百弐拾壱文之高被成下候。且又寛文三年二月三日在郷屋舗壱軒右大炊を以拝領仕候を御竿相入、江戸馬上並之御奉公仕度旨申上候得ば、右屋敷へ御竿被相入壱貫弐百弐拾壱文之所寛文六年十一月廿三日柴田外記を以被下置、三拾貫六百三拾弐文に被成下御黒印頂戴仕候。以上

延宝四年十二月廿日

7　橋元喜兵衛

一　拙者祖父橋元丹波儀田村御譜代御座候処に清顕様御遠行以後浪人仕、其後貞山様御代に被召出御知行拝領御奉公仕候由、右丹波儀被召出候品御知行高御申次年号等不承伝候。其後丹波儀天麟院様上総介様へ御祝言被遊候時分、瀬上丹後右丹波被相付、次男拙父同氏大炊助召連御供仕、上総介様へ参御知行三百石被下置候由、上総介様へ参候時分丹波進退をば嫡子同氏惣七に被下置、尤大炊助儀其砌幼少にて上総介様へ参候由、丹波儀上総介様御進退果申候以後、天麟院様御供仕罷帰候処、如何被思食候哉、暫無足にて天麟

院様へ御奉公申上候。其後御申次誰を以何年に被下置候哉、十人御扶持方御切米金壱枚被下置、御借馬御借人にて年久天麟院様へ御奉公申上相果申候付、右御切米御扶持方は大炊助弟同氏兵九郎に被下置候。拙者親大炊助儀上総介様より罷帰候以後、元和三年
貞山様御奥小性に被召出、其後御物置番等仕、御知行弐拾貫文拝領仕候。御奥小性に被召出候御申次進退如何程被下置候哉、又右弐拾貫文拝領仕候御申次・年号等不存知候。其以後右惣七相果申候て家督無之、右御知行五貫文拙者親大炊助に被下置、弐拾五貫文に罷成、
義山様御代寛永年中惣御検地之節弐割出にて、三拾貫文被成下御黒印頂戴所持仕候。右惣七進退五貫文に御座候を直々被下置候哉、其上にて御座候内を被下置候哉、又御申次・年号等不存知候。且又
貞山様御代御奥方にて被召仕候上﨟衆頭小川と申者高麗人にて親類等も無御座候付、右大炊助御奥小性之時分より子共分に仕度由御披露之上相定、
貞山様御遠行以後、右小川大炊助屋敷へ参罷在相果申候。小川存生之内小川御切米御扶持方御知行に被相直、大炊助に被下置度旨依願、慶安五年四月右御切米御扶持方直高三貫五百六拾弐文大炊助に被下置候。是又御黒印所持仕候。御申次不承伝候。右大炊助儀
貞山様御遠行被遊以後、江戸大番等相勤、其後天麟院様へ右丹波存生之内より被相付、親子共御奉公相勤申候。拙者儀
綱宗様御入国被遊候時分、万治元年十月朔日和田半之助を以御小性組に被召出、翌年二月御切米六両五人御扶持方右半之助を以被下置御奉公申上候。天麟院様御遠行以後父大炊助隠居願申上候処、則隠居被仰付閑人に罷成、進

退高三拾三貫五百六拾弐文無御相違拙者に被下置候。御切米御扶持方は被召上候由、柴田外記を以寛文弐年三月十一日に被仰渡候。尤御黒印頂戴所持仕候。已上

延宝七年四月廿三日

8 山田吉之丞

一 拙者実父山田平右衛門儀尾張大納言様御家中浪人御座候処、義山様御代先立花飛驒守様より古内古主膳を以御家中へ罷相出度旨被仰上候付て、慶安弐年三月右主膳を以被召出、御知行三拾貫文被下置候。其後御奉公首尾能相勤申由以仰立、承応弐年五月十五日右主膳を以為御加増御知行十貫文拝領仕、知行高合四拾貫文に罷成候。実父平右衛門承応弐年十月十六日死去仕候。跡式無御相違同年極月主膳を以拙者に被下置候。右知行高之内四貫文拙者実弟同氏弥兵衛に分被下度由奉願候処、延宝三年二月黒木上野を以願之通被成下、拙者知行高三拾六貫文罷成候。其後三番目之実弟同氏助太夫右高之内弐貫文分被下度由奉願候付、同六年極月黒木上野を以願之通被成下段被仰渡候。当時拙者知行高三拾四貫文にて御奉公相勤申候。以上

延宝七年九月十三日

9 佐藤長右衛門

一 拙者儀佐藤甚三郎次男御座候故無足にて罷在候処、義山様御代奥山大学を以野谷地正保三年拝領仕自分開発仕、御竿入拾六貫八百五拾文之高に慶安三年山口内記を以

被下置、承応三年追て野谷地拝領新田開発仕、御竿入拾六貫六百四拾八文之高万治三年右内記を以被下置候。右弐口合三拾三貫四百九拾八文御黒印頂戴仕、虎之間御番被仰付致勤仕罷在候。先祖委細之儀惣領筋御座候間佐藤右衛門方より可申上候。已上

延宝七年二月廿九日

10 佐伯牛之助

一 拙者高祖父佐伯佐渡儀

貞山様御代被召出、御知行八拾貫文余被下置御奉公仕候由承伝候。嫡子金右衛門・二男与右衛門・三男利助右三人実子御座候条、右嫡子金右衛門三拾貫文、三男利助弐拾三貫文分被下候由承伝候。右次男曽祖父与右衛門に弐拾七貫百拾文被下置御奉公仕候。然処右与右衛門儀

義山様御代寛永拾七年十月廿一日病死仕、嫡子太郎助跡式無御相違被下置候。年月・御申次不承伝候。祖父太郎助儀与右衛門と名改被仰付御奉公仕候。寛永年中惣御検地之節弐割出目共三拾弐貫五百文に被成下候。

御当代寛文元年八月十九日祖父与右衛門儀病死仕、嫡子之太郎助跡式無御相違被下置候。年月・御申次不承伝候。其以後与右衛門と名改被仰付御奉公仕候。与右衛門儀実子持不申候付、拙者儀根来新蔵次男与右衛門甥御座候間養子仕度由、

御当代寛文拾年奉願候処、願之通同年八月朔日柴田外記を以被仰付候。養子与右衛門儀同年十二月晦日病死仕候。同十一年五月十日富塚内蔵丞を以跡式無御相違拙者被下置候。知行高三拾弐貫五百文御座候。尤御黒印頂戴仕候。

以上
延宝五年二月廿八日

11 佐藤市兵衛

一　拙者儀先祖御譜代之由に御座候得共、誰様御代拙者先祖誰を被召出候哉、曽祖父以前之儀は不奉存候。拙者曽祖父佐藤九兵衛輝宗様御代には御奥小性相勤、御知行高三拾貫文被下置候由御座候。貞山様御代最上御陣之節義光公へ為御加勢後藤五郎左衛門と右九兵衛両人御物頭にて出陣仕候処、最上道々と於申所、慶長五年八月八日之働之節九兵衛儀討死仕候。九兵衛女子壱人持申其上幼少候故御知行所被召上其通被指置候処、一両年過大内備前一家御座候大内善適孫大内彦惣九、兵衛名跡願申上候処、右彦惣拾三貫文被相立大内弥次助と申御奉公相勤申候。元和五年貞山様御意には佐藤九兵衛御用立相果申候筋目にも候間、自今以後佐藤相改可申由御意を以、佐藤市兵衛と改名被仰付候。右市兵衛御知行高弐拾壱貫百四拾壱文之所、寛永弐拾壱年惣御検地之節弐割出目共弐十五貫四百文に被成下候。右知行高相倍候品、御加増を以相倍申候哉、年号・御申次等迄不承伝候。慶安三年二月廿八日遠田之内二郷村にて野谷地拾五町拝領仕、明暦三年開発御竿入、八貫八拾七文之所同年五月廿三日富塚内蔵丞・奥山大学を以右市兵衛に被下置候。市兵衛儀御奉公年数五拾箇年余相務隠居願申上、嫡子亡父作太夫に名跡無御相違被下置候。何年に誰を以被下置候哉不承伝候。祖父市兵衛拾人御扶持方隠居分に被下置候。右市兵衛相果申候節、次男大内次兵衛被下置候。亡父作太夫於江戸に病死仕、苗跡拙者に、承応四年古内古主膳を以無御相違被下置候。都合御知行高三拾三貫四百八拾七文御黒印頂戴仕候。已上

延宝七年七月廿三日

12 佐瀬市之丞

一 義山様御代慶安弐年拙者儀成田木工を以被召出、小判六両四人御扶持方被下置御小性組被召使候。然処佐瀬権太夫儀御膳番役にて御奉公仕候病死仕、実子養子共無御座候処、明暦弐年十一月十八日古内主膳を以、右権太夫苗跡被仰付権太夫被下置候。御知行三拾弐貫七百文無御相違拙者被下置、御切米御扶持方被召上候。権太夫儀何様之品を以何時被召出御知行被下置候哉、品々右之通故不承伝候。其後知行地続新田所少御座候を御郡司小川縫殿丞を以申上被下置、起目之所へ御竿被相入六百三拾九文之所、寛文十三年六月十八日小梁川修理を以拝領仕、都合三拾三貫三百三拾九文之高に罷成候。新田拝領仕候以後未御黒印は頂戴不仕候。以上

延宝五年正月廿五日

13 浜田伊兵衛

一 養父浜田平十郎儀同氏古半兵衛三男御座候処、貞山様御代被召出、御切米三両四人御扶持方被下置、御国御番仕候処、数年無懈怠相勤申に付義山様御代為御褒美、慶安四年正月茂庭佐月を以御知行弐拾貫文被下置、右御切米御扶持方は被召上候。然処実男

無之付、拙者儀片山五郎兵衛次男御座候を聟名跡願上
御当代寛文四年四月奥山大学を以願之通被仰付、平十郎儀延宝三年七月病死仕候付、跡式弐拾貫文無御相違同年十一月十九日柴田中務を以拙者に被下置候。且又野谷地拝領開発新田高拾三貫三百拾三文、延宝六年九月十九日知行高被結下之旨黒木上野を以被仰付、都合知行高三拾三貫三百拾三文被成下候。右平十郎被召出候品御扶持方御切米被下置候年号・御申次等は不承伝候。已上
延宝七年二月廿五日

14　氏家杢兵衛

一　拙者親柴山五兵衛儀、生国は美濃国氏家卜全甥御座候。堀丹後守殿に首尾御座候付、貞山様へ被召抱被下候様にと賀々爪民部殿・柳生又右衛門殿を以被申上、元和元年奥山出羽を以被召出、御知行千石之御積五拾貫三百五拾三文被下置、江戸御奏者番被仰付、数年相勤申候処、進退相叶不申候由丹後守殿御聞及、柳生又右衛門殿を以御暇被下候様被申上候品々被聞召届、為御加増御知行弐拾五貫文寛永三年に茂庭周防を以被下置、都合七拾五貫三百五拾三文に被成下候。其節従貞山様柳生又右衛門殿へ被遣候御書所持仕候。其後若林御町奉行被仰付相勤申候。
義山様御代には親又兵衛老衰仕候付、為御番代拙者を被召出、江戸御番被仰付相勤申候。然処に寛永十四年大洪水并十八年・十九年両年之旱魃に知行不作仕、其上西磐井之内二ノ関村・細谷村高弐拾三貫弐百五拾五文知行所御座候を、

義山様御代に兵部殿へ御割地に罷成、其より八ヶ年五切並に御足目にて被下、旁以困窮仕内之者等も進退積に扶助仕兼候。乍去御奉公退申候儀無拠奉存、拙者相聟吉田仲兵衛に申合、江戸御番中右仲兵衛馬両疋為牽罷登候故、借馬にて御奉公且々相勤御下向之刻は馬相求馬上之御供仕罷下候。其後正保元年親又兵衛病死仕拙者に家督被仰付候節、右江戸御番に乗馬為牽不申候儀不届之由被仰立旨、津田豊前より岸帯刀・大浪対馬両人を以、同年三月十二日に被申渡候。其節今御竿三拾貫文被下置残分は被召上候。右不届之所申分をも仕度奉存候得共、拙者式に御座候故延引仕罷在候。其後知行所之内本栗原郡富村に新田所拾壱町御郡司衆小川縫殿丞を以申上、寛文四年四月十日に拝領仕、同七年十一月廿日に御竿相入、田畠三貫弐百八拾八文之高に罷成候を、同八年八月廿九日に原田甲斐を以被下置、都合三拾三貫弐百八拾八文之御黒印奉頂戴候。以上

延宝五年正月廿八日

15　但木宇左衛門

一　拙者先祖代々御譜代にて御奉公仕候由承伝候得共、誰様御代先祖被召出何代引続御奉公仕、何時御知行拝領仕候哉、祖父備後代南部へ御人返御使者に被遣候留守中に御書并証文覚書等致焼失候故、祖父備後以前之儀は相知不申候条不申上候。貞山様御代祖父備後御知行三拾壱貫文被下置候由、年号・御申次拙者未生以前に御座候故不奉存候。右備後御奉公仕罷在候内、御足軽被預置十箇年余相勤申処、義山様御代御役目替被仰付、御名懸被預置八ヶ年相勤罷在候。

義山様御代惣御検地之節弐割出目を以、三拾六貫弐百文之高に被成下、寛永弐拾壱年八月十四日御黒印祖父備後頂戴于今所持仕候。然処慶安弐年十月十六日右備後病死仕候付、義山様御代古内古主膳を以御披露申上候処に、親権右衛門に跡式無御相違被下置旨、慶安弐年極月廿六日右主膳を以被仰渡、同年御黒印親権右衛門頂戴所持仕、御国御番相勤罷在候処に、万治弐年中気指出御奉公可仕様無御座候付、古内中主膳を以願申上候処、綱宗様御代右主膳を以願之通無御相違、万治三年三月五日拙者に御知行被下置御国御番被仰付処、右権右衛門儀同年同月十日病死仕候。且又寛文元年極月十六日御黒印拙者頂戴所持仕候。只今御知行高三拾六貫弐百文御座候。以上

延宝五年五月七日

16　森田佐渡

一　拙者儀森田隠岐二男御座候処、横沢金右衛門御知行高拾貫文にて罷在候。拙者を聟苗跡被成下隠居被仰付被下度段申上候付て、願之通奥山古大学を以被仰付候。年号私幼少之時分御座候故覚不申候。十四歳罷成候時、義山様御小座住之砌御小性に被召仕度由、佐々若狭を以貞山様へ御所望被成、御小座にて被召仕候。寛永十七年小進退にて数年御奉公相勤申候段被仰立、御加増弐拾貫文御直被下置、御知行高三拾貫文被成下、御膳番役目被仰付候。同十九年森田譜代所国分愛子村にて知行替被下度旨訴訟申上候処、同年四月晦日願之通地形十貫文之所愛子村にて替被下、其上右同所に在郷屋敷山共に被下置候。同弐拾年御分領中惣御検地之砌弐割出目之分も右愛子村にて被下置、都合三拾六貫百文之高に被成下

義山様御黒印頂戴仕候。右横沢金右衛門儀会津譜代之侍御座候処、貞山様御代会津御手に入申候時分御下中へ参、御知行五拾貫文被下置候哉、年号・御取次不承伝候。以後如何様之儀御座候哉、御知行四拾貫文は被召上、十貫文にて罷在候。其刻誰を以何年御知行被下置候会津へ逆心之者に御座候故か、物毎私存之様に無之候て不吉成儀共出来仕候間、右横沢知行拾貫文は指上申候て御加増拝領仕候弐拾貫文にて御奉公相勤可申候条、横沢之苗字替被下本苗森田に成共母方之苗字茂庭成共被成下度段申上候処、願之通本苗森田被成下、剰横沢知行之分も不被相替被下置候旨、古内故主膳を以明暦三年極月廿四日被仰付候。右愛子村に切添四拾弐文之所御座候を、寛文元年八月十日富田内蔵丞・奥山大学を以被下置、都合三拾六貫百四拾弐文之高被成下御黒印頂戴仕候。右高之内三貫文之所拙者三男喜平次分ヶ被下、遠藤次右衛門養子指遣申度段申上候処、願之通被仰付之旨延宝五年二月六日柴田中務を以被仰渡候。残御知行高三拾三貫百四拾弐文御座候。私先祖之儀は嫡子筋目御座候間森田杢右衛門申上候。以上

延宝七年四月廿九日

17 黒沢八太夫

一 私親黒沢利右衛門儀葛西一家黒沢豊前甥に御座候。浪人にて豊前聟武山出雲処罷在候処、其後津田古豊前処に与力に罷出、右豊前取持を以、義山様御部屋住之砌定御供被召出、御切米五両四人御扶持方被下置御奉公相勤申候。年号・御申次不承伝候。義山様御代罷成、右利右衛門御加増三両被下置、八両四人御扶持方に被成下、引続定御供御奉公相勤申候。年号・

御申次不承伝候。八島惣左衛門相果、孫に太郎八と申候て御座候得共幼少に御座候故、拙者親利右衛門儀右惣左衛門壻御座候付、太郎八番代被仰付被下候様にと申上候処願之通被仰付、太郎八番代知行高拾五貫六百文親利右衛門被預下候。年号・御申次は不承伝候。右利右衛門御切米御扶持方は其節被召上候哉、又御知行に被直下候哉不奉存候。右太郎八番代拾ヶ年余江戸御国共に御奉公相務申候付、為御加増御知行拾五貫文之所被下置候御黒印所持仕候。年号・御申次不奉存候。右番代知行高并御加増之地取合三拾貫六百文にて右定御供御奉公江戸御国共無懈怠相務申候。其後右太郎八成人仕候間、御番代知行高十五貫六百文は太郎八処へ相返申度由願申上候得ば如願被成下、其節御加増十五貫文利右衛門被下置、都合三拾貫文被成下、江戸大御番被仰付相勤申候。其後竜ヶ崎御郡司被仰付拾壱ヶ年相務申候。

義山様御代知行処之内地付切添起目新田弐貫八拾七文拝領仕、三十弐貫八拾七文之高に被成下候。御黒印所持仕候。年号・御申次不承伝候。右利右衛門儀承応元年御二ノ丸御奥方役被仰付、万治三年迄九ヶ年相務、同年三月五日於御二ノ丸病死仕候。拙者儀右利右衛門嫡子御座候付家督之願申上候処、同年五月願之通亡父跡式無御相違拙者に被下置候段、茂庭中周防を以被仰付候。其節頂戴仕候御黒印所持仕候。延宝元年十月廿九日切添新田壱貫五文大条監物を以拝領仕、御知行高三拾三貫九拾弐文被成下候。拙者儀幼少之内親利右衛門相果申候故、先祖之儀然と不奉存候間承伝候通申上候。以上

延宝五年三月廿六日

18　吉田六左衛門

一 祖父吉田伊予儀生国江州、貞山様御代松平右衛門太夫殿より今井宗薫を以被相頼、慶長六年奥山出羽を以被召出、御知行四拾五貫文致拝領候。右嫡孫当時吉田勘右衛門相続仕候。親吉田六左衛門儀右伊予四番目之実子御座候。御同代寛永七年に奥山出羽を以御小性組に被召出、御切米三両御扶持方六人分被下置数年勤仕、至義山様御代寛永十七年祖父伊与方より新田起目高五貫文并舅梅津次郎左衛門御知行高之内六貫文合拾壱貫文分与申度段、両人願申上付て被下置旨、同年古内古主膳を以被仰渡候。寛永弐拾壱年八月、右御切米御扶持方知行高被直下、二割出目共弐拾貫五百文被成下御黒印致頂戴候。其以後野谷地申請新田闢之起目四百七拾六文、慶安元年四月十九日致拝領候。御申次衆は不承伝候。承応三年三月廿五日御加増九貫六文古内古主膳を以被下置御物頭被仰付、新御弓衆三拾四人取立申候。其以後野谷地申請起目壱貫三百十四文明暦弐年正月廿二日右主膳を以被下置、知行高三拾壱貫三百拾四文にて数年御武頭相勤候処、明暦三年九月十日病死仕、同年十一月右主膳を以実子拙者跡式無御相違被下置候。至御当代野谷地申請闢之起目壱貫七百弐拾九文、寛文元年十一月十六日奥山大学を以拝領仕、都合三拾三貫四拾三文之御黒印頂戴仕候。已上

延宝五年四月十一日

19 山路藤兵衛

一 拙者先祖は伊達御譜代御座候由申伝候得共、祖父以前之儀委承伝不申候。拙者祖父山路筑後と申者知行高三拾貫

文
性山様より拝領仕、御奉公相勤罷在候処、
貞山様御代元和八年六月十三日病死仕、跡式知行高無御相違筑後嫡子は拙者父同氏藤兵衛に被下置、
義山様御部屋へ被相付候三十騎馬上之内被召使、江戸へ相詰御上洛之御供等相勤、寛永十四年六月廿七日病死仕、
跡式知行高三拾貫文之所無御相違古内古主膳を以被下置、其以後御検地に付弐割出御加増取合三拾六貫文之所被
下置、寛永弐拾壱年より江戸御番仰付、寛文四年迄相勤申候。然処拙者実弟子山路藤内無進退にて罷在候付、拙
者知行高三拾六貫文之内三貫文之処右藤内に被分下度旨奉願候之処、願之通被成下候由、寛文九年十月十四日古
内志摩を以被仰付、藤内儀御国御番相勤罷在候。依之拙者知行高三拾三貫文罷成候。拙者儀は寛文四年より御国
御番相勤罷在候。以上
延宝五年二月廿日

侍衆

御知行被下置御牒（十六）

三十二貫九百四十八文より
三十壱貫文迄

1 横尾八郎左衛門

一 拙者先祖伊達御譜代之由申伝候得共、誰様御代先祖被召出候哉不承伝候。高祖父横尾大隅・同子源左衛門・同子惣六郎代迄何程之御知行高被下置候哉相知不申候。惣六郎嫡子文平儀貞山様御代御知行弐拾貫文被下置、同嫡子仲左衛門・同嫡子拙者養父長門代迄右御知行高弐拾貫文にて御奉公相続仕候。勿論先祖より段々家督被仰付候年号・御申次等不承伝候。右長門壱町壱切御買新田申受開発仕内、義山様御代寛永二十一年惣御検地相入二割出目并右新田起目取合、知行高三拾七貫九百文に被成下候。然処長門儀実子持不申候付て、拙者儀秋保刑部二男御座候を養子仕、且又右知行高之内五貫文長門甥同名長三郎に為分取申度旨申上候処、長門願之通寛文五年六月十九日茂庭先周防を以被仰渡、右長三郎に五貫文被分下残知行高三拾弐貫九百文にて御奉公仕候。其以後長門隠居之願申上、同十年二月五日隠居被仰付、拙者に家督無御相違右知行高三拾弐貫九百文之所被下置江戸御番被仰付旨、原田甲斐を以被仰渡御黒印奉頂戴候。延宝元年十月廿九日に知行所にて切添起目四拾八文大条監物を以被下置、都合三拾弐貫九百四拾八文にて引続江戸御番相勤申候。以上

延宝五年二月十九日

2　吉岡九左衛門

一　亡父吉岡九左衛門儀黒川譜代、貞山様御代御扶持方四人分御切米弐両と御仕着并御人足壱人被借下、江戸御勘定衆に佐々若狭を以被召出御奉公相勤申候。其以後野谷地申受開発仕候起目高拾三貫六百五拾九文佐々若狭を以被下置候。義山様御代右之御扶持方御切米御仕着御人足を御知行拾貫七百四拾壱文に被直下候。何年何月被召出、且又御扶持方御切米誰を以御知行に被直下候哉、拙者幼少之砌にて委細覚不申候間有増申上候。義山様御代正保元年野谷谷地申受開発仕候起目拾三貫五百拾七文、真山刑部・和田因幡・山口内記を以正保二年六月三日被下置、都合三拾七貫九百拾七文高被成下、引続御奉公相勤申候。御当代万治三年極月親九左衛門儀病死仕候付跡式無御相違、寛文元年三月廿九日柴田外記を以拙者被下置相続仕候。拙者知行高三拾七貫九百拾七文御座候。御黒印於御蔵頂戴仕候。以上

延宝五年二月十七日

3　畑中助惣

一　私祖父畑中左近は、
性山様御時代進退四十町余の積知行仕、従先祖御譜代にて引続御一族御奉公仕由申伝候得共、先祖之輩誰を始て被召仕候哉不存知候故、先祖御奉公初之御時代も不奉承知候。然ば祖父左近幼少之内父相果付、猪苗代紀伊番代相勤処、紀伊無調法を以、左近進退被召上故、親類庄子長門得養育、青木上野子同与惣左衛門は大津美作聟に候故、彼等共由緒有之を以、与惣左衛門娘に左近を取合、私親宗琢致出生、二歳之時父左近若死仕、其刻従米沢御移之砌故、私親宗琢孤にて兼て之在所在留、譜代之家来共介抱仕処、段々困窮之上母共に及飢寒仕合、無拠家来共同然に細工に加り、
貞山様代慶長十二年父宗琢十八之時、細工を以蒙御扶持御切米、其後知行被成下由候得共、私未生以前之儀右委細不承伝候。寛永二十一年惣御検地二割出目被下、知行八貫五百四拾文に罷成由承候。右之仕合故不顕本苗、先祖之親類にも隠身在之所、至正保三年御目付真山越中右之品々存知之通古内主膳へ申達処、
義山様相達御聞兼々此儀御存知被遊事在之由にて、右越中に委御尋之上、其刻御目付今村正右衛門・清水有閑は畑中左衛門方之親類に付て、彼等共にも御直々御尋之上、親宗琢にも古内主膳を以御尋之、亡父左近事被知聞食事在之、為御一族処其実子零落事不便に被思食候条拙者を被召出由、正保三年虎之間小性に古内主膳を以被仰付右御奉公仕処、手蹟書申由にて度々御書物等被仰付、其後御右筆被仰付候。慶安三年十二月廿九日御切米四両御扶持方四人分成田木工・氏家主水を以被下、其翌年同四年六月廿二日親宗琢知行八貫余一倍以御加恩拾六貫文に被成下之旨被仰付、本知八貫五百四拾文へ七貫四百六拾文之以御加増、拾六貫文之知行高に被成下之旨古内主膳書付相出、先祖之事兼々被聞食儀在之、依之子共末々御取立為可被下其身老衰衣躰候得共、先以知行仕末々助惣に

可相譲之旨、且又宗琢も名字名乗事御免被成旨、依之右知行被下書付に、兼々職目記来所を相除、庄子宗琢と書出候旨、主膳親宗琢に被申渡、此書付御蔵より之書替于今所持仕候。至老後有難蒙御恩其より二年過病死仕付て、右如被仰出跡式知行拾六貫文并拙者に兼て被下候御切米四両四人御扶持方迄被指添被下候旨、承応元年八月十日古内主膳を以拝領、父庄子宗琢跡知行御切米御扶持共に被下候旨、主膳書出御蔵より之書替所持仕候。其後御黒印頂戴仕候。明暦三年十月十五日知行拾四貫文御加増にて三拾貫文之高に被成下之旨、山口内記・山本勘兵衛を以被仰付拝領仕候。尤御切米御扶持方は其節被召上候。寛文元年十一月十六日之御黒印頂戴仕候。其後拙者知行所に在之野谷地新田に申受、開発之地弐貫弐拾四文并拙者知行切添之地百八拾三文此両所被下候旨、延宝元年十月廿九日大条監物被申渡拝領、并延宝元年に伊達左兵衛殿拝領新田所之内私在郷屋敷際にて内之者起目六百九拾五文被下候旨、延宝二年五月三日大条監物被申渡拝領仕候。本地三拾貫并新田切添共三拾弐貫九百弐文之知行高に候。右紙面之通三拾貫文に知行被成下候節、此上は無遠慮本苗之願申上度旨古内主膳へ請指図処、老衰之父過分之知行被下候刻先祖本苗被思食、又如此御加恩無程被成下候条時節を以被仰出可在之哉、先以延引可然旨内意に付延引仕処、拙者に御加恩被下候。其翌年義山様御遠行被成付打過御当代入国之上右之有増申上奉願通、本苗畑中に被成下候。以上

延宝七年二月十九日

4　朴沢九吉

一　拙者祖父朴沢加賀儀同氏長門次男に候処、貞山様御代御歩小性組に被召出、御切米壱両四人御扶持方被下置御奉公相勤申候。被召出候年号・御取次相知不申候。二十五歳に罷成節大坂御陣へ御供仕、慶長十九年十月四日仙台罷立、翌年元和元年五月大坂御再乱、同六日に道明寺口にてからの頂かぶり申候馬上一騎討取ざい甲共、貞山様へ懸御目候処、御褒美之上其身器量に首一つは不足被思食由被遊御意候付、同日に歩者壱人討取重て白石宮内を以懸御目候処、弥御褒美被遊候由御座候。其以後野谷地拝領仕、起目壱貫弐百文被下置候。年号・御取次相知不申候。且又右御切米御扶持方御知行に直被下度旨願上申候処、願之通寛永二十一年三貫六百文被直下、取合四貫八百文之高に被成下候。右御切米御扶持方被直下候。御申次は相知不申候。義山様御代慶安元年三月十二日に御加増弐拾五貫弐百文茂庭佐月を以被下置、本地四貫八百文取合三拾貫文に被成下、御足軽頭被仰付、尤御知行高御黒印頂戴仕候。寛文元年迄十四ヶ年御足軽頭相勤、七十四歳にて隠居之願申上候処、願之通隠居被仰付、同年五月柴田外記・大条監物を以嫡子拙者父九左衛門に家督被下置、御足軽頭引続被仰付相勤申候。

御当代知行所畑返出目へ御竿入高百九拾六文之所、寛文十二年柴田中務・古内志摩を以被下置、三拾貫百九拾六文之高被成下候。野谷地申受起目三百弐拾七文并先年致拝領候除屋敷へ御竿相入高に被成下度願申上候処、御竿入壱貫五百弐文弐口合壱貫八百弐拾九文、延宝元年六月柴田中務・小梁川修理を以致拝領候。野谷地拝領起目八拾五文延宝五年二月柴田中務を以被下、右御知行取合三拾弐貫九百拾文之高に被成下、御足軽頭相勤申候処延宝七年正月廿五日父九左衛門病死仕候付、跡式御知行高三拾弐貫九百拾文拙者に被下置之旨、同年五月廿九日佐々伊

賀を以被仰渡候。先祖委細之儀は惣領筋目に御座候同氏利兵衛申上候。以上
延宝七年七月廿六日

5　松崎吉左衛門

一　拙者先祖相州に罷在候。北条家へ奉公仕由に御座候。私祖父鈴木休太郎浪人にて越前罷在候内名字并名を改、松崎半左衛門に罷成由申伝候。然処

義山様御部屋住之節、右半左衛門儀相州浪人之末に有之由達御聞、津田近江・古内伊賀を以品々御尋付、先祖北条家に年久奉公仕、其上北条氏康より之書状等所持仕段申上候処、由緒在之浪人候間可被召抱由、右両人を以被仰渡、御知行弐拾七貫三百五拾壱文被下置候。被召出候時之年号は不承伝候。右半左衛門実子無御座に付、田村右衛門嫡子同仲右衛門子仲次郎儀、右半左衛門養子に仕候。寛永十一年病死仕、跡式無御相違同年三月右仲次郎に被下置候。誰を以被下置候哉不奉存候。仲次郎儀改名被仰付半左衛門に罷成候。寛永十八年惣御検地之砌、弐割出を以高三拾弐貫八百文に被成下、御黒印致頂戴候。其後野谷地拝領仕自分開起、壱貫七百四文之処何年に誰を以被下置候哉不奉存候。取合高三拾四貫五百四文に被成下候。寛文元年十一月十六日に御黒印致頂戴候。右半左衛門儀寛文二年五月相果、跡式無御相違同年七月廿三日に柴田外記を以拙者に被下置候。右高之内弐貫文実弟同氏三之助に為分取申度由願指上申候処、如願被仰付候由、延宝三年五月十七日大条監物を以被仰渡候。拙者当時知行高三拾弐貫五百四文に御座候。以上
延宝七年四月十四日

6 黒沢文右衛門

一 拙者先祖小松杢之助儀晴宗様御代被召出候。進退何程被下置候哉不承伝候。右杢之助嫡子高祖父杢之助、其子曽祖父右衛門代名字相改本名黒沢に罷成候。
貞山様御代右右衛門如何様之品御座候哉、牢人仕無間も病死仕候由承伝候。祖父善五郎其節幼少に在之付引続牢人に罷在候処、
貞山様御代実父黒沢久兵衛先祖米沢御譜代御奉公申上候筋目佐々若狭を以申上候処、被遊御覚之旨依御意則被召出、小判拾五両之御合力毎年被下置御奉公相勤申候。
義山様御代寛永二十一年八月十四日御知行拾貫五百文被直下候。御取次は覚不申候。其以後外人御用被仰付、首尾能相勤申由にて、正保四年十一月廿八日御加増拾九貫五百文古内古主膳を以拝領仕、三拾貫文に被成下候。慶安二年牡鹿郡水沼村にて野谷地申受、起目新田壱貫四百五拾三文被下置候。其節之御取次は覚不申候。其以後老衰仕隠居之願申上候処、寛文十二年九月廿九日古内志摩を以願之通被仰付、拙者苗跡無御相違被下置候。同十三年六月十八日三迫沼倉村知行地付新田八百九拾七文之所小梁川修理を以拙者被下置候。当時拙者知行高三拾弐貫三百五拾文に御座候。以上
延宝五年正月廿六日

7 大河原半左衛門

一　誰様御代拙者先祖誰を被召出候哉相知不申候。養曽祖父勅使河原杢之丞儀
貞山様御代御奉公仕候処、男子無之付鹿又雅楽助子十左衛門聟苗跡被仰付、改名杢之丞に罷成候。右段々被下置候
知行高并家督被下置候年号・御申次共不承伝候。然処笹岡備後支配之御不断衆不届有之、右備後に討可申旨被仰
付、彼者之屋敷へ押懸参候砌養祖父杢之丞儀備後親類付て同心参候処、手負三十七歳にて死去仕、後嗣無之付右
十左衛門弟拙者実父同氏三十郎に跡式此節知行高弐拾弐貫四百九拾文被下置候。何年に誰を以被下置候哉、其後
御売野谷地申受、自分開発高壱貫三百五拾三文被下置由右両様年号・御申次衆共に不承伝候。右合弐拾三貫八百
四拾三文之地高被成下改名杢之丞罷成
貞山様へ御奉公仕候所、寛永二年七月三十七歳にて病死仕候。其刻拙者三歳罷成候故右三十郎弟斉藤清兵衛儀
義山様御部屋にて被召出、拙者伯父に付従
貞山様御番代被仰付、右知行高之通清兵衛に被預下、
義山様へ被相付候間、進退役之御奉公相勤拙者十五歳罷成候はば知行高相返可申由、中島監物を以被仰付候由承伝候。
義山様御代私十五歳之砌、右知行高之通拙者被返下度旨清兵衛願上申付、寛永十六年五月私十七歳之時右知行高之
通無御相違拙者に被返下由御意之旨、先古内主膳右清兵衛に被申渡候。其節山口内記を以主膳方迄拙者母願上申
候は、杢之丞兄弟共若死仕候儀勅使河原之苗字不相応故歟と奉存候間、願は苗字替被下候様仕度由申上候処、相
達御耳於其儀は拙者母方之祖父先大立目与兵衛苗字之大字と本苗之河原を取合大河原に被成下旨被仰付候。且又
寛永年中惣御検地之砌二割出目被下置、知行高弐拾八貫六百文に被成下、寛永二十一年八月十四日御日付之御黒
印頂戴仕候。其後知行所之内切添新田起目三貫四百弐拾六文之所、明暦三年山口内記・真山刑部を以拝領仕候。

将又野谷地申受、自分開起高弐百九拾七文之所万治三年
品川様御代富塚内蔵丞・茂庭周防を以拝領仕、都合知行高三拾弐貫三百弐拾三文に被成下、
御当代寛文元年十一月御黒印頂戴仕候。以上
延宝七年八月六日

8 道家源左衛門

一 拙者曽祖父道家源左衛門儀は道家六郎左衛門と申者嫡子御座候。六郎左衛門儀は信長公へ御奉公尾州に居住仕候処に、美濃国蔦山合戦之時分討死仕候由に御座候。
信長公御死去に付、子共源左衛門儀は浪人にて堪忍仕候。其後祖父源右衛門は池田宰相輝政公へ御奉公仕候。然処に源右衛門儀孝勝院様へ被相付、御輿入之時分親治兵衛儀も十三歳にて源右衛門同所
孝勝院様御供仕罷越候。其節母方之苗字相改熊田源右衛門と申、翌年
義山様御小性組被召出、御切米拾両拾人御扶持方津田豊前を以被下置候。年月は不承伝候。寛永十年為御加増五貫文右豊前を以被下置候。右御切米御扶持方寛永二十一年八月十四日に御知行に被直下、取合高弐拾弐貫弐百文被成下御近習被召仕候。正保三年六月廿三日為御加増御知行拾貫文津田豊前を以被下置三拾弐貫弐百文被成下、右段々御加増何様之品を以被下置候哉不承伝候。数年江戸御番相勤、其後江戸御番御免被成下御国御番仕候処に、万治二年六月廿三日病死仕、跡式無御相違同年八月十三日古内中主膳を以拙者に被下置、右段々之御黒印所持仕儀に御座候。延宝三年八月廿七日本苗之願指上道家相名乗申候。以上

9　桑折甚右衛門

一　拙者養父之先祖

誰様之御時代先祖誰を初て被召出候哉、御知行拝領初之品々不承伝候。養祖父桑折豊後儀同氏点了親類にて御譜代之由申伝候。右豊後儀

貞山様御代御知行弐拾壱貫四拾八文被下置御奉公相勤申候。

貞山様御遠行之砌殉死仕、実子甚兵衛跡式無御相違被下置候。大御検地之時分二割出目共に被下置、弐拾五貫弐百文御黒印頂戴所持仕候。右甚兵衛慶安二年四月病死仕、実子十助跡式無御相違

義山様御代山口内記を以被下置候処、十助儀同三年正月病死仕、実子無之十助妹壱人其弟四郎助と申幼少にて有之付て拙者儀片平五郎兵衛六男に御座候処、五郎兵衛知行高之内五貫八拾三文拙者に被分下度由願申上、

貞山様御代中島監物を以、寛永十二年十月十一日如願被分下、大御検地弐割出共六貫八拾三文被成下御奉公仕候処、右十助妹に御取合苗跡に被仰付、十助知行高弐拾五貫弐百文之内弐拾貫文拙者に被下置、残五貫弐百文右四郎助に被分下候由、慶安三年四月廿五日山口内記を以被仰付、拙者知行高本進退取合弐拾六貫八拾三文に被成下候。右申上拙者妻女之弟四郎助明暦二年十六歳にて病死、最前被分下候五貫弐百文之知行被召上候。

義山様御代拙者実兄遠藤三之丞、慶安四年三月於江戸病死仕、嫡子長次郎五歳に罷成候節三之丞知行四拾壱貫六百八拾三文拙者に被下、拙者知行弐拾六貫八拾三文長次郎に被下、長次郎成人仕候は本地互に如元之取替可申由、

同年五月十六日先古内主膳を以被仰付、四拾壱貫六百八拾三文之知行高御黒印拙者に被下置候処、長次郎同五年九月六歳にて致病死候。然ば三之丞儀御奉公勝仕候者候間、長次郎弟平助四歳之節幼少に候得共、長次郎同前跡式仰付之由難有御意之旨、先古内主膳を以同年十月被仰付候。万治三年綱宗様御代本地四拾壱貫六百八拾三文平助所へ相返、拙者知行弐拾六貫八拾三文平助所より拙者方へ被返下度旨、拙者願之趣中古内主膳を以申上候。然処平助知行高之内四貫文拙者被分下度由平助母願申上候付て、四貫文被分下拙者知行高三拾貫八拾三文同三年三月五日中古内主膳を以被下置候。拙者知行切添起目三百八拾三文、万治四年五月十四日富塚内蔵丞・奥山大学を以被下置、三拾貫四百六拾六文之御黒印頂戴所持仕候。拙者知行切添起目壱貫六百三拾六文、延宝元年十月廿九日大条監物を以被下置候。知行地続野谷地拝領開発高弐百弐拾六文延宝六年十月十九日黒木上野を以被下置、当時知行高三拾弐貫三百弐拾八文御座候。以上

延宝七年三月廿二日

10 橋元左太夫

一 御北様従田村当地へ被遊御候時分、曽祖父橋元但馬并嫡子伊勢御供仕罷下、従貞山様御切御扶持方但馬被下置、御北様へ御奉公申上候。御切米御扶持方員数誰を以被仰付候哉承伝無御座候。右但馬病死仕候付て、嫡子伊勢に跡式被下置、御北様陽徳院様へ御奉公申上候。右伊勢病死仕候付て嫡子隼人跡式御切米十五両御扶持方十五人分馬之喰等義山様御代被下置候。右段々跡式被下置候年月覚不申候。隼人儀

陽徳院様へ御奉公申上候内、慶安二年
義山様より御知行三拾貫文被下置御切米御扶持方馬之喰は被召上候。知行誰を以被下置候哉不承伝候。寛文十二年
正月廿五日知行所地付新田起目七百拾五文之所被下置之旨、柴田中務被申渡高三拾貫七百拾五文に被成下候。右
隼人延宝四年八月病死仕跡式無御相違拙者被下置候旨、同年十一月廿七日望月正太夫被申渡候。右隼人拝領仕候
海新田起目壱貫弐百四拾七文之所拙者知行高に被結下候旨、当月十日柴田中務被申渡、当時拙者知行都合三拾壱
貫九百六拾弐文御座候。以上
延宝五年二月廿一日

11　富田四郎兵衛

一　拙者祖父富田八郎儀会津盛氏へ宿老役に奉公仕、蜷川郡綱沢・河沼之内藤倉両所盛氏より被下候。御直書所持仕候。
会津落着以後、従
貞山様被為呼、奥山出羽を以被召出、御知行弐拾貫文被下置改名四郎兵衛被仰付、御奉公仕候処、寛永五年二月九
日に致病死、苗跡無御相違嫡子拙者親四郎兵衛被下置候由承伝候。何年誰を以被下置哉、年久儀にて不承伝候。
貞山様御代御買新田壱貫文拙者親四郎兵衛被下置、弐拾壱貫文に被成下候。何年誰を以被下置候哉不承伝候。
義山様御代二割出被下置、弐拾五貫百文に被成下候。親四郎兵衛儀明暦二年十月十一日隠居願奥山大炊を以申上候
処、願之通無御相違嫡子拙者家督被下置之由同年霜月廿日に右同人を以被仰渡候。
義山様御代明暦元年野谷地新田申受、自分開起高三貫百四拾九文

綱宗様御代万治二年八月十日奥山大炊を以被下置候。

御当代寛文六年野谷地申受、自分開起高三貫五百文寛文十二年正月廿五日柴田中務を以被下置、都合三拾壱貫八百四拾九文之地高被成下御黒印奉頂戴候。以上

延宝五年三月二日

12 今村惣兵衛

一 私先祖伊達御譜代之由に御座候。曽祖父今村下野儀輝宗様へ御奉公仕候由何年誰を以被召出候哉、勿論進退高不承伝候。下野嫡子今村監物従貞山様御知行三貫文被下置御奉公仕、其以後御加増新田等拝領、五拾五貫八百文之高に被成下、元和五年霜月廿四日之御黒印于今所持仕候。監物改名長門に罷成、御中間奉行被仰付七十三歳迄相勤申候。右長門御加増新田何様之品を以誰御申次にて拝領仕候哉相知不申候。右長門嫡子惣兵衛儀無進退にて御歩行御奉公仕、其以後佐々若狭手前へ被相付御用相勤申処、竜ヶ崎御郡代被仰付、親子共首尾能御奉公相勤候段仰立を以、貞山様より御知行拾貫文惣兵衛に被下置候。御申次・年号相知不申候。長門儀寛永九年九月九日病死仕、跡式御知行高五拾五貫八百文と惣兵衛知行共取合六拾五貫八百文被下置候。何年に誰を以惣兵衛に家督被仰付候哉相知不申候。其以後知行地付起目壱貫弐百五拾八文被下、都合六拾七貫五拾八文之高に被成下候。御黒印書替所持仕候。右起目被下置候御申次・年号不承伝候。竜ヶ崎御郡代十二ヶ年相勤、義山様御代初御役目替御国御郡司被仰付相勤申内、野谷地拝領開発之高拾壱貫文被下、七拾八貫五拾八文之高に被

成下候。何年に誰を被下置候哉其段不承伝候。惣兵衛事下野と改名仕六拾歳迄致勤仕候。右御知行七拾八貫五拾八文之内四拾貫五文嫡子弥惣兵衛に被下家督被仰付、残三拾八貫五拾三文之内弐拾貫五拾三文は拙者に被下、拾八貫文は娘に差添御近習にて被召仕候衆之内へ縁組被仰付被下度旨、古内故主膳・古内伊賀を以奉願候付て、義山様御前相済、四拾貫五文は弥惣兵衛、弐拾貫五拾三文拙者に被下置、残拾八貫文は右娘に被下成田古助之丞妻被仰付旨、寛永十八年六月五日古内伊賀を以被仰付候。下野儀同年七月廿六日病死仕候。先祖之品々今村嫡子方より申上儀御座候処、私兄同氏弥惣兵衛右に申上候通下野家督に被仰付御奉公、惣御検地之節二割出并新田拝領、六拾弐貫九百三拾九文之知行高に被成下、江戸御国共に御番相勤病死仕候付て、実子源蔵に跡式無御相違被下置候処、十四歳にて病死、弟も無之故跡式不被相立候条、先祖之品拙者申上候。拙者儀下野次男にて右以願御知行弐拾貫五拾三文被下置候処、寛永年中御検地之節二割出目被下、弐拾四貫百文に被成下、寛永二十壱年八月十四日之御黒印取持仕候。正保元年より御国御番仕候処、

義山様御代御番御日牒面御穿鑿之時分、私七ヶ年御牒面〆仕候付て、為御加増弐貫文慶安三年二月十五日に古内古主膳を以被下置弐拾六貫百文之高に被成下、慶安三年二月十五日之御日付之御黒印所持仕候。御国御番正保元年より明暦三年迄十四ヶ年相勤候処、万治元年江戸御勘定頭被仰付九ヶ年相勤、其年御役目替御国御勘定奉行被仰付三ヶ年相勤御免被成、同八年より御国御番二ヶ年相勤申処、寛文十一年十月御郡司御役目被仰付五ヶ年相勤、延宝四年三月御役目替御足軽頭被仰付相勤申処以願同六年三月御役目御免被成下候。且又野谷地拝領開発高五貫四百三拾弐文寛文十一年三月十九日片倉小十郎を以被下置、其外野谷地拝領起目弐百八拾五文同十二年正月廿五日柴田中務・古内志摩を以被下、都合三拾壱貫八百拾七文之御知行高にて御黒印所持仕候。以上

13　新妻源太兵衛

延宝七年三月十三日

一　拙者先祖岩城御譜代御座候。曽祖父新妻玄番儀

貞山様御代被召出御知行十五貫文被下置御奉公相勤申候。其後玄番嫡子同氏源太に右知行高之通被下置、玄番には別て御知行拾貫文被下置、御勘定頭被仰付父子面々に御奉公仕候。源太儀大坂御陣へも致御供罷下病死仕候付、源太跡式御知行高拾五貫文之所嫡子源太兵衛被下置候得共、幼少に御座候間其内は源太弟同氏長門に御番代仕、源太兵衛成長之節は知行相返御奉公可為仕由被仰付候。其後玄番病死仕候付、玄番跡式御知行高拾貫文之所無御相違次男長門に被下置、右両様之知行取合弐拾五貫文にて御奉公仕候。源太兵衛成長仕候付最前御前相済候通、拾五貫文之所は長門方より源太兵衛に分渡申候条、

貞山様御代より江戸御番仕候。

義山様御代定御供に被召仕、其後御薬込役被仰付候。惣御検地有之節寛永二十一年に二割出被下置、拾八貫弐百文之高被成下候。源太兵衛儀井上左太夫殿へ被相付、鉄炮稽古被仰付、慶安三年三月廿一日為御加増御知行拾壱貫八百文被下、合三拾貫文之高被成下、大筒衆弐十二人新規に御作立源太兵衛に被預置候旨、御直被仰付候由承伝候。国分之内荒巻村・曽根木沢にて山屋敷新田致拝領、切開御竿入高壱貫八百弐文之所被下置、都合三十壱貫八百弐文高に被成下、寛文元年十一月十六日御日付之御黒印親源太兵衛頂戴仕候。拙者儀は豊島縫殿次男御座候処、源太兵衛男子無之に付聟養子仕度旨、

義山様御代承応二年茂庭古周防を以申上如願被仰付候。
御当代寛文十一年六月養父源太兵衛病死仕、跡式御知行高三十壱貫八百弐文之所無御相違拙者に被下置候旨、同年
八月廿一日に片倉小十郎を以被仰渡御黒印頂戴仕候。先祖之儀委細不奉存候得共承伝之通申上候。以上
延宝五年二月十五日

14　油井惣兵衛

一　拙者養父油井藤左衛門儀、同氏故茂兵衛弟に御座候処に、十六歳にて
義山様御部屋住之節虎之間御小性組に被召出御奉公仕候処、御薬込御役目被仰付、御切米弐両御扶持方四人分津田
古豊前を以被下置二十ヶ年相勤申候。然処
義山様秋保へ御出馬之節、正保四年六月廿日に御直に御知行三十貫文被下置、則御物頭御役目被仰付、十九年御奉
公相勤申候。其後明暦二年十一月廿日に山口内記・真山刑部を以山屋敷拝領仕新田切起、万治元年
綱宗様御代に御竿被相入、高七百九拾壱文之所富塚内蔵丞を以被下置候。御黒印藤左衛門頂戴仕候。其以後切添御
座候に付申上候処、延宝元年十月廿日に柴田中務・大条監物を以九百四拾文之所被下置、都合三十壱貫七百三拾
壱文に被成下候。右養父藤左衛門儀男子持不申候付、拙者儀は大条伊勢次男に御座候処、寛永二年聟苗跡仕度由
奉願候処、願之通奥山大学を以被仰付、右藤左衛門儀は延宝三年十二月十一日に隠居被仰付、家督無御相違拙者
被下置候。以上
延宝五年三月九日

15　支倉源太左衛門

一　拙者曽祖父支倉紀伊代迄御知行百弐拾貫文被下置、代々御譜代之由申伝候。右紀伊次男拙者祖父同苗新右衛門十五歳之時
貞山様御代被召出、無足にて御奉公仕候。十八歳に罷成候時、右新右衛門兄紀伊知行高之内拾四貫文茂庭佐月を以被分下、其以後両度御加増拾六貫文拝領仕、都合三拾貫文に被成下候。御加増之品御申次衆拙者未生以前之儀御座候故承伝不申候。其以後二割出目惣侍衆並に六貫文拝領仕候。万治二年八月廿四日自分開発之新田六百九拾弐文被下置、都合三拾六貫九十二文被成下候。御申次衆承伝不申候。右新右衛門万治二年御物頭被仰付候。六十九歳にて隠居願差上申候処願之通被仰付、拙者家督無御相違被下置旨、寛文十一年霜月十八日柴田中務を以被仰付候。新右衛門嫡子拙者父三右衛門儀は承応三年病死仕候付て、拙者嫡孫御座故家督被下置候。且又右新右衛門隠居之願差上申候節、知行之内五貫文次男同名新兵衛に死後被分下度由申上候処、願之通被仰付候。新右衛門寛文十二年病死仕候以後、拙者願指上申候処、右高之内五貫文叔父同苗新兵衛に被分下之旨、寛文十二年三月十八日右新兵衛に柴田中務を以被仰付候。先祖之儀は同苗新兵衛方より申上候間有増書上申候。当時拙者知行高三拾壱貫六百九拾弐文御座候。以上

延宝五年三月五日

16　足立半左衛門

一　拙者遠祖足立右馬丞遠元

頼朝公供奉にて奥州へ罷下為軍功之賞柴田郡之内を領地仕、其所を足立村と申候由に申伝候。右馬丞子孫引続右足立村に知行仕罷在候処、柴田郡

御先祖様御手に入申候以後御譜代に罷成、代々御奉公仕由申伝候得共、久敷儀御座候得ば彼是往古委儀は不存候。拙者より六代以前足立大炊助其子同氏五郎左衛門両人至迄足立村に住居仕候て、

稙宗様迄御奉公仕、右両人被下置候御証書両通拙者取持仕候。右大炊助・五郎左衛門儀

稙宗様へ御奉公別て抽申上由に候。如何様之品候哉其後御奉公中絶浪人にて罷在候由申伝候。然処

貞山様御代拙者親孫助儀、茂庭先周防を以被召出候。年月不承伝候。被仰渡を申伝候は其身先祖於

御先代に別て御奉公仕候者之末に候条、此度被召出候由にて御扶持米被下置、其以後御知行壱貫九百五拾文被成下由に御座候。御扶持米員数何程被下置候哉、如何様之品を以御知行に被直下候哉、拙者十歳之時親死去仕候故委細之儀不承伝候。

義山様御代拙者親孫助死去仕候。跡式御知行高壱貫九百五拾文之所無御相違拙者に被下置旨、寛永十四年古内主膳を以被仰渡候。其後惣御検地被相入候砌、何も並を以二割出目三百九拾文御加増、都合弐貫三百四拾文に被成下候。

義山様御代拙者儀和田因幡手前御用並御勘定方内御横目共に昼夜相勤候砌、為御加増四人御扶持方慶安三年極月廿五日山口内記・和田因幡・武田五郎左衛門を以被下置候。以後右御用被相除御右筆並に被仰付、古内主膳に被附置候条、主膳手前御用取次役共に相勤可申旨山口内記を以被仰付候付、毎度御前へ罷出諸事御用致勤仕候。此御奉公申上候砌拙者願を以野谷地拝領普請用水等自分に取立起目に仕、御竿被相入候新田高弐拾九貫四百四拾

弐文

綱宗様御代万治三年二月十日茂庭中周防・富塚内蔵丞を以被下置候。右四人御扶持方御当代御下中衆御知行に持添之分何も御知行に被直下候並を以、御知行壱貫八百文に被直下奥山大学を以拝領、都合三拾三貫五百八拾弐文之御黒印寛文元年十一月十六日従

当屋形様被下置候。右御知行高之内弐貫五拾七文拙者弟同氏十三郎に分被下度旨奉願候処に、寛文五年正月廿五日柴田外記を以願之通被成下、残御知行高三拾壱貫五百弐拾五文右同年同日御黒印被下置奉頂戴候。以上

延宝五年三月廿五日

17　中村七郎兵衛

一　拙者高祖父中村古伊予儀中島遠江弟に御座候処、晴宗様御代に被召出、御知行四拾貫文被下置、中村之名字被仰付候由承伝候。右之通被成下候品は不奉存候。性山様御代拙者曽祖父中村中伊予儀、右遠江二男にて中島右衛門弟に御座候を、右高祖父伊予実子無之に付て甥之儀に御座候故養子に願上、右伊予病死以後家督御知行高四拾貫文無御相違中伊予に被下置候由承伝申候。貞山様御代右中伊予儀、会津二本松所々之御陣へ御供仕、且又兄中島右衛門儀天正十七年五月佐竹義重・岩城常隆右御両敵田村へ御働之節、門沢之城へ為御加勢被籠置討死仕候御首尾を被思食之由被仰立、岩出山御在城之節御評定役目被仰付候砌、弐拾貫文御加増被下置、本知合六拾貫文被成下、御役目相勤申候処、其後如何様之品御座候哉慶長年中進退被召上、片倉備中に被預置三ヶ年過被召返御知行弐拾貫文被下置候由承伝候。慶長十六年病死

仕候処、嫡子助五郎儀は兼て伯父中島右衛門苗跡に罷成候付て、二男左伝次跡式無御相違被下置候。右左伝次大坂御陣へも御供仕其後伊予と改名仕候。拙者祖父に御座候。従
御先祖様高祖父以来段々被成下候年号・御申次不承伝候。
義山様御代右祖父伊予儀男子持不申娘一人御座候付、其節御小性組に被召使候今井九平次を聟養子に願上候処に、寛永十五年三月願之通家督御知行高弐拾貫文右亡父九平次に被下置候。兼て九平次被下置候御切米八両四人御扶持方は右伊予隠居分に被下置候。御申次は不奉存候。
義山様御代寛永年中、亡父九平次野谷地拝領仕、大御検地之節御竿入起目新田拾三貫三百文之所并本知弐拾貫文よりの二割出四貫文、且又右祖父伊予隠居分之御切米八両四人御扶持方御知行七貫文に被直下、右之通同時に御知行高に被成下、都合四拾四貫三百文に罷成、其節致頂戴候。御黒印所持仕候。右御申次年月不奉存候。九平次儀後に名を左馬丞と改申候。
義山様御代慶安三年正月拙者五歳に罷成候節、父左馬丞病死仕候。其砌右新田所拾三貫三百文之所兼て悪地故差上申、残本地三拾壱貫文之所を以拙者成長仕候迄御番代被仰付被下候様にと、親類共方より願申上候処に、同年二月五日に佐藤喜左衛門に御番代被仰付、拙者十六歳に罷成候節右御番代之知行三拾壱貫文之所拙者に相渡申度奉存候旨、
御当代寛文元年に右喜左衛門方より願申上候処に、御番代知行高三拾壱貫文之内弐拾貫文拙者に被下置、残拾壱貫文之所右喜左衛門に被分下之由、同年四月十日に拙者には奥山大学を以被仰渡、拙者知行高弐拾貫文にて御奉公相勤申候処に、喜左衛門方より右被分下候拾壱貫文之所拙者に被返下候様に仕度段、寛文四年に追て願申上候得

ば、喜左衛門願之通右拾壱貫文之所拙者に被返下之旨、同年三月廿日富塚内蔵丞を以被仰渡、都合三拾壱貫文に被成下候。其節致頂戴候御黒印所持仕候。延宝元年十月廿八日知行切添五百拾八文之所大条監物を以拝領仕、取合当知行三拾壱貫五百拾八文之高に被成下候。以上

延宝五年四月廿九日

18 松岡権左衛門

一 拙者親同氏清右衛門儀
義山様御部屋住之御時、
貞山様へ中島監物・佐々若狭を以被仰上候は、松岡清右衛門・大町飛驒事従若年
貞山様方々御出陣御働之御供仕候者に被及聞食候。御側近被召置古物語常々被聞食度儀に候間、両人御所望に被思食段被仰上候処、
貞山様則可被進旨御意被遊、清右衛門儀江戸へ被相登候節跡式は嫡子兵左衛門に被下置、清右衛門には別て御切米弐拾両御扶持方十五人分被下置、御部屋へ相詰可申旨被仰付御前に然と被差置、其後
義山様御代寛永十三年霜月御知行二拾貫文被下置、右御切米御扶持方被召上候。江戸御上下御供仕候所、寛永二十一年三月晦日於江戸病死仕候。右清右衛門御知行高二拾貫文并存生之内野谷地申受開発仕候高弐貫八拾三文、右二割出四貫四百六文六分被指添、都合弐拾六貫五百文知行高に被結下跡式次男吉右衛門に被立下之旨、寛永二十一年被仰渡候。御申次は不承伝候。且又右吉右衛門は

義山様御代前廉より被召出御切米四両御扶持方四人分被下置、御薬込御役目相勤別て御奉公申上候。親清右衛門跡式被下置候節右御切米御扶持方は被召上候。正保四年二月より右吉右衛門於江戸に相煩、同年五月御供仕罷下於在所病死仕候。拙者儀清右衛門三男吉右衛門実弟に候て、寛永二十年に義山様へ被召出定御供御奉公無足にて相勤申候処、正保二年に御切米四両御扶持方四人分古内故主膳を以被下置御奉公仕候処、右吉右衛門跡式は相禿候。親清右衛門儀別て被召仕候御首尾を以、右御知行高弐拾六貫五百文拙者に被下置、右清右衛門跡式被立下之旨、正保四年八月津田豊前を以被仰付候。御黒印奉頂戴候。其節御切米御扶方は被召上候。兄吉右衛門儀跡式被相禿候品如何様之儀に御座候哉被仰渡も無御座候。御当代拙者儀男子持不申候に付、親類片平壱岐二男六郎兵衛聟苗跡に申合、右壱岐知行高之内五貫文指添拙者知行高御取合被成下度段古内志摩を以奉願候処、寛文十一年八月十五日片倉小十郎を以願之通被仰付、当時拙者知行高三拾壱貫五百文に御座候。勿論御当代黒印頂戴奉所持候。亡父清右衛門より以前之儀、松岡清右衛門依惣領筋目に委細申上候。以上

延宝五年四月十三日

19　佐藤三郎左衛門

一　拙者先祖伊達御譜代之由承候得共誰様御代に先祖被召出候哉、祖父以前之儀不承伝候。拙者祖父佐藤三郎左衛門御切米五両御扶持方七人分被下置候。三郎左衛門儀元和九年五月五日に病死仕候付、同人実子私親三郎左衛門に右家督無御相違従

貞山様被下置候。御申次は不承伝候。親三郎左衛門儀

義山様御部屋住御時代、寛永六年より江戸定詰定御供御奉公仕候。同十四年御二之丸御取立之刻御作事方御横目被仰付、御普請中御用相勤、其後同所御数奇屋御取立之砌も同人に被仰付、同二十年之霜月迄御作事に付居申候処、同月朔日に御知行三拾貫文被下置候。江戸御作事奉行被仰渡旨古内古主膳を以被仰渡候。同年極月江戸へ罷登、寛文二年迄二十箇年相勤申候。同四年御足軽奉行被仰付相勤申候処、同十年八月八日病死仕候付、右跡式無御相違拙者に被下置之旨、同年十月一日に柴田外記を以被仰渡候。知行所之内畑返新田所御座候付寛文九年に申上候処、同十三年六月十八日小梁川修理を以右起目高壱貫百八拾五文之所拝領仕、御知行高三拾壱貫百八拾五文被成下候。以上

延宝五年四月廿九日

20　車市左衛門

一　拙者儀戸田古喜太夫次男御座候処、喜太夫知行高之内新田弐拾八貫三百四拾五文、本地壱貫六百四拾壱文、取合高弐拾九貫九百八拾六文拙者分為取三拾貫文に拾四文不足に御座候得共三拾貫文之高結、先祖親類に車丹波と申者之名字為名乗申度旨、

義山様へ右喜太夫願上申候処、承応四年六月廿二日に古内故主膳を以願之通被仰付候。其後延宝元年十月廿九日に切添起目新田壱貫百拾壱文大条監物を以拝領仕候。右取合拙者知行高三拾壱貫百拾壱文に被成下候。親代之儀は兄喜太夫可申上候。以上

延宝五年四月二日

21 天野孫太夫

一　拙者儀
孝勝院様へ寿林頼上被申候付、
御同人様為御意承応三年十月当御地へ罷下明暦元年七月十七日
忠宗公様へ
孝勝院様御願を以、御焼火之間にて古内主膳を以御目見被仰付、明暦二年正月二日右主膳を以御知行三拾貫文被下置、江戸大御番被仰付候。
御当代延宝三年十一月廿三日に知行切添起目六百拾文柴田中務を以拝領仕候。拙者知行地付野谷地申請自分開発仕候新田三百九拾壱文之所、延宝四年正月十三日に小梁川修理を以拝領仕、都合三拾壱貫壱文に被成下候。以上
延宝七年九月七日

22 荒井加右衛門

一　貞山様御代寛永十二年拙者儀無進退にて御国御番被仰付被下度由申上候処、茂庭佐月を以被召出、御番所虎之間被仰付御番相勤申候。同十三年
義山様御代に罷成候ても右御奉公相勤申候。然処慶安元年御国御番衆数年之御日牒面相改書上可申由被仰付候。依

之拙者儀無進退にて十三年無懈怠御番相勤申候段、其時之御番頭奥山古与市左衛門被申上候処、外様之御奉公奇特に仕候由御意之上、同年に御切米三両四人御扶持方中島監物・茂庭佐月を以被下置候。明暦二年に宮城郡国分芋沢村にて野谷地拝領仕自分致開発、御竿入新田高六百弐拾三文之所御当代寛文元年十一月十六日奥山大学を以被下置候。同六年野谷地拝領仕自分致開発御竿相入、新田弐拾六貫八百六拾四文之所同十一年三月十九日片倉小十郎を以被下置候。同年右之御切米御扶持方御知行に被直下候様に御訴訟申上候処、同十一月廿五日に柴田中務・古内志摩を以願之通被直下三貫五百拾四文之所拝領仕、都合三拾壱貫壱文之御知行高に被成下御黒印頂戴所持仕候。先祖之儀は同氏九兵衛書上申候。以上

延宝五年三月廿日

23

八乙女長太夫

(伊達宗綱)の子、母田村氏

一　拙者儀従先祖国分能州盛氏一家に御座候由申伝候。祖父八乙女善助儀貞山様御代被召出御知行五貫八百五拾六文之所被下置、天正十六年四月御朱印頂戴所持仕候。然処摂津守殿へ被相付御奉公仕候処、摂津守殿御他界被遊以後貞山様被召返、御奉公御次之間御番被仰付相勤申候内、元和年中国分之内実沢村にて野谷地新田拝領仕、自分開発之地弐貫五百壱文屋敷共被下置、本地合八貫三百五拾七文に被成下候。右新田野谷地拝領仕候儀、元和何年に被下置候哉承伝不申候。右之御黒印は頂戴不仕候由父長太夫申伝候。勿論所持不仕候。義山様御部屋住之御時父長太夫儀次男に御座候故、寛永二年より古内故主膳所に与力仕罷在、同九年に

義山様江戸御登御供にて古主膳罷登候付て、父長太夫儀も罷登候処、於江戸同年十一月御切米弐両五人御扶持方右主膳を以被下置、定御供衆に被召出別進退にて御奉公仕候。同十年七月御薬込御役目山口内記を以被仰付、同十三年十一月御切米御加増拝領仕、三両五人御扶持方に被成下候由申伝候。

義山様御代寛永十四年十一月十三日祖父善助病死仕、跡式御知行高八貫三百五拾七文嫡子同氏源吉に家督可被仰付儀に御座候得共、右源吉儀寛永十二年七月病死仕に付次男父長太夫に無御相違右主膳を以被下置、右御切米御扶持方は被召上、引続御薬込御役目相勤申候。同十九年四月御加増之地三拾貫文津田古豊前を以被下置、本地取合三拾八貫三百五拾七文に被成下、其上白根沢丹波跡役御足軽指引被仰付、寛永年中惣御検地之砌二割出目を以御知行高四拾六貫文に被成下御黒印頂戴所持仕候。父長太夫儀寛永九年より万治元年迄二十七ヶ年無懈怠御奉公相勤申候由、右之趣年久敷儀に御座候故承伝を以申上候。

義山様御代万治元年正月十三日父長太夫病死仕、跡式御知行高四拾六貫文無御相違古内中主膳を以同年三月拙者に被下置、
御当代御黒印頂戴所持仕候。

御同代延宝元年十二月拙者知行高四拾六貫文之内拾五貫文弟彦左衛門に分被下似合之御奉公被仰付被下置度奉存候。拙父長太夫存命之時分右三男彦左衛門儀如何様にも供御国馬上並之進退有付申度由、誰そ苗跡に成共新田等をも拝領仕為取申度、色々仕候得共相叶不申、勿論拙者儀も父存入を相遂申度只今迄延引仕候得共、当分新田等才覚も不罷成、左様に御座候得ば右彦左衛門当年廿七歳に罷成御奉公可仕歳比に御座候上、父存命之時分願置申儀に御座候間如此申上候。右之通於被成下は拙者御番所虎之間に御座候間、彦左衛門儀も御塩味を以間取をも被仰付

被下置候様に申上度奉存候。尤拙者儀残三拾壱貫文にて当時御役目之御奉公無恙相勤可申候条、如願之被仰付被下置度奉存段申上、延宝二年二月廿八日如願被仰付旨、柴田中務を以被仰渡候。以上

延宝七年三月十八日

侍衆

御知行被下置御牒（十七）

三拾貫九百五拾八文より
三拾貫弐拾三文

1　須田八兵衛

一　拙者先祖白川譜代御座候。祖父主計儀は貞山様御代白川布説致供御当地へ罷越、其節被召出御知行四貫文被下置候。其時之年号・御取次誰に御座候哉不承伝候。其後御同代両度御加増之地拝領、拾五貫文に被成下候由承伝申候。何様之品を以被下置候と申儀、勿論年号・御取次誰に御座候哉不承伝候。寛永十五年に病死、跡式無御相違主計に被下置候。御取次誰に御座候哉不承伝候。且又義山様御代親主計に寛永十九年四月十日鴇田駿河・和田因幡を以御加増十貫文拝領仕、高弐拾五貫文被下置三拾貫文之高に被成下候。
御当代寛文三年四月十三日親隠居被仰付、拙者に家督無御相違被下置候旨、奥山大学を以被仰渡候。延宝元年十月廿九日に切添之地九百五拾八文大条監物を以拝領仕、当時拙者知行高三拾貫九百五拾八文御座候。以上

2　平卯兵衛

延宝四年十二月廿一日

一　拙者先祖御譜代之由申伝候得共、
誰様御代先祖誰を被召出候哉不承伝候。高祖父平美作儀
貞山様伊達に被成御座候時分、上長井塩野之郡田中在家と申所にをいて、御知行弐千九百九拾苅被下置候。天正十
五年八月廿日の御判物所持仕候。美作儀御当地にては御知行拾弐貫文余被下置、御本丸御留守居御番被仰付、且
又美作実子平三左衛門儀は
御同代被召出、別て御知行拾五貫文被下置被召仕候。以後為御合力御金弐拾両御扶持方弐拾人分被下置、御物置奉
行被仰付、高麗御陣にも被召連御奉公無恙相勤申候由承伝候。右両人被召出候知行被下置、御役目等被仰付候年
号・御申次は不承伝候。美作御知行高之内四貫文余之所、実孫平十三郎に為取、残七貫五百四拾壱文にて右御役目
相務罷在、元和弐年十月廿八日病死仕候。依之右七貫五百四拾壱文之御知行子三左衛門に御加増被下置、御知行
高弐拾貫五百四拾壱文被下、御奉公相務罷在候処、寛永十一年極月廿九日病死仕候付て、御知行高弐拾弐貫五百四
拾壱文之所、無御相違嫡子平三左衛門に被下置、御合力之御金御扶持方は被召上之由に御座候。御申次は不承伝候。
義山様御代寛永年中惣御検地以後、御知行御割之砌二割出目四貫五百文之所、富塚内蔵丞・故奥山大学を以同二十
一年八月十四日被下置、右衛門御知行高弐拾七貫文に被成下候。
御同代慶安五年祖父三右衛門隠居願申上候砌、御知行高弐拾七貫文之内弐拾貫文は子同氏次兵衛に被下置、七貫文

は隠居分に被下置度由申上候処、願之通に被仰付之旨、同年六月朔日に山口内記被申渡、亡父次兵衛儀弐拾貫文にて御奉公相務罷在候処、

御同代牡鹿郡蛇田村にて野谷地新田に申請、開発起目高弐貫三百拾六文之所拝領仕、御知行高弐拾弐貫三百拾六文に被成下候。年号・御申次は覚不申候。

御当代寛文弐年五月廿四日に祖父三右衛門病死仕候付て、隠居分七貫文之御知行右次兵衛に被下置度由親類共奉願候処、願之通被成下之旨、同年七月廿三日に於大条監物宅に柴田外記両人にて被申渡、御知行高弐拾九貫三百拾六文に被成下候。同六年黒川郡報恩寺村知行所倒月切替に拝領仕候新田へ御竿相入、起過壱貫六百四拾文御座候を被下置、都合御知行高三拾貫九百五拾六文に被成下之旨、同年十一月廿三日に古内志摩を以被仰渡、御黒印奉頂戴候。実父次兵衛儀延宝四年極月十三日に病死仕候付、跡式拙者に被下置度由親類共願覚書差上申候処、無御相違被下置之旨同五年四月九日柴田中務を以被仰渡、右次兵衛御知行高三拾貫九百五拾六文之所拝領仕候。以上

延宝五年四月晦日

3　安倍権左衛門

一　拙者六代以前之祖安倍兵庫

誰様御代に御座候哉、

御先祖様へ被召出、出羽之内長井庄市野々村被下置御奉公相勤、老衰仕嫡子信濃に家督被下置候由承伝候。右信濃

晴宗様御代天文二十弐年正月十七日同庄李山郷内中関在家・同庄佐さ野郷内はかね在家為御加増被下置候。御判物

于今所持仕候。貫高は相知不申候。右御加増誰を以被下置候段不奉存候。信濃老衰仕、嫡子拙者曽祖父源兵衛に
家督従
輝宗様被下置、右源兵衛病死仕、嫡子拙者祖父万七に家督従
貞山様被下置、
貞山様米沢より岩出山へ被遊御移候節、御供仕候付、右長井庄にて被下置候御知行高御積を以、
御同代右万七に御知行九拾貫文被下置候由申伝候。誰を以被下候段不奉存候。右万七正左衛門に名を改、其後進退
被召上、無間も御勘気御赦免被成下、無足にて御村御用数年相務、其上磐井郡五串村にて輝井堰取立五串・赤萩
山目・中里四ヶ村定水に仕差上申候為御褒美、新田三貫七百拾文伊藤肥前を以、元和四年被下置、其後伊沢郡小
山村・中畑村・関村・麻生村・六日入村・白鳥村六ヶ村にて御新田為取立申に付、新田起目高拾九貫百四文
御同代寛永三年伊藤肥前を以被下置、右両所取合弐拾弐貫八百拾四文に被成下、右祖父正左衛門寛永五年七月病死
仕、家督無御相違拙者親正左衛門に同年十月伊藤肥前を以被下置候由承伝候。
義山様御代寛永廿一年惣御検地二割出被下置、本地合弐拾八貫文之高に被成下候。且又明暦三年野谷地拝領仕、開
発高壱貫九百八拾五文従
品川様万治二年九月茂庭周防を以被下置候。右正左衛門寛文九年二月病死仕、同年七月朔日
御当代柴田外記を以拙者に家督無御相違被下置候。其後知行所切添九百弐拾壱文、延宝三年九月朔日柴田中務を以
被下置、本地合三拾貫九百六文に御座候。先祖之儀委細不奉存候得共承伝候通申上候。以上
延宝七年八月廿一日

4 和久半右衛門

一 拙者父和久半左衛門儀
秀頼公へ御奉公仕候処、慶長十九年十月従
秀頼公貞山様へ為御内証之御使者、右半左衛門被差越候処、野州宇津宮にて
貞山様御登に懸御目、御使之趣御人払を以申上、則
貞山様御供仕、豆州三島迄上着仕候処、
権現様被及聞召、稲野藤左衛門殿へ被仰付為御抱被成、其上酒井讃岐守殿・土井大炊助殿を以如何様之御使に参候哉と御尋に御座候付、品々覚書を以申上候。右覚書之写于今所持仕候。其後三島に籠舎被仰付罷在候処、元和三年
台徳院様へ貞山様度々御訴訟被仰上御乞被成候。但文禄四年
秀次公御生害之砌、
貞山様御身上御危被成御座候処、半左衛門父宗是
大閤様へ貞山様無御誤旨申上候て、御尋之上御身上御恙無御座候。其御首尾被思食、半左衛門身命御乞被成、御知行百貫文被下置候由承伝申候。御申次不承伝候。半左衛門儀寛永十五年八月病死仕候。
義山様御代嫡子掃部に家督無御相違被下置候。御申次不承伝候。御分領中御検地之砌二割出、弐拾貫文被増下、都合百弐拾貫文に被成下候。
御同代掃部儀越度御座候て所領両度に一宇被召上候。年号相知不申候。拙者儀掃部弟に御座候を被召出、半左衛門為名跡三拾貫文被下置旨、慶安二年十二月十九日茂庭佐月を以被仰渡候。御黒印同三年九月廿六日之御日付にて

頂戴仕候。寛文元年四月廿一日知行切添之地、七百九拾六文柴田外記を以拝領仕、都合三拾貫七百九拾六文之御黒印、同十一月十六日之御日付にて頂戴仕候。以上

延宝七年二月廿二日

5 和田長兵衛

一 拙者養父和田長兵衛儀、寛永十七年義山様御代山口内記を以、小判八両八人御扶持方被下置被召出候。正保三年同名因幡奉願、右御切米御扶持方御知行九貫弐百文に被直下、其上御蔵新田七貫四百九拾弐文御加増被下置、并右因幡本知之内拾三貫三百八文分ヶ譲、知行高三拾貫文に被成下候。右長兵衛儀因幡には従弟に御座候故奉願候処右之通に被成下候。右以後六之丞と名を改申候。拙者儀井内八左衛門次男に御座候処、綱宗様へ万治弐年に御小性組に被召出御奉公仕候処、右六之丞万治四年に病死仕、苗跡之男子無御座候に付、拙者を聟苗跡に仕度由、同名因幡奥山大学を以願申上候処、御当代万治四年四月廿四日願之通右大学を以被仰付候。六之丞代之儀、病死以後家督相続仕候故委細之儀不奉存候。有増申上候。是又牡鹿郡沼津村知行所地続切添起目七百九拾四文之所、延宝元年十月廿五日に小梁川修理を以被下置知行高三拾貫七百九拾四文に御座候。以上

延宝七年三月四日

6　伊場野筑後

一　私先祖元来伊達御譜代之由承伝申候。然処何様之品に御座候哉、私高祖父伊場野宮内同嫡子市王儀、伊場野村館に居住仕候由、其節何方へ御奉公仕候哉相知不申候。拙者曾祖父右市王嫡子同氏惣八郎改名伊場野外記儀は大崎殿へ奉公仕候処、大崎殿へ御恨之儀御座候て退出仕、氏家弾正所引籠罷在候処、貞山様にて被聞召、弾正所へ小成田惣右衛門為御使者、右外記被召出由に御座候。御知行は何程被下置候哉相知不申候。従

貞山様御書数度外記に被下置候由に御座候。其内御書三通于今所持仕候。右外記大崎之宮崎御陣之砌御勢之奉行被仰付、宮崎御陣にて討死仕候。其節拙者親惣八郎改名仕外記儀三歳に罷成候。屋代勘解由を以幼少之内為御扶持方分、御知行被下置由に御座候。何程被下候哉、勿論年号共に相知不申候。右外記成人仕候節は、三貫五百文之高に被成下由御座候。段々御奉公仕候上、御買新田御用被仰付、首尾能相務申に付て為御加増、寛永六年新田拾七貫七百文佐々若狭を以被下置、高弐拾壱貫弐百文に被成下候。右外記寛永七年三月七日病死仕、跡式拙者に無御相違佐々若狭を以同年被下置候。外記相果申、近年に拙者幼少之節火事仕、古き覚書等一宇焼失仕候故、分明に相知不申候。

義山様御代惣御検地以後二割出目、寛永二十一年八月十四日に被下置、弐拾五貫五百文に被成下候。寛文元年四月廿一日切添起目新田百六拾七文之所、柴田外記を以被下置候。延宝三年十月廿三日自分開発新田四貫三百六文之所、柴田中務を以被下置候。同五年四月九日切添新田六百九拾三文之所、右中務を以被下置候。当時御知行高三拾貫六百六拾六文に御座候。以上

延宝七年九月十日

7 平井源太夫

一 拙者親黒田小源太儀黒田土佐次男に候処、
義山様御部屋住之時分御小性組に被召出、御切米六両四人御扶持方にて、江戸御国共御奉公相務申候。然処平井清
左衛門と申候て大和浪人に御座候を、
貞山様御代被召出、御知行弐拾六貫弐百文被下置、御馬方御用相勤、
義山様御代迄御奉公相務病死仕候。右清左衛門女子御座候に、右小源太を平井之聟苗跡に被仰付、清左衛門御知行
弐拾六貫弐百文之所被下置、平井源太夫と被仰付、御膳番御役目相務申候。右之通被仰付候年号・御申次は不承
伝候。其以後明暦二年正月古内故主膳を以御加増之地、三貫八百文被下置、御知行高三拾貫文に被成下右之御黒
印頂戴仕候。万治元年閏十二月病死仕候。
綱宗様御代右親源太夫迹式三拾貫文無御相違拙者被下置之旨、万治三年三月廿五日古内中主膳を以被仰付、
御当代万治三年十一月九日御小性組に被召出、当年迄十八年江戸御国共御奉公相務申候。延宝元年十月廿五日に知
行所切添之地六百三拾八文小梁川修理を以被下置、御知行高三拾貫六百三拾八文被成下、右御黒印は于今頂戴不
仕候。以上
延宝五年二月廿五日

8　桑原覚左衛門

一　拙者祖父桑原覚左衛門儀美濃浪人にて罷在候を、貞山様御代進退五百石之御積にて、慶長三年之比被召抱、以上遠野伊豆御知行弐拾五貫文被下置、則江戸御番相勤、同六年仙台御本丸御取立之刻御石垣奉行仕候。元和後之大坂御陣之刻御使番被仰付、同年五月七日之御働に城之塀を乗申候節、矢狭間より鎗にて股を為撞深手を負漸残命仕罷下、同四年御領内惣御検地之砌御検地奉行被仰付、引続御郡扱杯仕候。其外色々御奉公仕候由に御座候得共、私未生以前之儀故慥に不承伝候。同八年四月覚左衛門病死仕、同人嫡子拙者実父同氏覚兵衛家督無御相違被下置之旨、同年十月古田内匠を以被仰付、寛永三年若林御取立之時分、御材木奉行四・五ヶ年相勤同十年に義山様御部屋へ被相付、御取次役相勤候処、寛永十六年之比より脚気を相煩長病罷成引込申候付て、同十八年拙者十四歳より親番代被仰付、御国御番相勤申候。同弐十一年惣御検地之砌二割出目共に御知行高三拾貫六百文に被成下候。右覚兵衛承応元年十月病死仕候。同年霜月古内古主膳を以家督無御相違拙者に被下置、右三拾貫六百文御黒印頂戴仕候。以上

延宝五年正月廿九日

9　内崎権兵衛

一　拙者曽祖父内崎甲斐と申、大崎隆兼一門にて栗原郡に居住仕候。隆兼へ数度之致諫言候得共不用其旨、剰不和に有之諸事不宜仕懸に付、大崎を立除候て伊達へ罷越、安房殿相頼御家へ被召出候様に被成下度由申上候処御扶持

方被下、浪人分にて御介抱被成下候。甲斐嫡子右馬頭
貞山様御代被召出、御知行弐拾貫文被下置候。右馬頭改名美作と申候。遠江守様へ御家老に被相付、伊予へ被遣候。
其節美作知行嫡子杢助に被下置御国に被召置候。美作儀遠江守様御前不宜候段、
貞山様被聞召、御見当を以被相付者候間、此方へ可被相返由被仰遣、御国へ被召返、別御知行三拾貫文被下置候。
其比
義山様美作守様と被遊御改名に付て、越後と改名仕、越後存生之内右杢助病死仕に付、越後知行三拾貫文杢助嫡子
勘右衛門に被下置、杢助知行弐拾貫文越後次男大堀右馬助と申、他苗を相続罷在候に被下之、右馬助知行八貫六
百文三男私継父内崎源兵衛に被下度旨申上、願之通被成下由承伝候。寛永廿一年二割出被下、拾貫三百文罷成候。
源兵衛儀男子無之女子有之付て、佐藤平入二男私儀壻養子仕度由、
義山様御代成田木工を以申上、願之通被仰付候。拙者儀
綱宗様御部屋之時分被召出、親子別に御奉公相勤申に付、拙者に御切米四両四人御扶持方被下置候。其以後源兵衛
知行拾貫三百文私に被下、御切米扶持方源兵衛に被下度由申上、寛文六年十二月廿五日原田甲斐を以被下置候。
私開発之新田弐貫弐百壱文、寛文十一年三月十九日片倉小十郎を以被下置、同新田拾七貫九百九拾弐文、延宝元
年十月廿八日大条監物を以被下置、知行高三拾貫五百三文に御座候。以上
延宝四年十二月廿四日

10　喜多目彦右衛門

一　拙者儀先祖国分能登守盛氏一家に御座候由申伝候。祖父南目左兵衛儀宮城郡国分南目一宇知行仕罷在候。右左兵衛儀
貞山様御代天正年中被召出、右南目村御知行不相替被下置御奉公相務候。知行高・御取次・年号不承伝候。左兵衛代北目之名字に従
貞山様御改被下置由承伝候。如何様之品を以御改被下候哉、其段不承伝候。拙父彦右衛門三歳之節、右左兵衛儀慶長七年十月十二日病死仕に付、迹式栗原郡三迫之内沼倉村にて七貫百文同年に父彦右衛門に被下置、摂津守殿へ被相附、南目村知行所は被召上候。右迹式被下置候御取次等不承伝候。摂津守殿御死去以後
貞山様へ被召返、御奉公御次之間御番被仰付相務申候。被召返候年号・御取次不承伝候。
義山様御代寛永廿一年御竿入弐割出目を以、御知行高八貫五百弐拾文被成下、御黒印頂戴所持仕候。且又南目村に本家来共引続百姓に罷成居申候処、本地続切添起目有之候間申上、拙父知行高に為仕度旨右因を以願申候条、右之品々奉願候処、御竿入高五貫五百弐拾四文之所、正保弐年古内故主膳を以致拝領、本地合拾四貫四拾四文被成下御黒印頂戴仕候。
義山様御代承応三年父彦右衛門御足軽差引役依被仰付、為御加増拾五貫九百六拾文古内故主膳・茂庭佐月を以致拝領、本地合三拾貫四文に被成下候。父彦右衛門寛文七年迄御奉公相務六十八歳にて隠居願
御当代申上候処、願之通隠居被仰付、迹式御知行高三拾貫四文無御相違拙者に被下置之旨、寛文七年八月四日柴田外記を以被仰渡、御黒印致頂戴候。知行高之内切添起目四百七拾五文、延宝元年十月廿九日大条監物・柴田中務を以致拝領、当時拙者知行高三拾貫四百七拾九文之御黒印は未直し被下候。以上

延宝七年四月七日

11　石田帯刀

一　拙者祖父石田土佐儀

貞山様御代茂庭了庵を以寛永年中被召出、御知行拾弐貫文被下置候由承伝候。其上新田段々致拝領、且又大御検地之砌二割出拝領仕、取合弐拾九貫七百文被成下候由、寛永廿一年八月十四日富塚内蔵丞を以被下置候。御黒印頂戴仕候。右新田野谷地と拝領仕候哉、亦起目新田被下置候哉、新田高二割出目何程被下置候と申儀も不承伝候。土佐儀実子持不申、中条道喜二男帯刀養子に仕、土佐為番代帯刀儀江戸御番仕候。土佐儀正保三年極月十六日病死仕、同四年帯刀に跡式無御相違被仰付候。御申次不承伝候。将又土佐代遠田郡諏訪峠村之内野谷地致拝領、起目高弐貫八百弐拾八文、慶安三年四月被下置、合三拾弐貫五百弐拾八文被成下候。御黒印頂戴仕候。右起目誰を以被下置候哉不承伝候。且又帯刀儀娘壱人御座候付、

義山様御代拙者を養子仕、末々聟苗跡に仕度由願申上候処、願之通茂庭先周防を以被仰付、右同人を以御目見仕候。右養子被仰付候年号失念仕候。拙者儀八歳之時分より養父帯刀方罷在候。拙者儀元来南甚兵衛実子に御座候処、甚兵衛儀正保二年十二月十五日病死仕候。翌年拙者三歳に罷成候。甚兵衛に被下置候御知行三貫拾文、御合力六両四人御扶持方

義山様御代山口内記を以拙者に被下置候。

御当代御下中并右之六両四人御扶持方之通御知行に被直下、五貫弐百弐拾八文被成下之由、寛文元年十一月十六日奥

山大炊を以被仰付、合八貫弐百三拾九文直々被下置候。御黒印頂戴仕候。右御知行高帯刀本進退へ取合被下度旨、御当代富塚内蔵丞を以訴訟申上候得ば、無御沙汰打過申候処、帯刀儀寛文七年四月廿日病死仕候。同年十一月四日右帯刀述式三拾弐貫五百弐拾八文之所無御相違、古内志摩を以拙者に被下置候。南苗跡之御知行八貫弐百三拾九文之通は、従
義山様御代両進退被合下儀は御大法にて不被為成候段、兵部殿・隠岐殿より柴田外記を以被仰渡、右御知行被召上候。且又先帯刀代遠田郡諏訪峠村にて野谷地拝領仕、起目高九百四拾文之所被下置候旨、寛文十一年三月十八日片倉小十郎を以被仰付、合三拾三貫四百六拾八文に被成下御黒印頂戴仕候。且又右帯刀拙者を養子に申合候以後、男子孫之丞出仕候故、拙者弟分に仕差置申候。然処右御知行高之内三貫文右孫之允に為分取申候て、栗村長兵衛方へ聟苗跡に仕度旨延宝元年二月願申上候処、願之通被成下由同年八月廿八日柴田中務を以被仰付、拙者御知行高三拾三貫四百六拾八文御座候。以上

延宝三年三月七日

12　姉歯八郎右衛門

一　拙者先祖姉歯平次光景より以来代々栗原郡姉歯村領地にて居住仕候由申伝候。大崎義隆之時代迄拙者高曽祖姉歯右馬丞曽祖父姉歯惣九郎後に右馬丞と申候、右知行所栗原郡梅崎村・同郡畑岡村・同郡留場村・同郡姉歯村共四ヶ村領地仕候由に御座候。天文年中大崎米泉《ママ》御帰陣之次て、
稙宗様・晴宗様葛西迄御通被成候節、姉歯之松被遊御覧候に付て、右拙者高祖父右馬丞御膳差上申候由伝承申候。

然処
大閤様御代に罷成、大崎領分改易被仰付、上方衆入替申折節、剰拙者曽祖父右馬丞死去仕、拙者祖父惣九郎幼少にて浪人仕候。其以後
貞山様御代に右惣九郎儀鈴木和泉を以御奉公に被召出、少分之被切米御扶持方被下、江戸御国共定御供仕御奉公申上、其節
貞山様鈴木和泉を以被仰付候は、姉歯惣九郎儀先祖久敷者に候。殊親右馬丞は国中に無隠鉄炮之上手にて、于今皆人姉歯流之鉄炮打候事被聞召候。鉄炮書物等所持申候はゞ、指上可申由御意被成下被候付て、右鈴木和泉を以惣九郎申上候は、大崎殿没落之節拙者五歳にて親に相離住所に迷、所々牢人仕候付て、鉄炮之書物等も紛失申候て所持不仕候段申上由伝承及申候。右惣九郎儀定詰御奉公七ヶ年首尾能勤仕申候に付て、元和二年先祖譜代所にて御知行可被下置由、馬場蔵人を以被仰出候。其比姉歯村は故茂庭周防知行にて有之候処に、俄に周防知行替被仰付、難有仰立を以姉歯村にて知行高弐拾三貫七百弐拾文被下置候。右惣九郎儀右馬允《ママ》と改名被成下、則江戸大番被仰付、故奥山大学御番組馬上にて江戸御番十ヶ年相務申候。其後筋気病人に罷成候て久敷相煩、寛永十一年正月廿九日に病死仕候付て、拙者親姉歯和泉其比は惣九郎と申候、右馬丞跡式右知行高之通、同年五月故石田将監を以右惣九郎に被下置候。
義山様御代始に御郡司御用被仰付、十ヶ年相勤申候。
御同代に惣御検地被相入候節、知行二割出目拝領仕、知行高弐拾八貫五百文被成下、寛永廿一年八月十四日に御黒印頂戴仕候。

御同代野谷地申請切起申候新田、高壱貫九百拾九文御加増、山口内記を以慶安五年四月六日に被下置、知行高三拾貫四百拾九文に被成下候。承応元年より江戸御扶持方奉行被仰付、五ヶ年相勤申候。其後病人に罷成候付て明暦三年より拙者御番代に罷出、御国御番等之御奉公相務申候。寛文八年七月廿八日より江戸御番拙者に被仰付候。同十一年正月八日に右和泉隠居願申上候処、願之通被仰出、家督無御相違右知行高之通、同年五月十四日に富塚内蔵丞を以拙者に被下置候。延宝三年霜月廿九日より御国御金奉行被仰付候。拙者儀江戸御国共に当年迄弐十一ヶ年御奉公相勤申候。以上

延宝五年三月廿九日

13　浜田小左衛門

一　拙者先祖伊達御譜代之由承伝候得共、誰様御代に先祖被召出候哉、高祖父浜田淡路より以前之儀不承伝候。淡路代迄何程之進退高に御座候哉、淡路相果嫡子筑前に跡式誰を以被下置候年号等迄不承伝候。

貞山様御代曽祖父浜田筑前儀御知行三拾貫文にて伊達より御供仕御当地へ参、岩出山に御在城之時より右知行高之内弐拾貫文被召上、拾貫文にて御奉公相勤申候。御知行三ヶ二被召上候品不承伝候。其以後慶長十八年三月廿六日筑前病死仕、嫡子祖父浜田外記に跡式無御相違、津田豊前を以被下置候。右御知行如何様之品を以先祖に何時被下置候哉不承伝候。其以後元和三年に馬場出雲を以為御加増柴田郡下名生村にて拾七貫文被下置、合弐拾七貫文に被成下、寛永十七年霜月廿三日に右外記病死仕、同十八年六月十四日に苗跡無御相違、御知行高弐拾七貫文

親小左衛門に被下置旨、津田近江を以被仰付候。寛永廿一年御国中惣検地之時分二割出目之所、同年八月十四日富塚内蔵丞・奥山大学を以被下置、合三拾壱貫弐百文之御知行高に被成下候。親小左衛門明暦四年五月八日に病死仕、家督無御相違拙者に被下置旨、

綱宗様御代万治弐年六月十一日古内中主膳を以被仰渡候。家督之御礼於江戸に奥山大学披露を以御目見仕候。

義山様御代親小左衛門代に、柴田郡下名生村野谷地拝領仕差置申候処、其以後開発仕新田起高壱貫四百三拾七文之所、寛永元年十一月十六日に拙者に被下置旨、富塚内蔵丞・茂庭周防を以被仰付、都合三拾弐貫六百三拾七文被成下御黒印奉頂戴候。同四年柴田之内下名生村野谷地拝領、開発仕候新田高七百七拾文之所、為御加増御知行高に被成下由、同八年八月廿九日に原田甲斐を以被仰付、都合三拾三貫四百七文に被成下御黒印致頂戴候。然処右御知行高之内三貫文拙者弟半之丞に被分下、片倉源兵衛壻苗跡に被成下度旨願差上申候処、願之通被分下、右源兵衛御知行高に被成下旨、寛文十弐年三月廿八日に古内志摩を以被仰付、残御知行高三拾貫四百七文之所御黒印奉頂戴所持仕候。以上

延宝五年三月廿一日

14　弓田弥市兵衛

一　拙者祖父弓田右馬丞儀会津譜代之由、先祖誰様御代に被召出候哉不承伝候。

貞山様御代御知行拾八貫弐百五拾文被下置、御奉公仕候由承伝候。右馬允儀

貞山様御代病死仕候。右馬丞家督拙者養父次郎助に無御相違被下置御奉公仕候。年号・御申次衆不承伝候。寛永十

八年惣御検地之時分、二割出目三貫六百五拾文被下置、取合弐拾壱貫九百文被成下御黒印所持仕候。拙者養父次郎助儀久敷中気相煩御奉公不罷成候付て、拙者儀長沼惣太左衛門弟に御座候聟苗跡に申立、正保二年に先之古内主膳を以、次郎助家督に被仰渡候。次郎助儀、明暦元年三月廿六日病死仕候。同年十月十六日に家督無御相違、前之古内主膳を以被下置御黒印頂戴仕候。延宝元年十月廿九日切添起目弐百九拾四文之所大条監物を以被下置、御知行高弐拾弐貫百九拾四文被成下候。寛文九年に野谷地致拝領自分開発仕、起目高八貫百五拾弐文之所被下置候段延宝五年二月十日に柴田中務を以被仰渡候。当時御知行高、都合三拾貫三百四拾六文に被成下候。於于今御黒印は頂戴不仕候。以上

延宝七年二月晦日

15　桜田安兵衛

一　拙者先祖

誰様御代誰を始て被召出候哉不承伝候。曽祖父桜田下野儀伊達より御奉公仕、貞山様致御供御当地へ参、御知行拾三貫文被下置御奉公相務、元和六年に下野病死仕、実子内記に家督無御相違被下置由、年号・御取次は不承伝候。且又於伊達も御知行被下置候由に候得共、高は不承伝候。右内記子共持不申候付て、富田越中娘内記姪を養子に仕、寛永三年に内記致病死候付て、右養子之娘に誰そ聟苗跡に被立下度旨、貞山様御代内記親類共奉願候処に、私父彦右衛門儀は関東岩月浪人に御座候処、貞山様御代幼少之時分被召出、御切米六両三分被下置、其節之名運斎と申候て御小性並に被召仕候刻、彦右衛門母

岩月より御当地へ罷越候処、御切米三両八人御扶持方、元和九年に祖母に被下置、以後寛永四年右御切米御扶持方を御知行五貫文に被成下候御下書所持仕候。右両様共に御申次は不承伝候。右内記本地拾三貫文へ、彦右衛門御切米御知行に被直下、并祖母に被下候御知行御取合、其上御加増之地被下置、都合三拾貫弐百八拾九文之高に被成下、右内記苗跡に被立下旨、茂庭了庵を以寛永五年に被仰付由承伝候。彦右衛門御切米地形に被直下候高、且亦御加増之地何貫文被下置候哉不承伝候。祖父内記寛永二年に野谷地拝領仕、同三年に内記致病死候付て、右野谷地私父彦右衛門開発仕、高三貫弐百六拾弐文之所、同九年に被下置、三拾三貫五百五拾壱文之高に被成下由承伝候。誰を以被下候哉、御取次不承伝候。

義山様御代寛永年中御検地二割出を以、四拾貫三百文に被成下御黒印頂戴所持仕候。私父彦右衛門儀万治四年に病死仕、家督無御相違拙兄彦右衛門に被下置之旨奥山大学を以、同年八月十一日に被仰付候。兄彦右衛門儀病人に罷成、御奉公相務可申様無御座且又其節男子持不申候付て拙者を家督御番代に奉願候処、願之通被成下旨寛文六年八月古内志摩を以被仰付候。然処彦右衛門病気段々差重申にて、知行高四拾貫三百文之内三拾貫三百文は拙者に被下置家督被仰付、拾貫文は彦右衛門実子多利之助、其節六歳に罷成候に当時より被分下度旨延宝四年に奉願候処、如願之被成下之由、同年五月十三日に小梁川修理を以、兄彦右衛門に被仰付、拙者儀は当御番にて其刻江戸に相詰申に付て同年六月三日柴田中務を以、右之旨於江戸に被仰付候。当時私知行高三拾貫三百文に御座候。以上

延宝七年四月廿六日

16 瀬成田伊左衛門

一　拙者先祖伊達御譜代之由承伝候得共、誰様御代に先祖誰を被召出候哉其段は不承伝候。曽祖父瀬成田丹後儀御知行高三拾六貫八百三拾四文にて、貞山様御代迄御奉公相勤申候。老衰仕候付隠居被仰付、跡式無御相違嫡子同氏市之丞に被下置候。年号・御申次は相知不申候。右市之丞儀大坂御陣へ御供仕罷登、於彼地に病死仕候。市之丞跡式無御相違嫡子同氏源三郎に元和元年之比被下置候。是亦御申次は不承伝候。右源三郎事改名市之丞に被成下候。右三代共に御鷹匠頭役目相勤申候由承伝候。

義山様御代惣御検地之砌二割出共に四拾四貫弐百文之高に被成下、寛永二十壱年八月十四日之御黒印後市之丞奉頂戴候。私実父湯山織部儀は先市之丞次男に御座候処、大崎譜代湯山駿河と申者、伊達参河殿御家来に罷成居申候。其者之聟苗跡に織部儀罷成、引続御同子弾正殿へ御奉公仕候。然処後市之丞男子持不申候付、山岡後志摩弾正殿へ願申候は、織部嫡子之儀に候得共拙者を右市之丞養子に為仕度候。古志摩参河殿へ御守をも被仰付候御首尾と申、願之通に被成下度候。市之丞・織部両人共に古志摩甥之儀に候故、か様に申達候段願申候付御暇被下候。依之

義山様へ中島監物・古内故主膳披露にて、寛永十七年に市之丞養子に御前相済申候に付、部屋住にて十三歳より二十歳迄江戸御国共に御奉公相勤申候処、養父市之丞儀慶安二年五月晦日に不慮之儀有之相果申に付て跡式被相禿。私儀若年より御奉公仕候段被仰立、御鷹依御申次に木村久馬・永島源左衛門を以同年六月御知行拾貫文被下置候。同年八月十八日御日付にて御黒印奉頂戴候。其後定御供奉公被仰付、三ヶ年相勤申候。然処に片平伊勢儀、拙者伯母聟に在之首尾を以、隠居分弐拾貫文之所死後拙者に被下置度旨、右伊勢及末期に願申上候処、於江戸古内故

主膳披露之上、承応元年五月願之通御前相済申候。此節拙者儀は江戸に相詰申候に付、右之御意之趣同月十五日に右主膳被申渡、則御暇被下置候条、御国へ罷下候。伊勢事同年同月十六日病死仕候付、右弐拾貫文本地合三拾貫文高に被成下、同年八月三日之御日付御黒印頂戴仕、同二年に江戸大番被仰付相勤申候。且又在所屋敷之内起目之新田御竿入、高弐百七拾壱文之所

御当代寛文元年四月廿二日柴田外記を以被下置、都合三拾貫弐百七拾壱文之高に被成下、同年十一月十六日之御黒印奉頂戴候。以上

延宝五年四月廿八日

17 猪狩十三郎

一 拙者先祖岩城譜代に御座候。私儀猪狩弥惣兵衛実弟に御座候処、無足にて御番為仕度由、御当代寛文弐年に茂庭古周防を以、拙者親猪狩下野願申上候得ば、如願被仰付之旨、同三年春奥山大学を以被仰渡候。則茂庭下総御番組に罷成、御国御番致勤仕候。其後新田野谷地致拝領、段々開発仕候。然ば下野家中屋敷へ御竿入、高弐貫九百七拾壱文之所拙者に被下置度旨下野申上、并右新田之内開発御竿入、四貫五百拾四文所被下置度段申上候処弐口合七貫四百八拾五文弥拙者に被下置之由、寛文八年四月廿五日古内志摩を以被仰渡候。同年同月廿八日御日付御黒印頂戴所持仕候。右新田野谷地之内御用地に被召上、代之谷地被下置、起目七百三拾六文之所被下置之旨、延宝元年十月廿九日大条監物を以被仰渡、高八貫弐百弐拾壱文に被成下候。其以後自分取高新田起目四貫三百三拾文被下置、本高合拾弐貫五百五拾壱文之高に被成下之旨、延宝三年八月廿八日小梁川修理を

以被仰渡候。将又右下野隠居願申上候節、知行高四拾四貫六百八拾壱文之内四貫六百八拾壱文は拙者に被分下度由申上候処、下野如願四貫六百八拾壱文之所拙者に被下置、都合拾七貫弐百三拾弐文之高に被成下之旨、延宝四年二月四日修理を以被仰渡候。右御黒印壱通之外、于今御黒印は頂戴不仕候。以上

延宝五年三月二日

18 金上甚右衛門

一 拙者曽祖父金上左衛門儀会津に住居仕候処、貞山様御代会津御手に被相入候節被召出、御知行拾弐貫文被下置、御一家に被仰付候由承及候得共、何年に誰を以御知行被下置、且亦何様之品にて御一家並に被仰付候哉、其品々不承伝候。右左衛門儀病死仕、跡式無御相違実子同氏勘三郎に義山様御代被下置候。何年に誰を以被仰付候哉、年号・御申次相知不申候。引続御一家並にて罷在候処、小進にて御一家並如何と奉存、平侍に被成下度由申上候処、願之通義山様御代被成下、御番所虎之間に被仰付由承伝申候。右勘三郎病人に罷成候故、御奉公相務可申様無御座候付拙者親吉川又兵衛を聟苗跡に仕、右又兵衛儀貞山様御代に御国御勘定組に被召出に付被下置御切米弐両御扶持方四人分を御知行に被直下候高三貫弐百文并新田起目四貫三百文右勘三郎知行拾弐貫文へ取合、拾九貫五百文之所金上之苗跡に被成下度由、義山様へ鴇田駿河を以申上候処、寛永二十一年八月十四日無御相違又兵衛に被下置、御黒印頂戴仕候。右又兵衛持

来候御切米御扶持方金上之苗跡に被相添候品、尤御知行に被直下候段、且又四貫三百文之新田野谷地にて拝領候哉、起目に御座候哉、何年何月誰申次にて拝領仕候哉相知不申候。其後右又兵衛野谷地申受、起目拾貫七百弐拾三文御座候に付、知行高に被成下度由、正保三年六月廿三日山　内記を以申上候処、如願之右拾九貫五百文御取合三拾貫弐百弐拾三文に被成下御黒印頂戴仕候。又兵衛儀御勘定組に御座候に付、御番所被相下御次之間に被仰付由承伝候。親又兵衛儀承応弐年病死仕、跡式同年六月十九日に山口内記を以無御相違拙者に被下置候。御黒印頂戴仕罷在候。以上

延宝五年二月十六日

19　神山金左衛門

一　拙者祖父神山内蔵助儀成田左衛門殿御家中之者御座候。右左衛門殿御家相禿申候以後、柳生但馬守殿御取持を以貞山様御代被召出、御知行五拾貫百四拾三文被下置、江戸大御番御奉公相勤申由に御座候。何年に被召出候哉不承伝候。内蔵助儀寛永七年七月十六日病死仕、実子拙者親同名隼人に家督無御相違、奥山大学を以同年に被下置候。然処内蔵助存生之内、従上意御本金壱分判弐百弐拾六切拝借仕候。進退困窮仕御本利共に数年上納不仕候付、右隼人代に罷成拝借金御本利共に急度上納可仕候。若金子にて上納仕兼候はば御知行を以差上可申由、佐々若狭を以被仰付候。古拝借金御本利共数年上納不仕候故、倍合大分に御座候て、金子にて上納仕候儀不罷成候付、御知行弐拾貫文指上申候。右拝借金何年に拝借仕何程之御利足之御金にて何程之御金高と申儀は不承伝候。残る御知行高三拾貫百四拾三文隼人に被下置候。寛永十八年惣御検地竿相入申候時分、二割出六貫五拾七文拝領仕、都合三

拾六貫弐百文被下置御黒印頂戴仕候。右隼人儀十七歳にて家督拝領仕、従
貞山様・義山様・綱宗様・御当代迄引続御国・江戸・京都役目共に三拾五年相勤申、延宝元年極月十六日病死仕、
家督無御相違拙者に同弐年三月六日大条監物を以被下置候。右御知行高之内六貫文拙者実弟同名伊兵衛・同氏新
八両人に三貫文宛被分下置度段奉願候付て、同四年三月廿八日小梁川修理を以願之通三貫文宛被分下置之旨被仰
付候。拙者御知行高三拾貫弐百文に御座候。以上
延宝七年三月十五日

20　斎藤半之丞

一　拙者曽祖父斎藤勘右衛門儀田村御譜代に御座候。
貞山様御代天正年中被召出、御知行拾弐貫五百文被下置候。御取次は相知不申候。中之間御番所被仰付御奉公相勤
申候。右勘右衛門嫡子丹波四歳之時二男与惣右衛門出生之年、親勘右衛門病死仕に付、両人之忰共養育可仕由御
意にて、右御知行之内弐貫五百文之所勘右衛門後家に被下置由鈴木和泉を以被仰付、残拾貫文は被召上由承伝候。
祖父斎藤丹波儀成長仕候上、右後家に被下置候御知行弐貫五百文之所丹波被下置由承伝候得共、御取次・年号不
奉存候。且又
義山様御代清野半右衛門拝領仕新田起目五貫五百文之所、聟斎藤丹波御知行高に結被下度由、右半右衛門申上、如
願之丹波に被下置由、寛永拾五年二月奥山故大学・古内故主膳を以被仰渡候。将亦御領内惣御検地之砌二割出之
地、并切添起目共に三貫六百文之地、寛永廿一年八月富塚内蔵丞・奥山故大学を以拝領仕、拾壱貫六百文に被成

下御黒印右丹波頂戴仕候。将又承応弐年野谷地弐拾町山口内記・真山刑部を以被下置、開発起目拾八貫五百拾九文之所

御当代寛文元年十一月奥山大炊を以拝領仕、都合三拾貫百九拾九文之高に被成下、御黒印丹波頂戴仕候。右起残野谷地起目高三貫七百四文之所、右丹波二男宇右衛門儀四竈弥惣衛門婿苗跡就被仰付、弥惣衛門御知行高に被成下度由丹波奉願、寛文六年八月原田甲斐を以如願之被仰付候。亡父同氏正右衛門儀、祖父丹波病死迹式右御知行無御相違正右衛門に被下置由、寛文十年七月柴田外記を以仰渡御黒印正右衛門頂戴仕候。拙者儀親正右衛門病死仕、迹式御知行高三拾貫百九拾九文之所無御相違引続被下置旨、延宝五年十月小梁川修理を以被仰渡御下書頂戴仕候。

以上

延宝七年十一月六日

21　小木権太夫

一　拙者養祖父小木文右衛門儀同氏故勘兵衛二弟に御座候。貞山様御代寛永六年中島監物を以別て被召出御知行高三拾貫文被下置候。右文右衛門儀実子無之に付、拙者親同氏権兵衛儀は右勘兵衛四男、文右衛門為には甥に御座候に付養子に仕候。文右衛門儀義山様御代寛永二十年極月病死仕、同廿一年正月十九日古内伊賀を以迹式無御相違右権兵衛に被下置候。同年御検地二割出六貫文并切添之地百文右取合三拾六貫百文、同年八月十四日御黒印頂戴仕候。御当代万治三年権兵衛病死仕候。其比拙者儀三歳に罷成候。其節幼少之者には跡式御減少に付、右三拾六貫百文之

内三拾貫百文被召上、残る六貫文寛文元年十一月十六日奥山大学を以私に被下置候。然処同七年三月親類共願申上候は拙者並跡式被相減候者追て願申上被返下候衆も御座候。其例を以申上儀は憚至極に奉存候。幸拙者知行地続に野谷地御座候間、三拾町被下置度由申上候処、被聞召届、願之通同年六月廿日柴田外記を以被仰出、開発起高弐拾四貫百弐拾九文同十三年六月十八日に小梁川修理を以拝領仕、都合三拾貫百弐拾九文之知行高に罷成候。御黒印は于今頂戴不仕候。

貞山様御代古文右衛門被召出候品、未生以前之儀に御座候故、然と不承伝候。先祖委細之儀は小木勘兵衛方より可申上候。以上

延宝七年三月十四日

22　金須甚平

一　拙者親金須佐渡寛永四年

貞山様御代中島監物を以被召出、御知行拾貫六百五拾七文被下置候由申伝候。其以後

義山様御代野谷地申請、新田起目拾四貫四百三拾五文被下置、取合弐拾五貫九拾弐文に被結下拝領仕候由申伝候。年号・御申次は不承伝候。

御同代惣御検地之時分二割出、五貫八文被下置、都合御知行高三拾貫百文に被成下、寛永廿一年八月十四日之御日付にて御黒印頂戴所持仕候。

綱宗様御代拙者に家督被下置、親佐渡儀隠居仕度由願申上候処、万治三年九月奥山大学を以跡式無御相違拙者に被

下置、寛文元年十一月十六日之御日付にて御黒印頂戴所持仕候。以上
延宝七年六月十六日

23 芝多文之丞

一 拙者養曽祖父芝多豊後と申者三河牢人に御座候。十二歳にて、
貞山様御代御奥小性に御仕着にて被召出、其後御知行拾貫文に十人御扶持方被下置、伊達治部殿へ被相付候。豊後
嫡子同名半左衛門御切米八両十人御扶持方被下置、
義山様御代に御直参に被召仕候。治部殿にて仙台より亘理へ御取移之時分、御部屋住之砌従御公義治部殿下中へ被
下置候御知行之分被召上候節、御同人御申立を以右半左衛門に御知行三拾貫百文古内伊賀御取次を以被下置、本
御切米御扶持方は被召上候。其砌正保三年六月廿三日之御黒印所持仕候。其以後
綱宗様御部屋住之節江戸御番被仰付、御奉公相勤申候。年号何も不承伝候。江戸御番相勤候内寛文八年極月右半左
衛門病死仕候処、古内志摩御取次を以同九年五月実子文左衛門に跡式被仰付、江戸御奉公相勤申候。然処同十一
年十月江戸より病気にて罷下気色無然に付、同十弐年六月七日に文左衛門并親類共連判を以願之書物差上候は、
実子無之候得共歳若御座候間、養子之心懸も不仕候条、伯父大浪十郎右衛門二番目八之助養子に被仰付被下度旨、
古内志摩を以江戸迄申上候処、段々病気指重同年六月十九日三十歳にて死去仕候。其節親類共追て願書物差上申
候処、御前相済文左衛門跡式同年七月十三日に志摩を以、右御知行無御相違拙者に被下置候。以上
延宝七年三月十三日

24　山田五郎兵衛

一　貞山様御代拙者親同氏五郎兵衛儀、中島監物を以御知行七貫四百四拾三文被下置被召出候。
義山様御代惣御検地之時分二割出之地壱貫四百八拾八文被下置候。

御同代野谷地新田申請、起高五貫九拾八文古内主膳を以被下置拝領仕候。年号覚不申候。正保三年六月廿三日之御日付御黒印所持仕候。

御同代右五郎兵衛年久御郡代官御役目首尾能相勤申候被仰立にて、御蔵新田拾五貫九百九拾弐文故主膳を以被下置候。拝領仕候年号覚不申候。明暦弐年六月廿二日之御日付御黒印所持仕候。親五郎兵衛万治二年六月十一日病死仕、同年八月十三日右主膳を以跡式無御相違拙者に被下置候。

御当代野谷地新田申受起高壱貫八百五拾九文寛文八年八月廿九日原田甲斐を以被下置候。取合知行高三拾壱貫八百八拾八文之御黒印頂戴仕候処、拙者二男又兵衛、山崎正左衛門聟苗跡に仕、知行高之内壱貫八百五拾九文被分下度段、延宝元年十月廿七日に奉願候処、同年十一月廿二日柴田中務を以願之通被仰付、唯今私知行高都合三拾貫弐拾九文に御座候。以上
延宝五年三月廿二日

25　小島加右衛門

一　拙者高祖父永井御譜代、
晴宗様御代小島蔵人と為申由承伝候。御知行高何程被下置候哉承伝不申候。右蔵人儀従

誰様御代被召出候哉、尤高祖父以前之儀

誰様御代に誰を始て被召出候哉、右蔵人より曽祖父小島掃部迄苗跡相続候哉、其品承伝不申候。右掃部儀如何様之品御座候哉、

貞山様御代進退被召上処、大坂御陣之年被召返御知行三貫文被下置候由承伝候。年号勿論誰を以被下置候哉承伝不申候。右御知行三貫文拝領以後、大坂御陣へ罷登候処、於京都病死仕候。跡式無御相違、祖父加右衛門に被下置候。年号・御申次承伝不申候。御加増之地六貫七百拾九文

貞山様御代祖父加右衛門に被下置候由承伝候。年号・御申次・御加増被成下品不奉存候。御加増之地拾貫六百八拾壱文

義山様御代寛永廿一年祖父加右衛門御分領中御普請司御役目被仰付候付て、富塚内蔵丞・奥山大学・山口内記・和田因幡を以被下置候。其節惣て二割出目被下置候由承及候得共、右拝領之御知行二割出目被下置候哉、慥成儀承伝不申候。御加増之地御新田起目壱貫百五拾八文

御同代正保三年六月山口内記・真山刑部・和田因幡を以右同人に被下置候。御加増被成下品承伝不申候。野谷地拝領開発高三貫三百八拾六文之所、慶安五年四月

御同代山口内記・真山刑部を以右同人に被下置候。御加増之地拾貫八百文明暦三年極月

御同代古内主膳を以被仰渡候は、年久御役目首尾能相勤申に付て、右同人に被下置候野谷地御新田拝領開発高六貫弐百七拾九文之所万治三年二月従

綱宗様茂庭周防・富塚内蔵丞を以右同人に被下置候。右御知行取合高四拾弐貫弐拾三文被成下候。祖父加右衛門儀

正保弐年より寛文元年迄御分領中御普請司御役目被仰付相勤申内、如前書度々御加増被成下右御役目相務申節、小関茂兵衛無進退にて罷在候処、公義へ相達候上、慶安弐年より寛文元年迄十三ヶ年物書役目召仕申候内、万治三年江戸小石川御普請之節御割頭被仰付被為相登付て、右茂兵衛召連罷登、御普請相極候迄江戸に為相詰御用相勤申候。然処祖父加右衛門儀御役目御免被成下候条、御役目御免以後茂兵衛に御加恩被成下度段申上兼候条、右御知行高之内新田起目弐貫文右茂兵衛に被分下置度段、祖父加右衛門奉願候処寛文弐年五月廿五日願之通被分下置旨、奥山大学を以被仰渡候。残高四拾貫弐拾三文祖父加右衛門、嫡子同苗助六拙者親に御座候処、慶安四年病死仕候。寛文四年祖父加右衛門奉願候は、右御知行高之内拾貫文次男長兵衛に被分下置、残高三拾貫弐拾三文之所嫡孫に御座候間拙者に被下置、祖父加右衛門儀隠居被仰付被下度段申上候処、願之通被成下由大条監物・茂庭周防を以同年四月十一日に被仰渡御黒印拙者頂戴仕候。以上

延宝七年十月廿九日

侍衆

御知行被下置御帳（十八）

三拾貫文

1 前野弥平兵衛

一 拙者親八左衛門儀上総介様へ御小性御奉公仕罷在候処、上総介様御進退兼就、又五・六年浪人仕居申、其刻御西館様へ拙者祖母御奉公仕居申候。依之
貞山様へ親八左衛門被召出、山岡古志摩を以御知行弐拾五貫文被下置候。但年号失念仕候。拙者儀於江戸に山岡右京を以
貞山様へ御目見仕候。同於江戸
義山様へ古内伊賀を以御目見仕候。寛永十三年七月廿九日親八左衛門病死仕候。同年に家督古内伊賀を以被下置候。
義山様御代寛永拾八年御検地以後二割出五貫文被下置、本地合三拾貫文に御座候。以上
延宝七年七月三日

2　須江六右衛門

一　拙者先祖
誰様御代より御奉公仕候哉承伝不申候。
晴宗様御代曽祖父須江又五郎御加恩之地被下置候。御書判は所持仕候。右又五郎病死、跡式祖父六郎右衛門被下置候由承伝申候。右御知行高・年号・御申次相知不申候。
貞山様御代右六郎右衛門御知行高は弐拾貫文に御座候。其以後御物頭御役目被仰付相勤元和元年に病死仕候、跡式親六右衛門無御相違被下置候。誰を以被下置候哉年号不承伝候。
義山様御代寛永十三年御加増拾貫文被下置。三拾貫文被成下、御物頭御役目古内故主膳を以被仰付候。寛永拾八年御検地御竿被相入候節、弐割出目にて三拾六貫文に被成下、御黒印頂戴仕候。右六右衛門正保弐年九月六日に病死仕候て、跡式嫡子六右衛門同年十一月朔日無御相違古内故主膳を以被下置候。然処に右六右衛門後嗣之子無之候付て、拙者儀六右衛門に実弟に御座候故、家督に仕度旨奥山大学を以申上御前相済、古内故主膳を以明暦弐年正月
義山様へ御目見仕、御国御番代等相勤申候。右六右衛門寛文元年八月九日病死仕候付、六右衛門知行高三拾六貫文之内、同年九月三日奥山大学を以拙者に三拾貫文被下置、六右衛門家督被仰付候。六貫文は兄同氏源之丞に分被下、御黒印頂戴仕候。以上
延宝七年四月二日

3　西山六兵衛

一　拙者親西山助右衛門相馬浪人に御座候。助右衛門親新兵衛儀も、同前に御家中へ罷越、従
貞山様右新兵衛に御知行被下置被召仕、其以後摂津守殿へ被相付候。新兵衛跡式は次男同氏加兵衛に被下候。嫡子
右助右衛門儀は別て御切米御扶持方被下置被召出、
貞山様へ御奉公仕候。御切米御扶持方之員数は不承伝候。
御同代御切米御扶持方被召上、御知行拾五貫文茂庭石見を以被下置、御国元にて御用相足、又は江戸大御番組へ被
相加御奉公相勤申候。
御同代茂庭古周防を以、御加増六貫文被下置、二拾壱貫文に被成下候。右両度御知行被下候年号不承伝候。
義山様御代寛永拾六年に
孝勝院様へ被相付候。
御同代寛永廿一年に弐割出被下置、二拾五貫三百文に被成下候。其節拙者儀要山様へ御奉公仕候付て、三両四人御
扶持方被下置候。御知行に被相直右助右衛門二拾五貫三百文へ被相加、三拾貫文に被成下度由、茂庭中周防を以
願申上候処に、助右衛門儀数年江戸定詰仕候間、為御加増三拾貫文に被成下之旨御意を以、承応三年五月九日右
周防を以致拝領御黒印頂戴仕候。
孝勝院様御遠行以後、御国元へ罷下候。其年
綱宗様御下向被遊候条、隠居仕度由右茂庭周防を以申上候処に、願之通被成下、三拾貫文之御知行万治三年正月廿
二日右周防を以無御相違拙者に被下置、寛文元年十一月十六日

御当代御黒印奉頂戴候。拙者儀は御家中にて出生仕候。以上
　延宝五年四月五日

4　横沢善之助

一　拙者先祖曽祖父国分能登実子駿河、
貞山様御代御奉公仕候処、不慮之儀を以進退被召放之由承候。駿河進退高之儀六拾貫文御座候由承伝候。勿論曽祖父以前之儀不奉存候。右之駿河嫡子右衛門、次男隼人浪人罷成、伊達故安芸殿介抱にて罷有候処、右衛門儀病人罷成牢人之上相果申候。次男隼人儀、
義山様御部屋住之節、横沢権三郎苗跡明間御座候処、古内伊賀御披露を以被召出、御切米弐両御扶持方四人分被下置、江戸定詰仕定御供御奉公相勤申候。以後御加増三両被下置、取合五両被成下候。御取次衆・年号不奉存候。
右権三郎儀
義山様御部屋住之節、御奉公相勤申候処病死仕、相続可仕子無御座候付、横沢之苗跡相禿申候処、幸隼人浪人にて罷有候条、先此苗跡へ取付罷有御奉公相勤申候上、以来は本名可申立之由右伊賀申候得共、折柄無御座候故本名不申立、横沢にて罷有候。尤横沢之先祖之儀右之通故委細不奉存候。且又安芸殿御知行所之内野谷地故安芸殿御願にて承応三年致拝領御竿被相入高拾三貫三百八拾四文、御切米御扶持方御知行に被直下此高五貫五百五拾文并御加増高拾壱貫六拾六文、都合三拾貫文右隼人儀御部屋住より数年御奉公相勤申付、
義山様御代明暦四年正月三日古内故主膳を以、右御知行高三拾貫文致拝領、御黒印頂戴仕候。右親隼人儀寛文拾壱

年十月廿七日病死仕候。跡式無御相違拙者被下置旨、同拾弐年正月廿五日柴田中務を以被仰渡候。当御知行高三拾貫文に御座候。以上

延宝五年三月廿一日

5　国安半兵衛

一　私親国安日向事佐竹殿御譜代に御座候。佐竹殿常陸に御在城之節は御大身に被成御座候処に、御少進に被為成秋田へ御越之刻、御家中衆数多御暇被下候段、貞山様被聞召、国安兄弟之者共度々働御対陣之時分被及聞召御覚被成候間、浪人仕候はば可被召抱由御尋被成下候処に、兄弟四人之内国安越後・同三河と申者両人は秋田へ被召連候。国安太郎左衛門・同日向浪人仕候段申上候得ば、先以浪人分に御知行三百石宛可被下由にて、両人共に被召拘御当地へ罷越、御知行拾五貫文宛被下置御奉公仕候処、義山様御小座住之内、馬上拾五騎被進候内にて、日向事は元和三年に義山様へ被相付候。然ば拾五貫文之内壱貫三百文地損罷出候。其節は地損之御替地不被下候筈之由にて、拾三貫七百文に罷成候。然処に孝勝院様御家老丸毛内匠病死仕候に付、其代に被仰付、寛永八年罷登、江戸定詰御奉公勤仕申内、御検地被相入二割出被指添被下、拾六貫四百四拾文に罷成候。久々江戸定詰御奉公相勤申由にて、寛永廿壱年に古内主膳を以拾三貫五百六拾文之御加増にて三拾貫文に被成下候。正保弐年二月廿八日に日向病死仕候。忌明無間も跡式無御相

違、古内主膳を以拙者に被下置候。且亦拙者儀御当地にて出生申候。若年之時分義山様御小座住之内御小性衆並に被召出、御切米三両四人御扶持方被下候。義山様御代に罷成、無間も三両之御加増にて、六両之御切米四人御扶持被下候。二進退一つに不被成下候御大法之由にて、日向跡式三拾貫文計被下置候。拙者伯父国安太郎左衛門儀、大坂御陣へ貞山様御供仕罷登於御陣場に深手負、其疵過半直申候時分、遠江守様御知行拾万石御拝領被遊、予州へ御出被成候節、遠江守様へ被相付、宇和島へ御供仕参候。右之趣書置申候物共、仙台大火事之節焼失申候故、少々相違可有之様に奉存候得共、親日向申聞候通大図承覚書出差上申候。以上

延宝五年三月廿一日

6　片倉五郎右衛門

一　拙者先祖田村御譜代に御座候。貞山様御代に祖父牛縊五郎右衛門儀被召抱、御知行高五拾貫文被下置御奉公仕候。如何様之品にて誰を以御知行拝領仕候哉不承伝候。五拾歳に罷成候砌進退被召上候。如何様之儀にて御知行被召上候哉、其品不承伝候。其節御城下計御赦免にて、片倉備中に御預被指置候内、右五郎右衛門五拾七歳にて病死仕候。其品備中申上候付、貞山様御代寛永拾年に、五郎右衛門実嫡子、私父片倉丹波被召出御奉公仕候。其砌本苗牛縊相除、備中方より由緒有之に付て片倉に罷成候。引続寛永拾三年より義山様へ無足にて馬上並に江戸御番正保三年迄拾壱年備中合力を以致勤仕候付、御知行高三拾貫文同年六月廿三日

に古内主膳を以被下置、寛文九年迄三拾四ヶ年相勤申内、拾ヶ年は江戸脇御番頭被仰付相勤申候処に、歳罷寄御奉公相叶不申候間、訴訟申上候得ば、同九年に御赦免被成下、同拾年八月に拙者に江戸御番代被仰付御奉公仕候。右丹波六拾七歳に罷成候付、隠居仕度段奉願候処に、延宝二年小梁川修理を以願之通に被成下、同年霜月十三日に右御知行高三拾貫文無御相違於江戸柴田中務を以拙者に被下置、引続江戸御番組被仰付、只今に相勤申候。

以上

延宝七年八月廿九日

7　佐藤作右衛門

一　貞山様御代慶長年中に拙者祖父佐藤古権右衛門被召出候。年月分明には不奉存候。慶長拾九年に御知行拾貫六百六拾文被下置候。山岡志摩・奥山出羽名付にて慶長拾九年正月廿八日之御下書目録所持仕候。

貞山様御代元和九年に御加増拝領仕、弐拾五貫文に被成下候。大町駿河・永沼丹後名付にて元和九年霜月四日之御下書目録所持仕候。

貞山様御代寛永拾年三月七日に祖父病死仕候。跡式無御相違亡父権右衛門に被下置候。御申次は不奉存候。

義山様御代寛永年中大御検地之節、二割出目を以三拾貫文之高に被成下、寛永弐拾壱年八月十四日之御黒印所持仕候。

綱宗様御代万治三年四月廿二日に父病死仕候。其節拙者寄親津田玄番に御座候故、右玄番所より茂庭周防へ父病死仕候段為申登、於江戸に右周防御披露之上、亡父権右衛門跡式無御相違拙者に被下置候間、罷登御礼可申上由周

防方より申来候趣、同年六月朔日右玄番申渡候故、則江戸へ罷登、周防御披露にて御礼申上候。知行高今以三拾貫文に御座候。

御当代寛文元年十一月十六日之御黒印所持仕候。以上

延宝四年十二月十八日

8　白石甚之助

一　拙者曽祖父白石豊後に御知行被下置候品、

大閤様御代

貞山様岩出山御在城之刻、文禄三年御当地御金山為御横目、大橋八蔵殿・西村左馬助殿・鯰江権右衛門殿御下向、磐井郡東山千厩村に被成御座候。御領中金堀共或御朱印或板判三千百五拾九枚曽祖父白石豊後儀其節は十郎左衛門と申時、右三人之御横目衆より被召出、御金山御判指引被仰付候。右御判金掘共に被相渡、其年三箇度御役之砂金被召上候。依之金掘共三千人余千厩村白堂山へ寄合、致誓約神水呑強御訴訟申上候を、従貞山様之可為御内意歟と、御横目衆怪敷被思食御用心被成候間、右白石十郎左衛門嫡子小四郎・及川十郎兵衛妻子・小野寺伊賀妻子・及川隼人妻子・大原掃部左衛門妻子・気仙郡薄井囚獄妻子其外奥中頭立申候者共之妻子悉証人差上申候得共、疑敷就思食候金掘共之内、頭取三拾八人召捕候て岩出山へ申上、御老中以御内意右三拾八人磔に懸御横目衆へ懸御目候。其上千厩村之内要害を構横目衆被成御座候様過半取立申候処、同四年葛西浪人新庄又三郎と申者伏見へ罷登、政宗以底意金堀共一揆企申之由目安差上申候付て、

貞山様伏見より被仰付候御横目衆御供仕、早々可罷登由就御意、右及川十郎兵衛・十郎左衛門同心にて横目衆御供仕、近江大津迄罷登候処、大津より直々御横目衆御宿所へ可被召籠旨御断候間、十郎兵衛申合大津より欠落仕、伏見貞山様御屋敷へ参上、鈴木和泉を以右之旨趣申上候得ば、御前へ被召出、御国元にて之様子具被相尋、御意には御領中之金堀共一揆之段浅野弾正殿へ葛西浪人目安上候間、其身共罷出能々可申分由被仰出候処、白石十郎左衛門・及川十郎兵衛早々可罷出由就被仰下候。弾正殿御前へ被召出候得共、何之御尋も無御座候間、十郎左衛門方より訴人又三郎に申断候ハ、奥中一揆之儀政宗底意を以相企候様に其方申上候哉と申懸候得ば、又三郎返答には、政宗殿底意を以一揆企候段実正之由挨拶申候付、十郎左衛門申候は、政宗之指図に無之証拠には、政宗家老共下知を以金堀之頭取共三拾八人磔に懸御横目衆へ懸御目申候間、政宗内通之一揆とは被申間敷由申候得ば、三千人余寄合訴訟申上候段は実正歟と、弾正殿被仰候間、惣に金堀共は諸国之寄合随意成者共御座候故と乍申、一ヶ年之内に金子三度迄被召上致迷惑、任我意御訴訟申上候付、御横目衆怪敷被思召候間、拙者嫡子小四郎を始其外之者共妻子数十人証人に上置申候得共、猶も御承引就不被成候、政宗家老共に窺訴訟企申候。頭取三拾八人、磔に懸御横目衆へ懸御目候由申候得ば、弾正殿被聞召分、政宗殿忠節之段無疑其身共、仕方迄神妙に被思食之旨、為御褒美十郎左衛門に御判六枚十郎兵衛に同三枚被下置、其上御国元にて御横目衆へ御忠節仕候及川隼人、小野寺伊賀に三枚宛被下之由被仰渡、自今以後御金山之事は其身共直々可申上旨、御書付並御国元より伏見迄定御伝馬御判迄被下置候。伏見御屋敷へ罷帰其段申上候得ば、

貞山様御前へ被召出品々被聞食御祝着に被思食、御知行百貫文宛可被下置旨被仰出候。両人之者申上候は難有御儀奉存候得共、左様に御座候ては、上聞彼是乍憚御為如何奉存候。内之者扶助仕候分手作之通計拝領仕度旨申上候

得ば、御尤被思召十郎左衛門に四貫文、是迄は無足にて御奉公相勤申候十郎兵衛に三貫文之所、其上呉服抔鈴木和泉を以拝領仕、十郎左衛門は豊後、十郎兵衛は豊前に改名被成下候。其後従

大閤様御領中御金山御判

貞山様へ就被為進之候、弥御金山本判指引之儀、其節富田近江・屋代勘解由承にて本内五郎左衛門・坂元平右衛門小岩井市右衛門を以右豊後被仰付、毎年御役金上納仕候。豊後儀白石御陣へも鉄炮百挺斗にて御供仕候。小籏被打删《ケズリ》申候に付、従

貞山様小籏拝領所持仕候。其以後南部釜石之城攻落可申由被仰出、中島大蔵御代官被遣候間、豊後好身之者共拾四五騎足軽三百人、其外東山之者共数多召連罷出、釜石之城攻落申候に付、御加増拾壱貫文奥山出羽を以被下置、其後豊後相果、嫡子正吉に家督被仰付候砌、御加増十貫文被下之、都合弐拾五貫文に被成下、虎之間御番被仰付候。豊後数年相勤罷有候。御本判役目は次男十郎左衛門に被仰付候。其以後右正吉病死仕、嫡子清右衛門に家督被下置、二割出共に三拾貫文にて、江戸御国御奉公相勤申候。寛文六年十二月四日拙者親右清右衛門病死仕、同七年二月原田甲斐を以拙者十四歳之時、無御相違家督被仰付、知行高三拾貫文之御黒印頂戴仕候。先祖より御知行加増之地何年に誰を以拝領仕候哉、且又段々家督被仰付候年号・御申次等不承伝候。右御伝馬御判は親清右衛門代焼失仕候。以上

延宝五年四月十九日

9　富塚二左衛門

一 義山様御代富塚惣右衛門御知行拝領仕候儀、兄同氏内蔵丞御知行高之内山口内記を以願申上、宇田郡駒ヶ嶺村にて弐拾貫文、寛永廿壱年八月十四日に右惣右衛門に被下置候。綱宗様御代三迫之内石越村にて、右内蔵丞新田切起高之内拾貫文、明暦四年十一月十六日に茂庭故周防を以惣右衛門に被下置候。都合三拾貫文に御座候。其後惣右衛門男子無之に付て、拙者を婿苗跡仕度由願申上候。古内志摩を以如願之被仰付、右惣右衛門隠居申上候処、延宝二年四月十日に願之通柴田中務を以被仰付候。拙者に家督被下置候。同年閏四月十五日に、於江戸小梁川修理を以御礼御目見仕候。以上

延宝五年二月廿二日

10 児王常謙

一 拙者儀

義山様御代慶安元年三月三日古内故主膳を以被召出、十人御扶持方に二十両之御切米被下置、明暦元年十二月十二日為御加増、宮城郡国分之内田中村にて五貫文、御知行并在郷屋敷共に拝領、明暦弐年四月十八日に右御切米御扶持方御知行に被直下、都合三十貫文被成下候。別て御訴訟も不申上候。右両度御加増被成下候時も、古内故主膳を以被仰付候。以上

延宝四年十二月廿二日

11 内藤閑斎

一　拙者事浪人にて江戸に住居仕候処に、慶安三年秋義山様御目見被仰付、御屋敷へ出入仕候。其年之冬被召出、御奉公仕候付て、御扶持方拾人分、御切米金子三枚、古内故主膳を以被下置候。其後明暦元年秋、根白石村へ御遊猟之時、山屋敷拝領仕度由申上候処に、山へ被遊御出刻望申所御覧被成候て、屋敷に拝領仕候。同年霜月山屋敷近所にて、御知行五貫文之地為御加増成田木工を以拝領仕、其翌年明暦二年六月右之御扶持方御切米御知行に被相直、其上弐貫五百文之御加増にて、右之五貫文も被相加、都合三拾貫文に被成下、古内故主膳を以拝領仕根白石にて五貫文、岩沼にて弐拾五貫文之地方拝領仕候処に、岩沼知行換被仰付、只今賀美郡黒沢村にて弐拾五貫文拝領仕、都合三拾貫文之御黒印頂戴仕候。以上延宝五年五月五日

12　青田彦右衛門

一　拙者養父退休曽祖父青田信濃相馬譜代に御座候。嫡子山城相馬一家之苗跡を継、新館を名乗申候。貞山様相馬へ御入魂之首尾山城取持候付、御知行七貫文天正拾四年九月五日に被下置候。御朱印所持仕候。誰を以被下置候哉不存候。同人嫡子彦左衛門と申候慶長五年関ヶ原陣之時分、貞山様江戸より御下向に相馬を御通被成候。其節彦左衛門御案内に罷出候付、山城子共之由被聞食、御直に御指被成朱候御脇指拝領仕候。同人嫡子退休寄子公事之儀に付浪人仕、寛永拾九年に松島へ罷越、雲居和尚頼罷有候。妻子等大勢扶助仕兼候段義山様御耳に相立、退休儀は遁世之者に候条、嫡子源助可被召仕之旨右和尚へ被仰出、慶安元年二月廿五日に古内

主膳を以源助被召出、御知行三拾貫文被下置候。同四年八月晦日源助病死仕候。子共無之に付、同人妹に
義山様御意を以、誰そ被仰付、跡式立被下度旨退休奉願候付、承応元年九月廿五日成田木工・氏家主水を以拙者に
被仰付、御知行三拾貫文拝領仕、
御代々御黒印致頂戴候。寛文七年閏二月廿五日に遠田之本苗名乗申度旨、古内志摩を以申上如願被仰付改苗仕候。
拙者実父は松岡孫兵衛と申候。曽祖父松岡式部
信長公へ奉公仕候。祖父太右衛門浪人にて美濃に罷有候。親孫兵衛儀は徳永左馬頭へ奉公仕、其後京極若狭守、近
年本多内記所に奉公仕候。拙者儀矢野故甚左衛門親類に御座候に付、
義山様御代御当地へ罷下、正保四年十月十八日古内故主膳を以御小性組に被召出、御切米六両四人御扶持方被下置
候。右御持米御扶持方は知行拝領仕候節被召上候。以上
延宝五年二月八日

13　白根沢源右衛門

一　拙者先祖伊達御譜代御座候。祖父以前
誰様御代被召出、御知行何程被下候哉不承伝候。祖父白根沢丹波
貞山様御代御知行三拾貫文被下置、御奉公仕候。
義山様御代寛永拾七年に隠居被仰付、右嫡子親喜兵衛に跡式無御相違被下置、御奉公仕候。右之通
御先代様被成下候年号・御取次不承伝候。然処

義山様御代同拾九年極月廿七日に品御座候て、森田杢右衛門・青木下野為御代官進退被召上候処、慶安三年二月七日に被召出、同三月十六日御知行三拾貫文津田豊前を以拝領仕御黒印頂戴仕候。然処承応弐年三月十九日病死仕候。実子兄彦十郎に同六月廿五日、跡式無御相違、右豊前を以被下置候処、承応三年二月廿九日病死仕、子共持不申候付、右喜兵衛弟同氏源右衛門儀
義山様御代被召出、御切米五両御扶持方四人分被下置御奉公仕居申候処、兄彦十郎跡式伯父源右衛門無御相違被下置、源右衛門持来御切米五両御扶持方四人分拙者被下置旨、承応三年三月廿九日津田豊前を以被仰付候。拙者儀右喜兵衛次男彦十郎弟御座候。然処右源右衛門子共持不申候付、寛文七年六月廿三日
御当代柴田外記を以養子奉願候得ば、則願之通被仰付候処に、拙者被下置候御切米御扶持方則差上申候。同八年五月廿二日右源右衛門病死仕、拙者に跡式無御相違同年霜月六日に原田甲斐を以被下置御黒印頂戴仕候。以上

延宝五年四月廿七日

14　三好源内

一　拙者先祖は四国阿波之三好に御座候処、三好亡落之以後、拙者曽祖父井内又五郎儀浪人仕罷有候処、
貞山様御代於大坂、片倉備中を以御目見仕候処、右備中を以御知行被下置可被召抱由被仰付、御当地へ罷下候。奥山出羽を以五拾貫文被下置、無役にて被指置候由承伝候。其後隠居之願申上候処、
貞山様御代祖父井内四郎兵衛家督無御相違被仰付候。右又五郎に御知行被下置候年号、祖父四郎兵衛家督下置候年号、御申次等不承伝候。

義山様御代寛永弐拾壱年に病死仕、拙父井内八左衛門に奥山故大学を以、同年八月十四日に家督被仰付、二割出目を以六拾貫文被成下候。慶安四年に病死仕候。拙者十一歳に罷成幼少に御座候付、末々御奉公相務申候はば可被返下候条、先以三拾貫文被召上候。残三拾貫文を以名跡被仰付旨、古内故主膳を以慶安四年七月廿八日に被仰付候。拙者先祖本苗三好に御座候付、三好に相改申度段願申上候処に、延宝元年大条監物を以、本名三好に被仰付候。拙者知行高三拾貫文に御座候。以上

延宝七年三月七日

15 小野勘助

一 拙者実父小野与惣右衛門儀、同氏故雅楽丞次男に御座候処に、義山様御代御部屋住之時分被召出、御切米六両四人御扶持方被下置候。年号・御取次は不承伝候。御薬込役被仰付、其以後御鷹之御申次被仰付、両役相勤申候由承伝候。右与惣右衛門儀数年御奉公首尾能相勤候以仰立を、慶安四年十一月廿三日御知行三拾貫文被下置候旨、古内故主膳を以被仰渡、右御切米御扶持方は被召上候。明暦三年十二月十三日父与惣右衛門病死仕候付、跡式無御相違拙者に被下置之旨、明暦四年三月十八日に古内肥後を以被仰渡候。当時拙者知行高三拾貫文に御座候。先祖委細之儀は惣領筋目御座候間、同氏弥左衛門申上候。以上

延宝七年七月五日

16 木村太郎左衛門

一　政宗様御代拙者実父森宇右衛門九歳之時御奥小性に被召出、拾三歳より御仕着被下置、御馬人被借下、馬上分にて被召仕、御奥御用色々相勤、拾九歳にて御表へ被相出、御馬御申次被仰付相勤申候由承伝候。
攻宗様御他界以後、右御役目被成御免、御切米御扶持方被下置罷在候。然処
忠宗様御時慶安五年正月晦日前古内主膳を以
政宗様へ御奉公申上候品々被仰立、御知行三拾貫文被下置、同年二月六日御日付之御黒印取持仕候。勿論
御当代初之御黒印、寛文元年十一月十六日之御日付にて頂戴取持仕候。右宇右衛門儀老後御奉公相勤兼申候付、延宝三年四月隠居願申上候。拙者は二男に御座候得共、兄同氏助之進病人に御座候間、宇右衛門助之進用心に跡式拙者被下置度由奉願候付、同年九月十四日於江戸大条監物へ鈴木主税を御引添、宇右衛門知行高三拾貫文之地無御相違拙者に被下置候由被仰渡候。依之拙者御小性組に被召出候節被下置候御切米御扶持方被召上候。尤継目之御黒印于今頂戴不仕候。以上
延宝五年二月十三日

17　本名九左衛門

一　貞山様御代本名右衛門事会津より被召抱、御知行拾壱貫文被下置候由承伝候。誰を以被召拘候哉、委細之儀不存候。右衛門事実子持不申候に付て、
御同代遠藤筑後二男二左衛門壻苗跡に仕度由中島監物を以申上、願之通被仰付、右拾壱貫文之所無御相違被下置、寛永弐拾壱年御検地之砌、二割出目共に拾三貫三百文に被成下候由承候。然処拙者儀慶安三年七月十八日

義山様御代山本勘兵衛を以御小性組に被召出、同年極月廿七日御切米六両御扶持方四人分右勘兵衛を以被下置候。

御同代承応二年十月十五日本名二左衛門壻苗跡に仕度由、右勘兵衛を以奉願候処、願之通被仰付、二左衛門知行高拾三貫三百文右御切米御扶持方も引続被下置候。

御同代明暦元年三月廿三日拾六貫七百文御加増之地被下置、都合三拾貫文に被成下、御切米御扶持方は被召上之旨御意之趣古内故主膳を以被仰渡、三拾貫文之御黒印致頂戴候。以上

延宝五年正月廿九日

18 山下玄察

一 義山様御代寛永拾壱（ママ）年拙者母古内故主膳を以被召出、御国元御奥方にて被召仕候。同拾弐年拙者儀も右主膳を以被召出、同拾七年拙者に御扶持方六人分御切米五両、右主膳を以被下置候。慶安四年十二月八日母に御扶持方五人分御切米七両と代五百文山口内記を以被下置候。同年十二月廿八日拙者に為御加増、御扶持方四人分御切米拾両右内記を以被下置、本御扶持方六人分御切米五両、合拾五両十人御扶持方被成下候。其後明暦元年八月於国分田中村に在郷屋敷拝領仕候付、同年十二月右主膳を以御知行五貫文右於同所に屋敷へ被相付被下置候。其以後母に被下置候御扶持方御切米拙者に被下置候。御扶持方御切米御知行五貫文三口御取合御知行に被為直、拙者に被下置候はば難有可奉存旨、母奉願候に付、同弐年三月廿二日願之通右三口御取合、山口内記を以御知行高三拾貫文に直被下置候。御黒印義山様御代明暦二年三月廿二日に被下置候。
御当代寛文元年十一月十六日に致頂戴右両通所持仕候。以上

延宝五年三月十四日

19　木村与十郎

一　亡父八兵衛儀木村数馬弟御座候。
義山様御部屋之御時分、寛永十年山口内記を以御奥小性被召出、御仕着被下置候。同十三年御表御小性組に被召出、右御仕着御切米六両四人御扶持方右内記を以被下置候。年号不承伝候。右数馬儀承応二年四月於江戸病死仕候。数馬病中に成田木工を以奉願候は、男子無御座女子御座候付、甥に御座候草刈長門次男勘左衛門聟苗跡に立被下度旨申上候処、数馬知行高四拾貫文之内拾貫文を以、右勘左衛門に数馬苗跡立被下候。惣領式に御座候間委細之儀は勘左衛門申上候。残三拾貫文之所は山口内記・成田木工を以承応二年七月廿五日右八兵衛に被下置、御切米御扶持方被召上、御知行御黒印奉頂戴候。八兵衛儀延宝六年九月廿九日病死仕、跡式御知行高無御相違拙者被下置由、同年極月廿六日於黒木上野宅被仰付候。御黒印は于今頂戴不仕候。以上

延宝七年二月廿六日

20　桑島孫太夫

一　拙者亡父五郎左衛門儀桑島孫六次男に御座候処、浪人仕、片倉備中在所罷有候。
義山様御耳に相立、仙台へ罷越候様に可仕由、古内故主膳に被仰付、依之山本勘兵衛へ被申渡、岸十兵衛為上使白石へ被遣、五郎左衛門に御意之旨被申渡候付、右十兵衛同道仕、慶安四年於仙台山本勘兵衛宅へ参着仕候刻、御

目見可仕由御意之段、勘兵衛被申渡候付、五郎左衛門申上候は、難有奉存候、乍去只今早速御目見仕候はば、備中手持如何可有御座候哉と内々にて勘兵衛に申候処、則其旨右勘兵衛披露申上候処、御尤に被思食、左様候はば当時より来年迄は茂庭佐月所に可罷有由御意に付、松山へ罷越候。承応二年七月七日御一門様中御出仕之御目見相過、其御座敷五郎左衛門被召出、原田甲斐を以御目見被仰付候由、尤備中・佐月も御寄場に居合被申候。従夫松山へ罷下候処、無間も為相登可申由、佐月所へ勘兵衛方より御意之趣被仰付、則罷登御城へ罷上候処に、於御焼火之間、古内故主膳を以承応二年十二月十日に、御知行三拾貫文被下置候由御意之旨被仰渡候。於御座間右主上膳を以御礼之御目見仕候由、亡父五郎左衛門申伝承候。五郎左衛門儀延宝五年四月廿日病死仕候間、親類共願申に付、同年十月三日於御連哥之間、小梁川修理を以五郎左衛門に被下置候御知行高三拾貫文之所拙者に被下置之旨被仰渡候。継目之御目見同十一月六日に大立目隼人を以仕候。以上

延宝七年十一月廿五日

21 中津川太左衛門

一 拙者先祖

御代々御譜代にて本苗字は横尾に御座候処、米沢に被成御座候節、長井之内中津川と申所先祖拝領仕罷在候に付て、在所を苗字に可仕由被仰付、中津川に相改申之由、且又拙者より六世以前、中津川伯耆嫡子助兵衛其子九郎三郎と申者代迄は引続宜御奉公仕候由申伝候。

稙宗様・晴宗様・輝宗様御代々先祖に被下置候御書共も致所持候。右九郎三郎子太郎右衛門と申者、拙者祖父に御

座候。太郎右衛門幼少之節進退少進に罷成、御知行五貫文にて御奉公仕候処、拙者父太左衛門事、
貞山様より別て御合力被下置、太郎右衛門・太左衛門父子共に御奉公相勤、太郎右衛門隠居以後、五貫文之御知行
へ父太左衛門御加増拝領、取合高弐拾貫文に罷成、且又
義山様御代承応三年に拾貫文御加増拝領、都合三拾貫文に被成下、御物頭被仰付旨、以古内故主膳被仰渡候。
御当代寛文九年に如願隠居被仰付、同年四月五日に家督無御相違拙者に被下置候段、以柴田外記被仰渡候。当知行
高三拾貫文致拝領候。御黒印所持仕候。以上
延宝五年正月十九日

22　草刈市右衛門

一　拙者曽祖父遠藤二右衛門儀伊達之内塩松所生之者に御座候処、
貞山様御代被召出、御知行三貫文被下置御奉公仕由に御座候。然処白石御陣之節討死仕、嫡子市右衛門幼少故歟、
跡式被相禿由承伝候。依之市右衛門儀母方之叔父草刈右馬丞得養育罷在馬之乗形稽古仕候付、
義山様御部屋住之節御馬乗に被召出、御切米御扶持方被下置付、草刈に改苗字御奉公仕候処、従
義山様荒木十左衛門殿へ被相付、馬稽古仕以後、寛永三年御上洛之節御供仕罷登、
御綸旨頂戴仕長門丞に被成下、同十二年御知行十貫文被下置候。其節右御扶持方御切米は被召上候。同十八年御加
増之地拾五貫文拝領、二拾五貫文に被成下候上、寛永年中御検地之節二割出五貫文を被下置、都合三拾貫文之御
知行高に被成下候由承伝候。右長門儀正保四年於江戸病死仕候処、跡式無御相違拙者親市右衛門に被下置旨、津

田豊前を以同年に被仰渡候。右市右衛門儀
御当代迄御奉公仕候処、寛文拾年病死仕、遺跡之地三拾貫文無御相違拙者に被下置旨、同拾壱年三月十六日に古内
造酒祐を以被仰渡、御黒印頂戴仕候。以上
延宝五年四月十一日

23 高平彦兵衛

一 拙者曽祖父高平大学儀、国分之城主盛重公にて家老役目仕候由、尤国分譜代に御座候由申伝候。右大学より先祖
之儀は、久敷事に御座候故様に不申伝候。高平大学嫡子拙者祖父同氏杢之助と申候。盛重公御進退被相果候に付、
右杢之助牢人にて罷在候内病死仕候。高平杢之助嫡子拙者親高平長作と申候。元和八年三月
貞山様へ御不断組に被召出、御切米三切銀三匁三人御扶持方被下置、御奉公相勤申候。
貞山様御代右長作、寛永二年七月
義山様御部屋へ御歩行組に被相付、御切米四切四人御扶持方被下置、改名彦兵衛に可罷成由御直々被仰付候。
義山様御代寛永拾五年極月、山口内記・成田木工を以御歩行番頭被仰付、御切米三両四人御扶持方被下置候。
御同代寛永拾七年九月山口内記・成田木工を以御歩行目付役被仰付候。
御同代寛永廿一年三月十四日、御知行本地拾貫八百文四人御扶持方津田近江・奥山大学を以被下置、御黒印頂戴、
御歩行目付相勤申候。
御同代正保三年六月廿三日に、新田起目為御加増七貫九百三拾四文山口内記を以被下置、都合拾八貫七百三拾四文

に被成下御黒印頂戴、右同役目相勤申候。

御同代慶安弐年極月十日に、新田起目為御加増六貫四百八拾六文山口内記を以被下置、都合弐拾五貫弐百弐拾文に被成下、御黒印頂戴右役目相勤申候。

御同代承応三年三月廿四日津田豊前・古内故主膳を以御足軽頭被仰付、為御加増本地四貫七百八拾文被下置、都合三拾貫文に被成下御黒印頂戴仕、右御扶持方は被召上候。

綱宗様御代万治弐年三月廿六日、親彦兵衛病死仕候段江戸へ申上候処、同四月三日に奥山大学を以、則親跡式三拾貫文拙者六歳之時無御相違被下置御黒印頂戴仕、中之間御番所被仰付候。

御当代拙者十五歳より御国御番組相勤申候処、寛文十二年七月廿五日古内志摩を以江戸大御番組被仰付、引続于今相勤申候。以上
延宝五年三月晦日

24　根来新蔵

一貞山様御代拙者儀寛永拾年二月十五日に被召出、同十八日御目見仕御盃迄頂戴仕御小性組に被仰付、御仕着五人御扶持方小者扶持三人分、合八人御扶持方小者切米五切并毎月之為小遣代以御印判弐切宛合六両被下置候。右之御小性組湯村勘左衛門を以訴訟申上候得ば御免被成下、表にて江戸御国共に御奉公相勤申候。

義山様御代同拾四年より右之御奉公引続江戸御国共相勤申候処、明暦元年三月廿四日に於江戸、成田木工を以御知行三拾貫文被下置候。剰地形迄被仰出拝領仕候。則御座之間へ被召出疾にも被下候筈に候得共、御取紛被成御延

引被遊之由品々は木工を以被仰付候間、難有可奉存由御意被成候。其節前之御扶持方御切米は被召上候。同廿五日御上屋敷へ御目見に罷出候処大条兵庫を以

綱宗様御座之間へ被召出、

義山様御意之旨難有可奉存由御意御座候。其以後江戸御国共に無懈怠相勤申候。拙者知行高右之通三拾貫文御座候。

以上

延宝五年正月十一日

25　舟山伝兵衛

一　拙者苗字之曾祖父舟山刑部と申者

御先代御知行弐拾貫文致拝領御奉公相勤、

貞山様岩出山へ御移被遊候刻、御供仕由承及候。右御知行

誰様御代如何様之品にて被下置、何御奉公仕候段委細に不承伝候。刑部儀は伊達遠江守様へ被相付、四国へ被遣候由、仍御知行高弐拾三貫文之所刑部嫡子善左衛門と申者に御当地にて被下置、江戸御番御奉公仕候由承候。御黒印は寛永廿一年八月十四日之御日付にて右善左衛門頂戴仕候于今所持仕候。右刑部知行高より三貫文過上御座候段、御割出を以ヶ様に御座候哉、御加増被成下候て之儀に御座候哉、其品不承伝候。右善左衛門儀慶安五年八月病死仕、跡式御知行高弐拾三貫文之所嫡子善九郎に無御相違被下置、承応元年十二月三日之御日付にて御黒印善九郎頂戴仕候を于今所持仕候。前々家督被仰付候年号・御取次不承伝候。善九郎御奉公は御国御番虎之間を相勤

候由承候。右善九郎実子無御座、其上病者に罷成御奉公相勤兼申に付、妹を養子に仕、聟苗跡に仕度候条御目当を以被仰付被下度段
義山様へ前之古内主膳を以願申上候に付、拙者儀佐々三九郎と申候て、元来安芸之国浪人に御座候処、幼少之節於江戸正保二年五月古内伊賀を以要山様御奥小性に被召出、無足にて御奉公仕候。同年九月御遠行被遊候処、翌年前之主膳を以
義山様へ御小性組に被召出、正保四年迄無足にて御奉公相勤申候。同年四月御切米八両御扶持方五人分右主膳を以被下置、明暦元年迄相勤申候処、右善九郎隠居被仰付、跡式拙者に知行高弐拾三貫文へ其節御加増之地七貫文被相添、三拾貫文に被成下由明暦元年右主膳を以被仰渡、御切米御扶持方は被召上候。同年十月六日之御日付にて御黒印頂戴仕候。延宝三年迄御小性組にて御奉公相勤申候。右浪人之儀に御座候間、善九郎先祖之儀委細不承伝候。以上

延宝七年四月廿六日

26　熊沢平兵衛

一　拙者儀肥前之内寺沢兵庫守譜代に御座候。兵庫守没落以後浪人にて罷在候処、松浦肥前守殿被懸御目候付、六郷伊賀守殿へ被相頼候処、
義山様御代に右伊賀守殿より古内故主膳へ被相頼候得ば、右主膳を以遂披露候処、浪人分と被仰出、拾人御扶持方に拾両之御切米被下置候旨、慶安三年七月九日に主膳を以被仰付候。其節より成田木工を以申上御奉公相勤申候。

然処に弟熊沢五郎左衛門儀六拾貫文之御知行被下置、義山様へ御奉公仕候処、右五郎左衛門長病に罷成付、六拾貫文之内三拾貫文被召上候。其節拙者御城へ被召出、御知行三拾貫文拙者に被下置候段、明暦弐年三月廿五日右主膳・成田木工を以被仰付拝領仕、拾七ヶ年御奉公相勤申候処、病人に罷成候付て、嫡子市郎左衛門為御番代、寛文六年より江戸御番被仰付相勤申候。以上

延宝五年三月五日

27 熊沢五郎左衛門

一 拙者儀肥前之内寺沢兵庫守譜代御座候。兵庫守没落以後、慶安弐年に、義山様御代成田木工を以被召出、同三年二月十四日御知行六拾貫文古内故主膳を以拝領仕御奉公五年相勤申候処、病者に付明暦弐年に三拾貫文被召上、残三拾貫文被下置、長病に付、熊沢平兵衛子共次男同名権太夫養子に仕為、御番代寛文六年九月八日津田玄番を以被召出御奉公相勤申候。以上

延宝五年三月五日

28 錦戸五郎兵衛

一 拙者親錦戸五郎兵衛儀、錦織休意三男御座候処に、貞山様御代寛永四年佐々若狭を被召出、御切米三両四人御扶持方被下置、御納戸御用被仰付、其以後寛永拾壱年於京都為

貞山様御意、本名錦織を錦戸に改可申由被仰付由申伝候。其以後
貞山様御腰物奉行被仰付、引続
義山様御代右御役目相勤申候。承応元年八月十六日於江戸従
義山様御知行弐拾貫文、古内主膳を以拝領仕候。右御切米御扶持方は被召上候。其後私父五郎兵衛弟錦戸西安儀御
知行三拾貫文被下置御奉公仕候処、娘壱人有之其身病気差重候付、跡式御目当を以被仰付被下度由申上候処、其
比服部十次郎御小性御奉公仕候処に、右西安娘に御取合、西安知行之内弐拾貫文并十次郎に被下御切米御扶持方
御知行に直被下、都合三拾貫文に被成西安苗跡被仰付、右残拾貫文は私父五郎兵衛数年御奉公仕候間、御加増分
に被下置候由、明暦三年四月山本故勘兵衛を以致拝領、三拾貫文之地高に被成下候。然処私父五郎兵衛病気差出
残命難成躰に候処、度々御使者被下置難有御意之上病躰被相尋、其上於御前古内故主膳に様子被相尋病気大切之
段披露候処子共は何歳に罷成候哉之由御意に付、五歳に罷成由被申上候付、幼少に候間跡式之儀苦労に可存候。
病死仕候共跡式は無御相違被下置候間、少も正気有之内可申聞由被仰出、其節錦戸平左衛門御前に罷在候処、幸
親類に付て亡父臥所迄可参候間、右之趣早々可申聞旨、明暦四年五月廿九日御意被遊付、御諚之通亡父五郎兵衛
に錦戸平左衛門申渡、親類共御礼等申上候処、同年六月三日死去仕候。右之通病中に被仰付候付、尤追て願等不
申上
御当代御黒印頂戴仕、当時私御知行高三拾貫文に御座候。祖父休意以前之儀は錦織休琢方より申上候。以上
延宝七年七月廿六日

29 落合権兵衛

一 拙者父落合喜平次儀は房川渡《ボウカワワタシ》御関所御番仕罷有、義山様江戸御上下之節御用等并御家中往還久喜・栗橋両川辺御鷹野場御用等被仰付、数年相勤申候処、拙者儀右喜兵次一子之由相達御耳、御小性組に可被召使之由にて古内故主膳を以、慶安四年七月廿八日義山様へ被召出、同年十一月十二日御切米金八両八人御扶持方故山本勘兵衛を以被下置、明暦三年八月朔日古川之於御仮屋右主膳を以御知行三拾貫文拝領仕、勿論御切米御扶持方は其節被召上候。以上

延宝七年二月廿六日

30 綿戸平左衛門

一 拙者儀先祖は伊賀浪人にて私親は京都に罷在候。然処古内故主膳に由緒有之付義山様御代慶安弐年之春、拙者兄服部長七郎京都より罷下、故主膳を頼罷在候付、右主膳取立を以同年六月中旬、義山様へ右長七郎儀御小性組に被召出、故戸田喜大夫を以御目見被仰付、御切米三両四人御扶持方被下置、御奉公四ヶ年相勤申候処、承応二年之春為御加増御切米三両拝領仕、合御切米高六両に被成下致勤仕候処、同閏六月廿九日死去仕候。拙者儀は其節京都に罷有候処、従義山様難有御意御座候付、拙者事承応三年正月上方より罷下二月下旬に故山本勘兵衛を以御目見被仰付、兄長七郎御切米御扶持方無御相違被下置、同御小性組に被召使候。明暦三年五月従義山様右山元勘兵衛を以拙者儀若年に候得共、神妙に御奉公仕候由御意之上、錦戸崔庵苗跡知行高三拾貫文之内拾

貫文錦戸五郎兵衛に分被下、残弐拾貫文へ拙者御切米御扶持方御知行に直被下、取合都合三拾貫文之高に被成下、崔庵苗跡死後に拙者に被仰付候。右崔庵に御知行被下置候品は立花先左近様御奥様へ可被相付由にて、故主膳御取次を以被下置候由申伝候。崔庵儀錦織休意三男に有之候。代々之品錦織休琢・錦戸五郎兵衛方より委細可申上候。以上

延宝五年四月廿二日

31　中塚十兵衛

一　拙者養父中塚十兵衛儀要山様御幼少之時分より御小性御奉公仕、御切米御扶持方被下置候由承及候。誰を以何時より被召出候哉、御切米御扶持方員数も承伝不申候。寛永廿一年知行二十貫文養父十兵衛拝領之御黒印は拙者に相伝所持仕候。要山様御遠行付て殉死仕候節、子共無之拙者九歳之時苗跡に仕度旨十兵衛奉願、則如願被仰出候旨、正保弐年養父十兵衛拙者に古内故主膳被申渡候。右弐拾貫文之御黒印、正保三年六月廿三日之御日付にて拙者頂戴仕候。明暦三年十月十四日拾貫文之御加増にて三拾貫文之知行高に被成下之旨、以山本勘兵衛難有御意にて拝領仕候。御黒印は寛文元年奉頂戴候。拙者実父鈴木孫左衛門に御座候。拙者六歳之時被召出義山様御前にて被召使、御仕着内々は御扶持方被下御奉公申上候処、実父孫左衛門も要山様へ御奉公申上、養父十兵衛に兼て懇志故十兵衛殉死仕候節、拙者を苗跡に申上右苗跡被仰付候刻、兼て拙者に被下御仕着内之者扶持方は被召上候。以上

延宝五年四月三日

侍衆

御知行被下置御牒（十九）

三十貫文

1　松根久兵衛

一　拙者曽祖父は最上修理太夫義守・祖父は最上出羽守義光・実舎弟漆山治部少輔義広・私実親は漆山治部少輔実嫡子松根備前光広と申、最上出羽守家来之者に御座候。出羽守領地之内、荘内鶴ヶ岡之城を松根備前に預置申度由、

権現様へ最上出羽守嫡子同名駿河守申上、

御前にて御直に御預被成下、荘内之内松根に罷在候内駿河守致卒去、駿河守家親嫡子最上源五郎茂俊代に源五郎進退御改易之刻、

先公方様御代拙者親松根備前儀立花左近様御祖父竜斎様へ御預に罷成、好雪様・左近様御代迄筑後国柳川之御城下に罷在候。右之旨趣親松根備前拙者共に為申聞候。然処先年古内造酒祐親同苗主膳拙者親備前方へ申越候は、子

共之内一人

義山様へ被召遣候様に可仕候間差越可申由に御座候付、拙者儀御当地へ罷下、里見勘五郎親同苗十左衛門所に罷在、義山様へ主膳申上拙者儀被召出、明暦三年酉之十月十七日に主膳を以御知行伊具郡尾山村之内にて六貫七百四拾四文、志田郡楡木村之内にて拾壱貫弐百五拾六文、伊沢郡南下葉場村之内にて拾弐貫文、右於三ヶ村之内都合三拾貫文之所被下置候て、其砌は御奉公之品不被仰付候間、主膳を以拙者似合之御奉公被仰付被下度奉存候由申上候得ば、明暦四年戊七月七日に御国虎之間御番石田孫市御番組に被仰付、同月十二日に義山様御逝去被遊候間御知行被下置候御黒印は頂戴不仕、綱宗様御代にも頂戴不仕、当屋形様御代、寛文元年巳十一月十六日に御城にて遠藤山城を以、右三ヶ村之内にて御知行三拾貫文被下置候。御黒印奉頂戴候。翌年寅六月廿六日に於江戸屋形様へ遠山次郎兵衛、親同名勘解由を以御目見仕罷下、右之通に御国御番相勤申候。然ば寛文拾三年巳五月十六日小梁川修理を以御国脇御番頭被仰付、従御先代御当代迄廿壱ヶ年御奉公無懈怠相務申候。以上

延宝五年三月十七日

2　小浜二左衛門

一　拙者儀雲居甥に御座候間、明暦弐年雲居所へ為見廻罷下候。

義山様被為及聞召、同三年七月中旬に被召出、於御焼火之間御目見被仰付、万治元年正月十八日古内故主膳・山口内記両人を以御知行三拾貫文被下置候間、所は虎之間被仰付候。夫より江戸御番相勤申候処、病気故江戸御奉公難計御座候付て訴訟申上候得ば、延宝元年に御赦免被成下只今御国御番相務申候。以上

延宝七年二月廿日

3 大条次郎左衛門

一 拙者祖父大条甚十郎儀大条薩摩三男に御座候を、貞山様御代御小性組に被召出、御知行弐拾貫文被下置候。誰を以何年に被下置候哉分明に不存候。然処に拙者親大条是休十二歳之時、右甚十郎病死仕、跡式無御相違右是休に奥山故大学を以被下置候。何年に御座候哉不存候。義山様御代寛永廿一年弐割出四貫文野谷地新田起高六百文共に被下置、都合弐拾四貫六百文に被成下之由、右大学を以被仰渡、御黒印頂戴仕候。万治弐年四月十四日綱宗様御代御加増五貫四百文奥山大炊を以被下置、御足軽頭役目被仰付相務申候処、延宝弐年是休隠居願申上候処、無御相違家督拙者に被下置之旨同年三月六日に大条監物を以被仰渡候。先祖之品々大条猪之助方より申上候間委細には不申上候。当時拙者知行高三拾貫文に御座候。以上

延宝五年三月十日

4 田中主計

一　田中勘左衛門儀田中惣左衛門次男に御座候。

義山様御部屋住、寛永三年勘左衛門十六之歳、津田故豊前を以御小性組に被召出、御切米小判三拾人御扶持方、其上御仕着被下置御奉公仕候処、同十三年十月御知行五拾貫文鴇田駿河を以拝領仕、御鷹之御申次役被仰付由、右勘左衛門儀同十六年御知行四拾貫文津田近江を以御加増被成下九十貫文之高に罷成、御茶道衆・御勝手衆并乱舞衆指引被仰付由、寛永廿年惣御検地御割之時分奥山故大学を以御知行四拾貫文御加増拝領仕、高百三拾貫文に被成下、御小性頭役目并御歩行衆差引被仰付相勤申候。然処行当之儀を以其身出家を志、松島へ参願申に付て雲居被申上候処、出家之願御免被成下、進退被召上候旨、松元出雲を以被仰渡候付、勘左衛門儀出家仕戒名会通に罷成行脚之後、

義山様御腫物気にて御病気重被為成御座候由承及、肥前長崎より御当地へ罷下候存入之段、

義山様被為及聞召、松島近所大沢慈光院取立可罷在由御意を以、五人御扶持方被下置罷在、

義山様御病中御目見仕、御遠行之砌殉死之御供仕候。依之会通遺跡可被立下由、

品川様御意にて会通娘江戸に罷在候節、御切米判金弐枚拾人御扶持方被下置御当地へ被相下万治弐年

品川様御入国之砌、右娘に原田与惣兵衛御取合、右御切米御扶持方地形に被直下、三拾貫文之高に被成下旨、奥山大炊を以被仰渡由、右与惣兵衛は御国御番頭被仰付相勤申候処、同三年六月九日に与惣兵衛病死仕、後嗣無之付、拙者儀新田下総二男に御座候。寛永十四年九つに罷成候歳

義山様御意を以伯母聟遠藤式部聟養子に被仰付、遠藤山城赤子に付御番代被仰付、同十六年十一歳之時式部病死仕候付、跡式御知行高百五拾貫文之所無御相違被下置候。其後御検地二割出目三拾貫文拝領仕、合百八拾貫文之高

に被成下御黒印致頂戴、山城御番代十三ヶ年相勤、慶安四年二月山城十五歳之時右進退相渡、拙者儀は無足に罷成候得共、
義山様御在国之年は節々御城へ罷出、江戸御上下之砌中途迄御迎御門送に山城同道仕罷出、無足之御奉公八ヶ年相務罷在候処、
品川様御入国已後、万治弐年八月茂庭故周防を以御小性組に被召出、御切米判金一枚六人御扶持方被下置、同三年之春
品川様御供仕、江戸へ罷登候処
御当代初同年霜月十七日に御小性頭役目并会通壻苗跡に奥山大炊を以被仰付、御知行三拾貫文之所被下置候。右勘左衛門御知行被下置候品々年号等之儀は、久敷事に御座候故相知不申候。承伝候通は有増書付申候。以上
延宝七年四月十一日

5 村上安太夫

一 拙者祖父村上三郎左衛門儀、摂州大坂浪人に御座候処、三郎左衛門姉妙伴儀
貞山様御代御奥にて被召使候御首尾を以、拙者曽祖父村上内膳行衛、佐々若狭へ被仰付被相尋候処、右三郎左衛門内膳嫡子に御座候故、寛永元年に被召出御目見被仰付、御知行四十貫文佐々若狭を以被下置、御奉公相勤申候由承伝候。同四年に御加増之地拾貫文拝領仕候。何様之品を以被下置候哉、勿論御取次等不承伝候。
義山様御代寛永年中惣御検地之時分二割出之地被下置、六拾貫文之高に被成下候。三郎左衛門嫡子私親村上正助儀、

明暦三年に病死仕候付、右六拾貫文之内拾貫文三男村上伝左衛門、弐拾貫文四男村上新左衛門に被分下、相残三拾貫文拙者に被下置家督に被立下、三郎左衛門儀は隠居被仰付被下置度趣、御当代寛文三年に茂庭故周防を以申上候処、願之通同年六月六日に右周防を以被仰付、三拾貫文拙者に被下置家督に被仰付御奉公相勤申候。以上

延宝四年十二月十六日

6 田母神次郎右衛門

一 私先祖累代清顕様へ奉公仕御一家並に幕之紋に乍憚田村御紋御同前御座候。依之私祖父田母神源左衛門儀幼稚より清顕様へ被召仕候。清顕様御遠行被成置浪人に罷成候。然処依上杉景勝之招属上杉之家武頭役目仕候。雖然奉慕御当家、上杉之家を退出仕、三春辺に引籠罷在候処、就台徳院様御不例、貞山様江府へ御出馬被遊候節、郡山之地に二・三日御滞留被成置候。其砌御宿太郎左衛門を以佐々若狭を頼奉慕御家段申上候得ば、則御前へ被召出、左衛門戦場之首尾合仕候段御覚被成候。義山様仙台へ御下向被成候節、古内主膳を以申上、御奉公可仕候兼て御内談之儀は於江府、義山様へ御直談可被遊由御懇之御意、其上慕御家申事神妙之由御感被成置、御小袖一重・黄金一枚被下置候。其翌年御当地へ罷下、義山様へ古内故主膳を以御目見仕候得ば、先以浪人之内為御合力、御金十両拾人御扶持方祖父源左衛門に被下置候。義山様御代に被為成、寛永拾五年十月十日に御知行三拾貫文古内故主膳を以拝領仕、其上御武頭役目被仰付候。依

之右御合力之御金御扶持方は被召上候。

御同代祖父源左衛門奉願候は、内之者共差置申度候間、野谷地拝領仕度由申上候得ば、在郷屋敷共六町五反被下置、右新田起目へ御竿被相入、八百六拾文寛永十六年八月十八日古内故主膳を以為御加増被下置、右本地共合三拾貫八百六拾文に被成下候。国中御一同之御検地被相入候付、寛永廿一年より二割出拝領仕、合三拾六貫八百文に被成下候。寛永十八年八月四日

義山様為御意、茂庭故周防・古内主膳両人を以被仰渡候は、源左衛門事及老後候間致隠居休息可仕由被仰付、私親同氏次郎衛門に右之御知行三拾六貫八百文被下置、苗跡御武頭役目共被仰付、其上源左衛門と改名被成下候。

御同代私親源左衛門奉願候は、譜代之者共為扶助仕御座候間、野谷地拝領仕為起申度由申上候得ば則被下置、右新田起目五貫百六拾壱文為御加増、慶安三年四月十日に古内故主膳を以拝領仕、都合四拾壱貫九百六拾壱文に被成下候。

御当代に被為成、親同氏源左衛門御武頭役目毎年相務其上老衰仕候付、寛文三年に隠居之願申上候節右被下置候御知行高四拾壱貫九百六拾壱文之内実子と申嫡子に御座候条、私に三拾貫文被下置苗跡に被相立下、残拾壱貫九百六拾壱文養子に仕候甥同氏源之允に被下置、両人共に御奉公為仕度由申上候得ば、寛文四年正月廿日原田甲斐を以願之通無御相違被成下候。依之当時私惣領之御知行高三拾貫文に御座候。以上

延宝四年十二月廿二日

7　上郡山三七

一　私祖父上郡山内匠、寛永十五年霜月廿六日病死仕候。其節実子弥次郎二歳に罷成候付て、内匠弟九右衛門に家督被仰付、右弥次郎に黒川郡砂金沢にて御扶持方分拾五貫六百九拾三文之地、従義山様被下置候。弥次郎病人にて御奉公不罷成候付て、私儀後藤大隅二男にて、弥次郎に従弟に御座候条養子に罷成、当九右衛門所より拾四貫三百七文分と、三拾貫文之進退高に仕、弥次郎儀は隠居被仰付、跡式私に被下置御奉公為仕度由、富塚内蔵允を以願申上候処、寛文四年七月十七日に願之通無御相違被下置之旨、右内蔵允を以拝領御黒印奉頂戴、其以後寛文十年三月六日に右弥次郎病死仕候。先祖之儀は同氏九右衛門方より委可申上候。以上

延宝七年二月廿三日

8　佐藤小兵衛

一　拙者養祖父佐藤内膳先祖向岩名字にて田村御譜代に御座候由、内膳祖父浪人仕御領地に罷在、内膳親孫助と申候て
貞山様へ御小人御奉公に罷出、子共内膳御同朋に被召使、御取立を以佐藤甚十郎に被仰付、段々御加増致拝領、弐百貫文に被成下、着座被仰付候。然処
貞山様御逝去追腹仕候時分子共無御座付、拙者親隼人、内馬場縫殿実子に御座候を内膳姪に取合名跡に仕度旨申上候得ば、跡式五拾貫文に被立下、御呼懸に被仰付候。如何様之品を以減少被仰付候哉、私未生以前御座候故承伝不申候。其後寛永廿一年弐割出目被下置、六拾貫百文に被成下江戸御番相勤、且又実父縫殿不慮之儀を以相果候

時分、隼人も其座に罷在首尾好取合候段、
義山様達御耳、仕様神妙被思食旨古内故主膳を以於江戸被仰出、御加増四拾貫文中島監物・茂庭周防・津田近江を以拝領、都合百貫百文に被成下候。年号等は不奉存候。尤御黒印所持仕候。其後御知行之内切添四百廿四文御座候を寛文元年に被下置、百貫五百弐拾四文之御黒印所持仕候。右御申次は不奉存候。且又至
御当代江戸脇御番頭御役目相務申候。然時内馬場十右衛門隼人に首尾御座候て、兼て内所迄心安出入仕候。寛文五年二月隼人昼寝仕候所へ無案内参候て伐申候。隼人も脇指貫合申候故、十右衛門刀を捨置逃延申候。隼人八・九間追懸申候得共深手にてたをれ、拙者儀在所に罷在、其節居合不申候。隼人儀其夜に相果候得共、残命之内為御検使御目付佐藤正左衛門・郡山七左衛門被参、様子見届被申候。当座之喧嘩意趣之儀隼人方は、毛頭覚無之無是非仕合御座候故、親類共以連判申上候処、御後見御吟味を以、同年四月十三日原田甲斐を以隼人相果様無然被思召候間、跡式被相禿候由被仰渡候間、又以右之旨趣申上度奉存候得共、早速は不被申上扣（控）罷在候処、同年極月廿八日富塚内蔵丞を以被仰渡候は、養祖父佐藤内膳儀
貞山様へ二世之御供仕候段被仰立、拙者に御知行三拾貫文被下置御黒印頂戴仕候。翌年茂庭大蔵御番組被仰付御国御番相務、同年九月川島豊前御番組江戸番被仰付、御呼懸にも親如隼人被仰付、引続十二年江戸御番相勤、此度京都御留守居御役被仰付候。以上

延宝五年四月廿一日

9　樋口勘右衛門

一　拙者先祖伊達御譜代にて樋口美作と申者、御知行高九拾五貫文被下置、政宗様御代御奉公仕候由申伝候。右美作代に被召出候哉、是より以前は年久敷儀にて分明に不奉存候。美作儀拙者には曽祖父に御座候間、二本松御陣之節三輪玄番城受取に右美作可被遣旨、故片倉備中を以御前へ被為呼御意、野伏千人被差添被遣候処、右玄番心替仕人数を備打掛申に付、美作働討死仕候由承伝候。美作儀男子無御座に付て、後家に右本地之内七貫弐百八文御知行被下置候。美作女子二人御座候に付、一人は相田康庵妻に罷成、一人は故片倉備中申上、片倉源三郎聟苗跡に被仰付被下度由申上候処、右御知行七貫弐百八文之所右源三郎に被下置、自今は樋口を相名乗美作後家扶助可仕由被仰付候。以後は本地可被返下旨其節御意之由申伝候得共、右備中病死仕旁以右七貫弐百八文之進退にて御座候由承伝候。右源三郎儀江戸御国共に色々御奉公相勤、其上大坂御陣へも馬上にて罷登首尾相務申候由承伝候。年数久敷儀に御座候故、年月分明に不奉存候。片倉源三郎儀は片倉助左衛門と申者之二男に御座候。右助左衛門由緒之儀は片倉太兵衛可申上候。

忠宗様御代樋口源三郎名改樋口源左衛門に被成下候。

忠宗様御代大御検地之節、二割出目を以八貫六百五拾文之高に被成下、寛永廿一年八月十四日に御黒印右源左衛門頂戴所持仕候。右源左衛門儀正保弐年十月四日に病死仕候。実子亡父勘右衛門に跡式無御相違山口内記を以同年極月二日被下置候。御黒印亡父勘右衛門頂戴所持仕候。源左衛門残命之時分より亡父右衛門二歳駒御役目被仰付父子共御奉公仕候。二歳駒御役目南方被仰付、年々大分之御金御蔵へ上納仕候処、奥筋二歳駒御金古掛大分に御座候に付、亡父勘右衛門御役所替被仰付奥筋へ罷下、其年に古掛共に御金御蔵へ上納仕引続年々首尾能右御役目相勤申候処、忠宗様御代慶安四年御材木御役目替被仰付、小進之侍衆数多支配仕、御国御山より御材木取出并津軽南部より材木数多御国へ相入、御用木は不及申御下々迄自由仕候。大分之御役目相務罷在候処、亡父勘右衛門儀久御役目無恙相務申付、御加恩被成下度旨、両御後見へ奥山大学御披露之上、為御加増六貫三百五拾文被下置、本地取合拾五貫文之高に被成下旨柴田外記を以、寛文二年九月廿八日に被仰渡候。依之富塚内蔵允・大条監物・柴田外記右三人之加判之書付罷出御蔵へ納申、同年十月十六日に御黒印亡父勘右衛門頂戴所持仕候。右御材木御役目其上御流木小間木被仰付、依之名取川御普譜先年自分之見立を以、大石割取大分之御普請相究舟道に仕、高瀬舟三十艘余作立御流木小間木川下仕、大分之御金目御利徳御蔵へ上納仕候。御焼料は不及申、仙台中御下々寃《くつろぎ》過分之御利徳仕候付、諸役人為進御加恩被成下可然旨御出入司衆何も申上、御吟味之上為御加増御倉起目御新田拾五貫文被下置、本地取合三拾貫文之高に被成下旨、寛文九年四月五日柴田外記を以被仰渡候。右御出入司衆より申上御吟味之上被下旨、柴田外記・古内志摩書付御出入司衆へ遣申、御出入司衆より御蔵へ右書付納申候。其節御黒印亡父勘右衛門頂戴所持仕候。亡父勘右衛門御役目相足申候年数三拾年余相務申候処、寛文十弐年霜月五日に病死仕、跡式無御相違実子拙者に被下置旨、柴田中務を以、寛文十三年二月廿七日被仰渡、名改勘右衛門に被成下候。以上

延宝五年三月十日

10 木村五兵衛

一 私曽祖父寺崎刑部正次と申葛西一門に御座候。領内四郡村数拾七ヶ村所持仕、流之内峠村に居住仕候。三迫須谷村にて討死仕由承伝候。代々先祖之文書等雖有之事長候間不申上候。刑部死去之節一子勘介と申三歳に罷成、母

共に仙台へ浪人仕候以後大町駿河妻に罷成、勘介儀駿河養育にて
貞山様へ御小性に相出御奉公仕候。其比木村伝内と申御物頭役目仕候旨後嗣無之付、勘助儀苗跡に被仰付、伝内跡
式弐拾貫文被下置、夫より木村勘介と申引続御近習御奉公数年相勤候処、為御加増御知行四拾貫文被下置、本地
取合六拾貫文之知行高に被成下、御足軽被預下、并伊藤肥前同役御納戸頭役目被仰付相務申候。右伝内儀如何様
之品を以御知行被下置候哉、其段は不存知候。右勘介儀男子無之女子有之に付、大町駿河次男内膳子山三郎勘介
甥御座候付、聟苗跡に仕度由、
貞山様へ申上、願之通被仰付候。勘介四十七歳にて病死、山三郎に跡式無御相違被下置、
義山様御代山三郎儀勘助と改名被仰付、一両年江戸御番相務、正保三年三月十日廿五歳にて病死仕候。拙者其比五
歳に罷成目見も親勘介病中に仕候。然共継目被仰付候節、其身幼少に候間、六拾貫文之内拾五貫文被下置、四拾
五貫文は被召上候間、成長以後御奉公相勤候は本地可被返下由、正保三年奥山故大学・古内故主膳を以被仰付候。
私儀十四歳より
義山様御小性之間へ被召出、無間も御遠行、
綱宗様御入部之節より御小性之間にて被召使、引続品川へ御奉公数年勤仕、進退困窮仕に付、親勘介知行六十貫文
高私幼少故被相減、其節被仰渡候品願申上候処、達上聞御加増拾五貫文被下、古勘介進退半分に被成下由、古内
志摩を以寛文七年十月廿八日に被仰渡候。先知取合只今知行高三拾貫文に御座候。以上
延宝五年四月七日

11 白幡一角

一 拙者儀同苗喜右衛門一男に御座候。明暦元年拙者十一歳にて
義山様御奥小性に被召出、御切米三両四人御扶持方被下置、寛文元年
大殿様御小性衆に被仰付候節御加増被下置六両に罷成、同二年御加増拝領御切米拾五両拾人御扶持方に罷成、同八
年五月十一日右御切米・御扶持方御知行被直下、御加増を以高三拾貫文
大殿様於御前直々拝領仕候。御奉公年数当年迄弐拾三年に罷成候。只今御近習御奉公仕候。以上
延宝五年二月六日

12 境野吉左衛門

一 拙者養曽祖父境野信濃嫡子境野半右衛門、
貞山様御代部屋住無足にて御奉公相務申候処、御知行拾貫文余被下置、大坂御陣へも馬上にて罷登相勤申由申伝候。
其以後御加増之地拝領御知行高四十貫六百四拾文被下置、御名懸奉行并於若林御町奉行被仰付候。右御知行誰を
以拝領仕候哉、年号申伝無御座候。
義山様御代寛永年中弐割出被仰出、御知行高四拾八貫八百文に被成下候。右曽祖父信濃苗跡は境野弥五右衛門相続
仕候。且又右養祖父半右衛門家督無之付、拙者実祖父石田勘七実子私親半右衛門依親類養子に申立候得ば、跡式
無御相違親半右衛門に被下置候。年月・御申次は不承伝候。引続御奉公仕候。右実祖父勘七苗跡は石田十郎左衛
門相続仕候。親半右衛門野谷地新田申受開発之高七百三拾六文、明暦三年山口内記を以拝領、取合四拾九貫五百

三拾六文に被成下、御黒印親半右衛門頂戴仕候。然処家督無之付、親類に御座候故先小野弥左衛門実次男権七婿苗跡に申合候内、拙者出生仕に付親半右衛門弥左衛門に申合、右知行高之内拙者に三拾貫文被下置、残分は右権七に以来は被分下度由
義山様御代明暦三年親半右衛門願申上候処、以後は願之通可被成下旨奥山大炊を以被仰出候。
綱宗様御代万治元年に御足軽奉行被仰付、
御当代迄右御役目相勤申候処、寛文七年五月病死仕に付、先年
義山様御代申上候品委細奉願候処、同年九月八日柴田外記を以右知行高之内拙者に三拾貫文、願之通被分下置御黒印奉頂戴候。以上
延宝五年三月廿五日

13　日野三内

一　貞山様御代私儀十四之歳、長尾主殿を以被召出御小性並に被召使、御切米小判三両御扶持方五人分元和七年五月廿六日に被下置候。
御同代私伯父日野次郎左衛門、黒川之内大平村に新田四貫三百拾五文所持仕候処、右次左衛門実子無御座候付て、右新田私に相譲申度由奉願候得ば、元和八年八月十七日に蟻坂丹波を以被下置候。

義山様御代右之御切米御扶持方本地に直、七貫百拾九文并右之新田本地に被成下、二口合拾壱貫四百三拾四文之所寛永廿一年八月十四日に山口内記を以被下置候。

御同代為御加増、本地八貫六百文明暦弐年三月廿六日山口内記を以被下置候。御当代御加増拝領仕候時分被仰渡候趣、三内儀数年御用共首尾能相勤、就中京都御留主居役目被仰付候処、右三内当番には御借金等之御用も並に勝、第一当年迄五十五ヶ年之勤功も有之候条、為御加増本地九貫九百六拾六文之所被下置由、柴田外記を以寛文十年三月廿三日に被仰渡、都合三拾貫文に御座候。以上

延宝四年十二月廿二日

14 米倉清太夫

一 拙者儀米倉七兵衛一男に御座候。万治弐年拙者拾五歳にて大殿様御小性衆に被召出、御切米三両四人御扶持方被下置、同年御加増にて拾八両拾人御扶持方に被成下、寛文弐年御切米御加増被下置弐拾五両に罷成、同八年五月十一日御切米御扶持方御知行に被相直、三拾貫文大殿於御前御直々拝領之仕候。御奉公年数当年迄十九年に罷成候。只今御近習御奉公仕候。以上

延宝五年正月廿五日

15 奥山長吉

一 拙者儀依為無進退実伯父奥山与一左衛門知行高之内三拾貫文被分下、別て御奉公為仕度旨御当代願申上候処、寛文十年五月廿八日如願、柴田外記を以三拾貫文拙者に被分下御黒印頂戴御国御番仕候。先祖之儀は右与市左衛門書上仕候間、不申上候。以上

16 横田善兵衛

延宝五年四月三日

一　拙者親中島与平次儀

貞山様御代中島監物を以御小性組に被召出、御切米六両四人御扶持方被下置御奉公仕候処、右与平次外祖父横田道斉

御同代に被召出、御知行高百拾貫文被下置御奉公仕候処病死、跡式嫡子正九郎に被下置候。正九郎儀病人に付、御知行被召上、右御知行之内拾弐貫文与平次に被下置、横田之苗跡に被仰付候由

義山様御代寛永廿一年八月十四日に津田故豊前を以被仰渡候由承及候。右道斉被召出御知行被下候品、且又正九郎に家督被仰付候儀、年号・御申次共に不承伝候。其後与平次儀改名善兵衛に罷成、御膳番御役目被仰付相勤申候。正保三年に御切米御扶持方御知行に何も被直下候節、右善兵衛御切米御扶持方御知行六貫文に被直下置旨、同年六月十三日山口内記を以被仰渡、取合拾八貫文に被成下候。

御同代御加増之地弐貫六百六拾文被下置旨、承応三年二月八日右豊前を以被仰渡拝領仕候。且又

貞山様・義山様・綱宗様・御当代迄御四代御奉公無懈怠相務、殊御物頭被仰付被差置候得共、又候哉御膳番御役目被相頼候儀、年罷寄太儀に被思食候条、御加増之地九貫三百四拾文被下置、御小人奉行被仰付旨御意之趣、柴田外記方より申来之段、寛文八年七月十三日に原田甲斐を以被仰渡拝領仕、都合三拾貫文之高に被成下候。右善兵衛儀延宝五年病死仕、跡式無御相違拙者に被下置旨、同年十月十一日小梁川修理を以被仰渡、当時拙者知行高三

拾貫文に御座候。以上

延宝七年三月七日

17 山本甚太郎

一 拙者親山本甚兵衛儀

貞山様御代中山勘解由殿御取次を以被召出、御切米三拾両御扶持方弐十人分・馬之喰一疋分被下置、寛永十年に御知行三拾貫文に被直下、

義山様御代御検地相通申候節二割出被下置、三拾六貫文之高に被成下候。然処

御当代寛文七年に甚兵衛願上、右御知行高之内六貫文二男甚之助に被分下置度旨、奥山大炊を以申上候得ば、如願被仰付、六貫文同名甚之助に被分下置候。甚兵衛儀寛文十二年に病死仕、同年九月廿九日以古内志摩跡式無御相違被下置、拙者御知行高三拾貫文之御黒印頂戴仕候。以上

延宝五年二月廿日

18 三好助左衛門

一 拙者儀寛文十年二月片倉小十郎・島田出雲守方へ被罷越、拙者儀御家へ可被召抱御意之趣被申聞候付、可指上由出雲御挨拶申上候。然処当分江戸にて被召出儀御遠慮候間、小十郎に御預、其節小十郎白石へ同道被罷下於御国元可被召出分に相極、同年四月白石へ罷下申候。尤御知行地形三拾貫文可被下置御約束にて罷出申候。同年八

月可被召出旨被仰渡、勝手次第江戸罷越候様にと之儀に付て、十月廿日過に江戸へ参着仕候。同年霜月十六日於虎之間原田甲斐御取次にて御目見申上候。翌年四月二日御聞番役先当分御雇被成分にて蜂谷六左衛門・福田五郎左衛門両人跡へ被仰付、同七月八日御聞番本役被仰付、同年霜月廿日過迄一人にて相勤申候。依之如御約束地形三拾貫文被下置候由、古内志摩を以被仰出候。以上
延宝五年六月十五日

19　広田彦左衛門

一　拙者祖父広田伊賀儀、遠藤心休斎弟に御座候。庶子故本苗広田に罷成候由承伝候。従貞山様御一字被下広田伊賀宗綱と申候。御知行何程被下置御奉公仕候哉不承伝候。其後御知行被召上候由に候得共、如何様之品にて被召上候哉不承伝候。伊賀子拙者親広田彦左衛門儀貞山様御代御歩小性に被召出、御切米弐両御扶持方四人分被下置、其節は甚七郎と申組頭役目被仰付、大坂御陣へも致御供首尾合仕候付て、御帰陣以後仰立を以御知行弐十貫文被下置、御歩小性組は御免被成下、組付之御切米御扶持方は被召上候由承伝候。義山様御代御知行拾貫文為御加増被下置、三拾貫文に被成下、御物頭役目被仰付候。右御知行両度被下置年月・御申次不承伝候。御同代寛永年中惣御検地之砌二割出にて三拾六貫文之高に罷成候。右彦左衛門儀慶安三年極月廿三日に相果申、於江戸同四年三月六日前之古内主膳を以跡式無御相違拙者被下置候。親彦左衛門相果申時分遺言仕候に付、右知行

高之内六貫文之所、拙者弟分に仕置候従弟三浦五兵衛に被分下度由申上候処、延宝元年六月九日に如願被分下之由、柴田中務・小梁川修理を以被仰渡為分取申に付、拙者知行高三拾貫文に罷成候。被分下候以後之御黒印は于今頂戴不仕候。以上

延宝五年四月朔日

20　菅生弥左衛門

一　拙者養祖父菅生助八郎儀

貞山様御代於伏見先祖御奉公之品御存知之間、助八郎儀可被召使由御意にて山岡志摩・伊藤肥前両人を以被召出、御知行拾貫百拾七文被下置由承及候。助八郎隠居仕嫡子助六に右御知行中島監物を以被下置候。年月不承伝候。

義山様御代惣御検地之砌弐割出目を以拾弐貫百四拾文に被成下、其後新田弐貫百六拾文被下置、高拾四貫三百文に被成下由承伝候。右助六慶安元年六月二日に病死仕候。男子無之女子御座候に付、跡式之儀聟苗跡に被仰付被下度段、中島監物を以願上候由承伝候。然処拙者儀、

義山様へ寛永八年より被召出、御小性組御奉公仕十九年相勤申候処、慶安弐年十月廿四日右助六聟苗跡被仰付、右知行高拾四貫三百文へ御加増拾五貫七百文被差添、高三拾貫文被成下、助六娘拙者女房に被下置候旨、於御座之間

義山様御直に被仰付、菅生之苗跡に罷成候。先祖之儀右之外には承伝無御座候。其後拙者女房之腹に男子無之女子一人御座候。妾腹に勘七と申男子御座候得共、菅生之苗跡筋目に無御座候条二男に仕、拙者娘に石母田権兵衛弟

十兵衛取合埒苗跡に仕度段、古内志摩を以願上、寛文十弐年七月廿五日同人を以願之通被仰付、且又右権兵衛知行之内新田三貫九拾四文右十兵衛に被分下度由申上候処、延宝元年六月十八日柴田中務・小梁川修理を以願之通被仰付、拙者知行高三拾三貫九拾四文に被成下候処、次男勘七儀戸沢次郎左衛門養子に仕度段申に付、拙者知行高之内右勘七に三貫九拾四文被分下、次郎左衛門養子に被仰付被下度段、大条監物を以申上候処、願之通被成下之旨、延宝二年六月廿九日同人を以被仰付、当時拙者知行高三拾貫文に御座候。以上

延宝五年四月十一日

21　横尾三郎兵衛

一　拙者先祖御家御譜代、依之朝宗様初て奥州御下向之刻御供仕罷下、稙宗様御代横尾美作・同大隅と申者兄弟共に御家老衆列座にも被相加、其上両人共に武勇依有之、右美作儀黒母衣迄被仰付之由申伝候。美作儀女子一人持申候付て、埒苗跡被仰付之由、名は不承伝候。其子横尾大学と申者、輝宗様御代御近習に被召使、御知行百貫文被下置、御座敷に被差置之由申伝候。右大学女子一人出生仕、三歳之時大学死去仕候。依之右之娘に従貞山様御知行弐十貫文被下置被差置候。其後奥山大炊親大学に御取合、横尾之苗字相続被仰付、其以後御加増被下、五拾貫文に被成下御奉公仕候処、奥山出羽死去仕に付て、跡式御役目共祖父大学被仰付、大学死去以後跡式無御相違拙者親大炊に被仰付候故、横尾之名字断絶仕に付て大炊奉願、拙者に横尾之名字被仰付、大炊知行高之内三拾

貫文被下置之由、延宝弐年三月廿三日大条監物を以被仰付候。以上

延宝五年二月四日

22 大島良設

一 貞山様御代寛永拾三年、親大島伊左御門御楽府に被召出、御扶持方十人分御切米金弐枚被下置候。義山様御代拙者幼少之時分より読書仕候段相達御耳、慶安九年六月御目見被仰付、為御合力小判十両御扶持方二人分成田木工を以被下置候。御当代寛文弐年十月右伊左衛門於京都病死仕候に付、奥山大学被遂披露、跡式御扶持方十人分御切米金弐枚無御相違引続被下置候旨、同三年正月廿五日奥山大学を以被仰付候。拙者に被成下候御合力は被召上候。延宝三年十月十四日於御国元、御知行三拾貫文被下置候。但拙者儀御読書之御相手仕、毎日之様に被召出骨折申に付、右之通被成下由、中務修理被申渡候。勿論持来候御扶持方御切米は被召上候。右拙者親代より御奉公に罷出、身上御取立被下候。段々覚之通に御座候。以上

延宝五年三月十三日

23 山路三之助

一 拙者儀山路八兵衛実子に御座候。拙者出生不申候前に男子無之付、片倉太兵衛弟次郎八と申者、拙者姉に取合壻苗跡に仕度由申上、願之通右次郎八壻跡式に被仰付候以後に、拙者出生仕候。然処親八兵衛御知行高六十四貫八

百文之内三拾四貫八百文右次郎八に被下置、残三拾貫文は拙者に末々被分下候様に願申上指置申候処、八兵衛延宝三年八月六日に病死仕候付、親類共連判を以右之通追て願申上候得は、願之通被成下候。三拾四貫八百文之所次郎八に被下置、親家督被仰付、拙者には残三拾貫文被分下之旨、延宝三年十一月十九日柴田中務を以被仰付候。拙者知行高三拾貫文に御座候。以上

延宝五年三月四日

24　岡本伝内

一義山様御代拙者儀御当地へ罷下、河野道円縁者に御座候付、右道円方より被召抱被下度段願上申候処、故古内主膳を以、慶安元年二月廿五日に被召出、則御知行三拾貫文被下置御奉公仕候。然処知行本吉郡岩月村切添壱貫四百三拾七文之所、延宝元年十月廿九日に大条監物を以拝領仕候。当時御知行高三拾壱貫四百三拾七文被成下候。以上

延宝五年三月五日

25　黒沢勘右衛門

一拙者儀黒沢久左衛門二男に御座候。私十七に罷成候年寛永元年に貞山様へ被召出、御切米弐両四人御扶持方、御仕着小遣代壱ヶ年に六両宛被下、御馬被借下馬上にて拾三年致定詰御奉公申上候。寛永十弐年極月御切米御扶持方は被召上、御知行五貫文中島監物を以拝領、其上御仕着小遣等迄

被下被召使候。
義山様へ引続御奉公申上候。
御同代初改惣侍中、被下候御黒印相認申候時分、従
貞山様被下候御合力之通一宇被召上、御知行弐十貫文寛永廿一年八月十四日古内主膳を以被下候。御黒印頂戴、
御同代慶安三年四月廿五日、切添新田三百六拾六文山口内記を以被下、都合弐十貫三百六拾六文之高に被成下御黒
印頂戴、
御当代始改寛文元年十一月十六日、廿貫三百六拾六文被下置御黒印頂戴、
御同代初諏訪御弓衆頭被仰付、仙台定詰仕相勤申候処、当三月六日御城へ被召出、柴田中務・小梁川修理両人を以
被成御意候は、従
御先代引続年久無懈怠老後迄相務候段達御耳候。依之本地弐十貫三百六拾六文へ此度為御加恩九貫六百三拾四文被
下、三拾貫文之高に被成下旨御書付有之候。以上
延宝四年極月十四日

26 佐藤勘兵衛

一 拙者先祖佐藤因幡岩城譜代御座候。岩城没落之砌浪人仕候処、
貞山様御代茂庭石見を以被召出、御知行拾貫文被下置御奉公仕候。右因幡男子無御座候付て、実弟佐藤玄蕃に跡式
知行高拾貫文無御相違被下置、御割屋奉行被仰付候処、首尾能御奉公仕候由被仰立、

貞山様御代寛永九年同十一年に御知行拾貫文宛両年に弐十貫文佐々若狭を以御加増之地拝領仕、三拾貫文之高に被成下、引続右御役目

義山様御代迄相勤申候。且又御分領中惣御検地以後二割出六貫文

義山様御代玄蕃に被下置、三拾六貫文之高に罷成候。然処玄蕃実嫡子小左衛門病死仕、右小左衛門男子無御座娘有之付、親類須田主計三男五郎八右娘に取合、三拾六貫文之内拾貫文右五郎八に被分下度由願申上候処、

義山様御代慶安三年に如願被成下候付て、右五郎八儀佐藤小左衛門と改名、別て御奉公仕候。右玄蕃跡式知行高弐十六貫文之所、

義山様御代慶安三年に玄蕃実次男佐藤金右衛門に無御相違被下置、色々御奉公無恙致勤仕候内、新田野谷地自分造作を以取立、起目三貫七拾八文之所、承応三年に拝領仕、高弐拾九貫七拾八文に罷成、右金右衛門儀

御当代迄御奉公無懈怠相勤申候。仍拙者儀荒井良喜次男に御座候処、金右衛門聟養子に仕度段、万治三年

大殿様御代願申上候処、如願被仰付候。依之右金右衛門知行高弐拾九貫七拾八文之所、

御当代延宝四年五月十三日に無御相違拙者に被下置之旨、小梁川修理を以被仰付候。然ば拙者実兄荒井久兵衛知行高之内九百弐拾弐文之所拙者に被分下、三拾貫文之高に被成下度旨、右九兵衛願申上候処、如願拙者進退三拾貫文之高に被成下之由、延宝四年十一月九日に以修理被仰付候。右先祖之儀粗承伝を以如此書上仕候。以上

延宝四年十二月十六日

27　鎌田九助

一　拙者先祖伊達御譜代之由承伝候得共、

誰様御代拙者先祖誰を初て被召出候哉、祖父已前之儀は不承伝候。拙者祖父鎌田四郎兵衛儀、従先祖引続鎌田之郷を始御知行二百町被下置、鎌田に代々住居仕候。

晴宗様御代永禄年中四郎兵衛儀御旗頭被仰付、其以後杉目・福島之御城代に被差置候。歳罷寄法躰仕宗月に罷成、嫡子拙者父源蔵家督被仰付、四郎兵衛と改名仕引続御奉公相勤申候。

輝宗様御代四郎兵衛儀改名被仰付、備前に罷成候、元亀三年従

輝宗様備前に被成下候御判物に、永禄四年従

晴宗様被成下候如御判形、鎌田之郷為始其方知行之通無御相違直納可仕由、被仰下候御正筆之御判物于今所持仕候。

貞山様御代伊達御国替被成置、名取之内北目へ被成御移候刻、備前儀も御供仕罷越候。其節於御当領御知行被下置候砌、何も並に備前知行高も御減少を以、六拾貫文被下置候。

貞山様伏見へ被成御詰候時分、備前儀も御供仕罷登、御在府中久相詰申候。御下国已後、御在江戸之節は備前儀御国御番頭被仰付候。伏見へ相詰候砌、拝借仕候金銀大分に倍合返上可仕様無御座候付、知行所半分差上、三拾貫文にて御番頭役目相務候。備前儀段々歳罷寄一子拙者儀は幼少にて御奉公可相務様無御座候上、拝借之倍余并御役金相懸申に付て、知行廿貫文差上申候。右何年より上置申候哉、年号は覚不申候。其以後備前儀無間も病死仕、跡式相続之儀願差上候処、馬場出雲を以、相残知行十貫文拙者に被下置候。

貞山様へ元和二年拙者十四歳より御奉公申上、十八之歳御手水番被仰付、三度之御上洛にも致供奉罷登、御遠行被遊候迄相務申候。

義山様御代寛永拾六年迄御国御番仕、同年御郡代官被仰付候。其節惣御検地入二割出合、十弐貫文に被直下候。慶安四年野谷地新田申請、六貫文山口内記を以被下置、本地合十八貫文に罷成候。寛文元年今市御足軽差引被仰付候。延宝四年三月六日柴田中務・小梁川修理を以、従御先代年久御奉公相務候旨被仰付、御加増之地十二貫文拝領仕、本地合三拾貫文に被成下候。延宝五年御物頭被仰付、当年迄都合六十四年御奉公無懈怠致勤仕候。以上

延宝七年九月廿日

28 日下藤兵衛

一 拙者儀日下五右衛門二男に御座候。然処五右衛門嫡子三郎左衛門江戸大御番組に、被召使候処病死仕、三郎左衛門嫡子権三郎御小性組に被召使、於江戸病死仕候付、苗跡に拙者を被相立、五右衛門知行高四拾五貫文之内四十貫文拙者に被分下、兄三郎左衛門ことく被召使、残五貫文は右三郎左衛門次男松之助に被下置度旨、五右衛門奉願候処、右四拾五貫文之内三拾貫文拙者に被分下之旨、延宝四年三月七日柴田中務を以被仰渡候。先祖之儀は、同氏五右衛門委細可申上候。以上

延宝七年二月廿一日

29 木幡作右衛門

一 拙者祖父同氏作右衛門後但馬と申候。相馬浪人にて御当地へ罷越、

貞山様御代慶長年中被召出、御切米御扶持方被下置、義山様御小座へ被相付、御大所衆に被召使、其後同所御番頭役被仰付、寛永拾六年八月十九日に数年首尾好相勤候付て、御知行弐十貫七拾四文被下置之旨、古内故主膳を以被仰付、右御切米御扶持方は其節より被召上候。同十七年二月十二日御黒印致頂戴候。且又寛永年中惣御検地之砌、弐割出目御下中並を以被下置、本地合弐十四貫文之御黒印正保弐年十月廿八日致頂戴、其後右但馬御役目御訴訟申上、御番入被仰付、虎之間御番相務候処老衰仕、嫡子拙父作右衛門儀は但馬に先立死去仕候条、嫡孫之儀候間苗跡拙者に被下置、隠居仕度由奉願之処、品川様御代万治二年六月十日以古内主膳、願之通被仰付、右知行高拙者に被下置、御当代寛文元年十一月十六日御黒印致頂戴、同五年御小性組被仰付致勤仕候処、延宝四年九月十八日御目付役被仰付、依之御加増之地六貫文柴田中務を以被下置、都合三拾貫文之知高に被成下候。其以後之御黒印は于今不奉頂戴候。以上

延宝七年三月朔日

30 細目清右衛門

一 拙者先祖細目修理儀伊達御譜代伊具郡立山村六十貫余之所知行、同村館に従先祖住居仕候由、誰様御代先祖誰拝領仕候段は不承置候。貞山様御代修理死去跡式無御相違嫡子助太郎に被下置、所々御合戦之時分は相馬為御押駒ヶ嶺に被差置之由、勿論其節助太郎に被下置候御書等于今所持仕候。然処助太郎無程病死、実子無之付て、立山村被召上、名字為御相続

助太郎弟助次郎に、黒川郡前野村にて、御知行三貫六文并御切米三両六人御扶持方被下置、大坂初度之御陣にも馬上にて御供被仰付候処、病気差出於京都死去、助次郎実子無之付て、安積孫右衛門三男、拙者親清右衛門儀依親類家督被仰付、右御切米御扶持方は被召上、御知行三貫六文之所被下置之処、実父孫右衛門嫡子安積清八郎病死、子共七右衛門幼少に付て、清八郎御知行高三拾貫文之内拾貫文被召上、残廿貫文七右衛門に被下置、七右衛門幼稚之内清右衛門に番代被仰付之旨、以茂庭佐月被仰渡候付、苗字安積と改、江戸大番組御奉公御上洛之御供迄相務、七右衛門成長仕に付て申上、御知行相渡本地三貫六文に罷成、苗字細目と申候処、数年御奉公相務候段仰立を以、宮城郡之内蒲生村にて久荒野谷地廿町之所、寛永元年伊藤肥前を以被下置、開発之新田拾四貫四百拾壱文、本地合拾七貫四百拾七文并
義山様御代寛永年中惣御検地二割出共、廿貫九百文に被成下候。御黒印頂戴慶安四年十二月三日切添之地百八拾文下置、廿壱貫八拾文に被成下御黒印頂戴明暦三年七月十五日清右衛門病死、跡式無御相違拙者に被下置之旨、同年九月古内中主膳を以被仰渡、且又亡父清右衛門明暦二年に知行地付久荒野谷地拝領仕置候起目三貫九百弐十三文之所被下置、弐十五貫三文に被成下旨、寛文元年十一月十六日奥山大学を以被仰渡御黒印頂戴、当正月十日為御加増四貫九百九拾七文之所被下置、三拾貫文に被成下、
御袋様へ被相付候段、柴田中務を被仰渡候。右之通段々被成下并家相続之年号・御申次等は分明不承置候条、委細不申上候。以上
延宝五年二月四日

31 内藤寿川

一 私儀延宝五年正月十六日佐田玉川法眼為名代御屋形へ罷上候。針御療治被仰付、其後四月三日に御知行三拾貫文被下置可被召出旨、長沼五郎右衛門・朽木玄的右両人より玉川方へ被仰渡、同四月十日於虎之間大町備前披露を以御目見被仰付候。針治之家業を以御奉公相勤申候。以上

延宝七年三月十五日

32 塙喜三郎

一 拙者儀同姓宗悦御無心申上候。小性組に被召出、延宝五年十月十三日に小梁川修理を以御知行三拾貫文拝領仕候。以上

延宝七年六月廿六日

33 木戸十左衛門

一 拙者儀内藤外記殿御肝煎を以、延宝五年閏十二月被召出、同年同月御知行三拾貫文被下置候。右御知行之儀柴田中務・小梁川修理・黒木上野を以於御城被仰渡候。以上

延宝七年七月十九日

34 中条宗閬《テイ》

一　拙者親中条宗閑、寛永十五年春

義山様御代三拾貫文にて被召抱御相伴並に被成、外科役目にて被召仕候間、江戸より罷下御奉公相勤申候。其後御領内不残御検地入申候砌、二割出之御加増拝領仕、三拾六貫文に被成下候。拙者事親宗閑二男に御座候故、寛永十六年より

義山様へ御小性奉公に被召使候。依之御切米五両四人御扶持方被下置、慶安二年迄相勤、其後表へ被相出、御国於虎之間御番相務申候。然は

義山様御代正保三年之春遠田郡之内二郷村にて、野谷地新田廿町古内主膳を以親宗閑致拝領、拙者に相渡申候就、其右廿町之内拾二町余開起仕候間、明暦三年

義山様御代前古内主膳を以知行高拾弐貫四百七拾六文に被相直拝領仕候。其節拙者進退高右拾弐貫四百七拾六文と御切米五両四人御扶持方にて御奉公相務申候。明暦元年に

綱宗様へ被相付、定御供之御奉公相勤申候処、万治二年に御免被成下、於御国虎之間御番相勤申候。

御当代寛文二年四月知行と御切米御扶持方取合被下置候を、侍中一同に地形に被直下置候砌、拙者儀も右御切米五両四人御扶持方を知行高四貫六百五拾七文に被相直、伊沢郡之内都鳥村にて被下置候。右二口合拙者知行高拾七貫百三拾三文に被成下候。

御当代寛文四年之秋、両御後見より被仰渡有之由にて、於柴田外記宅右外記覚書を以被申渡候。其写左に書上申候。中条源左衛門儀外科之方功者之由兼て被聞召候。然処今程外科衆不足にて、被御事欠候付て、源左衛門迷惑にも可存候得共法躰被仰付、外科之御奉公仕候様に被成度と両御後見被遊御相談此度法躰被仰付候間、外科之方相勤

且又御目付衆御下向之節、御馳走人に罷成御奉公仕候様にと御後見被仰付候。依之兼て被下置候知行高之通にては相勤兼可申候条、御加増をも被下度置被思食候得共、当時御遠慮共多有之付、無其儀為御合力金子二十両宛毎年被下置候条、此段可申渡旨申来、如斯御座候。被御事欠拙者式被召使候間、何分にも御奉公専一に奉存、則致法躰宗閑に罷成、寛文四年より以来毎年之様に去々年迄御目付衆へ相付、当年迄寛文四年より十三年外科役目にて御奉公相務申候。尤拙者知行高拾七貫百三拾三文と定御合力金弐十両に御座候。以上

延宝四年十二月十七日

35 河東田長兵衛

一 私儀故河東田十兵衛二男に御座候処、
貞山様御代御売新田親十兵衛申受開発仕、高三貫六百三拾八文拙者に被下置候。年月久儀にて御座候故失念仕候。
私小進にて御奉公相勤兼申躰に御座候故、親十兵衛知行高之内七貫七百文
義山様御代成田木工を以願差上、慶安元年六月廿五日に被分下候。其後牡鹿門之脇村拙者知行所切添起目之所三貫七百五拾五文、
義山様御代明暦三年極月成田木工を以被下置候。
御当代御加増四貫九百七文被下置候。数年御役目精を入、諸事首尾好相勤申段相達御耳候上、延宝弐年正月廿七日柴田中務を以被仰付、都合弐十貫文之高に被成下候。先祖由来之儀は同名善兵衛方より書出申候間、拙者方よりは書上不申候。以上

延宝五年四月三日

36 福井玄孝

一 拙者儀数年御出入仕御家中療治仕候付て、寛文十三年秋より為御合力、現米五十石宛小梁川修理を以被下置、延宝四年冬より若朽木玄的相煩候節は御脈をも為可奉診兼て御脈診候様にと被仰付候。同五年御下向之前、玄的相煩御先へ罷下候付、玄的病中拙者御供可仕由被仰付、則罷下御薬差上相務罷在候処同六年三月御前へ被召出、御知行三拾貫文被下置、右御合力五拾石は以月割同年十月より被召上候。以上

延宝七年三月廿二日

37 原寿泊

一 拙者儀大井新右衛門より御無心申上、寛文十二年三月被召出、片倉小十郎被申渡御扶持方廿人分被下置、末々は地形可被下置由に御座候。同年六月柴田中務を以御扶持方拾人分御加増金子三拾両拝領仕、御扶持方三拾人分金子三十両に被成下候。然処延宝六年六月十九日柴田中務・佐々伊賀を以御知行三拾貫文被下置、其節御扶持方御切米は被召上候。以上

延宝七年九月八日

38 吉田玉雲

一　私儀鍼医之家業を以延宝七年己未三月朔日於江戸被召抱、新規に御知行三拾貫文黒木上野を以被下之候。以上

延宝七年十一月二日

侍衆

御知行被下置御牒（二十）

二十九貫四十六文より
二十六貫文迄

1　石川七左衛門

一　拙者先祖塩松一類御座候て、仙道岩津野居住仕候処、塩松御手に入申候以後、高祖父石川弾正子共下野親子共相馬に罷有候由承伝申候。右下野末子石川古七左衛門儀は御当地へ罷越候を、貞山様御代御切米小判十両御扶持方六人分被下置、御鷹方へ被召出、義山様御部屋住に被相付御奉公相勤申候由に御座候。右御切米・御扶持方誰を以被下置候哉、年号承置不申候。然処明暦三年九月廿八日奥山大学を以、御知行二十貫文被下置、右御切米・御扶持方者被召上、今村三太夫代御鷹師頭被仰付候。且又名取郡本郷村にて野谷地十町、慶安五年古内古主膳を以被下置、明暦二年に御竿相入、起目九貫四十六文之所、万治三年二月十日に富塚内蔵允を以拝領仕、右新田共二十九貫四十六文之高被成、右御知行高之御黒印
御当代寛文元年十一月十一日奉頂戴候。右七左衛門儀寛文十年四月晦日に病死仕候処、同年七月三日大町権左衛門

を以跡式無御相違拙者に被下置、御知行高之御黒印、寛文十年七月廿一日に奉頂戴御奉公相勤申候。以上

延宝五年四月廿八日

2　菊地六右衛門

一　拙者曽祖父菊地作兵衛儀

貞山様御代慶長年中被召出、御知行五拾貫文被下置、江刺御郡指引被仰付候。御境目に御座候に付、自然之御用に相立可申と兵具支度自分足軽三十人、其外家中之者扶持仕置候。南部気仙御留物御用に付、右家中足軽之者共一命を掛御奉公相勤申候段相達御耳に、御加増五十貫文被下置、百貫文被成置乗物御免被成下之旨、佐々若狭を以被仰付候処に、作兵衛申上候は冥加至極に奉存候得共、家督之一子五郎八死去仕、往々御奉公可為仕男子持不申候間、御加増之地頂戴仕御受不申上候。願は只今迄拝領仕候五十貫文之内、二十貫文聟同氏孫惣に被下置、残三十貫文私死後指上申度由申上候処、家督之子死亡愁傷仕儀不便と被成御意、江刺御預をも御免被成、如願之二十貫文聟孫惣に被下置候由被仰付候。寛永四年曽祖父作兵衛病死申に付三十貫文之所指上申候処、作兵衛別て御奉公申上候儀被思召後家存生之内右三十貫文被下置候。後家死後末子之娘有之段相達御耳に、父母有之者候条不便に被思召之旨被成御意、三十貫文之内十貫文被下置候。其後残二十貫文は作兵衛知行之内に候間、為御加増孫惣に被下旨被成御意、四十貫文被成下、孫惣儀六右衛門と改名被仰付、南部気仙御留物、気仙之内上下有住村御蔵入并御塩御用被仰付候。寛永二十年祖父六右衛門病死仕、跡式無御相違同年六月亡父六右衛門、

義山様御代古内古主膳を以被下置候。四十貫文と三百七拾文之御黒印頂戴仕候。如何様之品を以三百七拾文拝領仕

候哉委細不承伝候。

義山様御代寛永年中惣御検地之節、二割出八貫七拾四文と外壱貫七百五拾六文、祖父代新田申立拝領仕候哉、寛永年中之御竿御打出被下置候哉、品不承伝候。都合五十貫弐百文之高に被成下御黒印頂戴仕、御番致勤仕候。明暦二年正月父六右衛門病死仕候跡式、無御相違兄善之助同年三月古内古主膳を以被下置候。江刺之内於伊手村に親六右衛門代野谷地申立致拝領候起目七貫八百七拾八文、明暦三年右主膳を以被下置候。都合五十八貫七十八文善之助奉頂戴御番致勤仕候。寛文五年五月善之助病死仕候。実子無御座候付て、拙者実弟御座候に付、右御知行高之内半分を以、二十九貫三十九文被下置候旨、寛文五年八月十八日柴田外記を以被仰渡候。御黒印頂戴仕候。以上

延宝五年三月十六日

3　村田十郎左衛門

一　拙者儀村田古吉助次男に御座候。寛永廿一年二月廿一日、右吉助奉願拝領仕候御知行高之内、五十貫文嫡子喜左衛門に被下置、残七貫五百文を兄喜左衛門御小性組被召仕候内被下置候。御切米扶持方知行被直下候。此高六貫文新田二貫九百九十六文三口合十六貫四百九十六文隠居分に被成下、以来二男十郎左衛門被下置候様にと御奉行所迄申上候得ば、古内主膳御披露被相遂候得ば、願之通同年同月廿九日被仰付候。寛永十七年久荒野谷地申請為起申候高十一貫五百文、正保二年極月廿六日為御加増古内主膳を以被下置、二口合二十八貫文御座候。吉助儀隠居にて引続御郡御用相勤、慶安二年二月死去仕候。隠居跡式無御相違古内主膳を以、同年六月十日拙者被下置候。御当代右知行所切添之地九百四十四文、寛文元年七月三日御割屋より堀越甚兵衛・柳生権右衛門申渡致拝領、都合

二十八貫九百四十四文之地高に被成下、御黒印奉頂戴候。先祖之儀は惣領筋に御座候間、村田吉助方より可申上候。以上

延宝五年四月七日

4 河野久右衛門

一 拙者親河野十左衛門事、尾張大納言様へ御奉公仕罷有候処に、右十左衛門弟鈴木作右衛門、同三平御当地に罷有御奉公仕、其上母も御当地に罷有候間、旁以御当地へ罷下御奉公仕段、内々弟共と仕奉願候処に、其段弟右作右衛門、右三平、佐々若狭へ頼入申候処に、其段貞山様御耳相達申候処に、御奉公仕度存入に候はば可被召仕由御意之旨、右若狭被申聞候に付て、大納言様へ御暇申上、御当地へ罷下候節、御目見被仰付、則御知行三十貫文并尾張へ之聞候間、右御知行之上へ野谷地二十町被相入被下置候由、右若狭を以被仰付由承伝候。年久儀に御座候故、年号等は不承伝候。然処寛永十二年極月廿日加増十貫文拝領仕候処、同十三年四月十七日不慮之儀御座候て進退被召上御国に罷在候処、同年五月貞山様御遠行被遊

義山様御代に罷成、同十五年三月十七日古内故主膳を以親子共御目見被仰付、其以後寛永十八年九月十日手作分に御知行三貫弐百七十文之所、親十左衛門に古内古主膳を以被下置、国分之内小田原に在郷仕罷有候。拙者事寛永十九年極月廿四日に古内古主膳を以定御供御奉公被召出、御切米四両四人御扶持方被下置候処に、数年御奉公首尾能相勤申候由被仰立を以、慶安二年極月廿四日古内古主膳を以、御知行二十貫文拝領仕、右御切米・御扶持方

は被召上候。同四年三月十四日親十左衛門相果申候に付、跡式三貫弐百七拾文并拙者野谷地拝領仕、開発仕候処に御竿被相入、高五貫六百二十八文、右二口合八貫八百九拾八文之所為御加増被下置、都合二十八貫八百九十八文之高被成下旨、慶安四年五月十日古内古主膳を以拝領仕御黒印頂戴仕候。同年六月十三日御手水御番被仰付、義山様御遠行迄御奉公相勤申、其以後江戸御国共御奉公相勤申候。以上

延宝五年四月朔日

5　黒田藤兵衛

一　拙者先祖伊達御譜代之由承伝候得共、誰様御代に被召出候哉不承伝候。曽祖父苗代田河内と申者、貞山様御代米沢に被成御座候時分、御知行五十貫文被下置、御前近御奉公仕候由、然処に御国替被遊付御下中衆何も並に御知行御減少被成候付、河内儀も五貫文に罷成御供仕罷越、其以後右河内病死仕、跡式無御相違祖父苗代田八右衛門に被下置由承伝候得共、年号・御申次不承伝候。祖父苗代田八右衛門代に右苗字改可申由、貞山様為御意黒田に被仰付、其上茂庭了庵を以、御加増之地十貫文被下置、右御知行取合十五貫文にて御奉公申上、親代迄引続右御知行拝領仕候。然処に親黒田伝蔵儀、貞山様御側小性被召出御奉公申上候処に、茂庭先周防を以、為御加増御知行五貫文被下置、且又伊藤肥前を以、御仕着致拝領候。其後寛永八年に右御仕着御切米金子壱枚に被直下候処に、義山様御代寛永二十一年右御切米御知行四貫八百文被直下、并惣御検地以後二割出四貫文被増下、取合御知行高二

十八貫八百文被成下候。年号・御申次、且又御切米如何様之品を以御知行に被直下候哉、御申次等不承伝候。其以後右伝蔵儀改名左馬允に被仰付、要山様へ被相付、御取次番等之御奉公致勤仕候処に、要山様被遊御遠行候以後、御国御番に罷成、其以後改名藤兵衛に被仰付、勿論御当代迄引続御国御番相勤申候処に、右藤兵衛儀寛文元年二月病死仕候付、跡式無御相違拙者に被下置、同年四月廿四日奥山大学を以被仰付、御国御番引続相勤申候。当時拙者御知行高二十八貫八百文に御座候。右之外委細之儀は不承伝候。以上

延宝五年五月四日

6 塩七郎右衛門

一 拙者父塩左馬助儀岩城殿一家にて家老職相勤申候処、慶長三年之比岩城被相禿候処、左馬助儀兼て貞山様御存知被遊者御座候間、可被召抱由被仰出候付、御当地へ罷越候処、茂庭石見を以御知行四十貫文被下置御奉公仕候。年号慶長五・六年比にも可有之と奉存候得共、然と不承伝候。左馬助儀病人に罷成候付、茂庭佐月継子隼人を拙者姉に取合致家督に左馬助儀隠居仕度候由、貞山様へ申上候処、願之通被仰付、知行高四十貫文無御相違隼人に被下置、御国虎之間御番相勤申候。何時誰を以申上候哉、其段は拙者幼少故不承伝候。隼人実父は成田逸平と申者御座候。将又義山様御代寛永二十一年惣御検地之砌、二割出目八貫文致拝領、知行高四十八貫文に被成下、江戸御留守御番致勤仕候処、明暦元年春相煩申候得共、当番にて江戸へ罷登候。且又隼人儀実子無之に付、拙者を家督に仕度由、病

中に
義山様へ古内古主膳を以願申上候処に、願之通被仰付、無間も同年五月江戸にて死去仕候。跡式之儀同年七月主膳を以被仰出候は、隼人儀及末期に跡式願申上候。其上弟之儀に候間、知行高四十八貫文之内二十貫文にて跡職拙者被仰付候。二十八貫文は被召上候由主膳申渡候。其以後野谷地致拝領、新田起目六貫八百二十七文其外除屋敷へ御竿相入、高壱貫六百八十文合八貫五百七文、万治三年二月十日茂庭中周防・富塚内蔵允を以被下置只今知行高二十八貫五百七文に御座候。以上
延宝七年三月廿六日

7　松坂源右衛門

一　拙者先祖伊勢之国松坂に居所之者御座候処、奥州黒川郡へ罷下居住仕由承伝候。拙者祖父松坂源右衛門儀、松坂因坊次男に御座候処、
貞山様御代慶長年中被召出、御知行二十貫文被下置之由、年月は不奉存候。祖父源右衛門儀江戸御扶持方御用被仰付、江戸定詰仕罷有候内、元和七年四月九日病死仕候。跡式親源右衛門に無御相違被下置候。年号・御申次不承伝候。親源右衛門儀御買野谷地申請自分取立を以開発仕、高三貫七百五十文之所、寛永四年十月廿日茂庭佐月を以拝領仕、本地共に二十三貫七百五十文に被成下、其以後
義山様御代惣御検地二割出被下置、取合高二十八貫五百文、寛永二十一年八月四日拝領仕候。親源衛門儀正保二年九月十八日病死仕候。御知行二十八貫五百文無御相違、同年十二月二日茂庭佐月を以拙者に被下置候御黒印奉所

持候。松坂之惣領筋は松坂甚左衛門に御座候間、委細は松坂甚左衛門方より可申上候。以上
延宝七年三月五日

8　鈴木弥平次

一　拙者養父鈴木角兵衛儀同苗作衛門次男に御座候処、
義山様御代御小性組古内古主膳を以被召出、御切米六両四人御扶持方被下置被召仕候。然処
御同代右作右衛門嫡子、同苗主悦知行高之内二十貫四百文右覚兵衛に被分下度段願申上候処、願之通被成下旨古内
古主膳を以被仰渡、右御切米御扶持方は被召上候。年月は不承伝候。右角兵衛儀男子持不申候に付、拙者儀は白
川主殿次男に御座候を聟養子仕度段覚兵衛奉願候処に、願之通被成下旨、寛文五年被仰付候。角兵衛儀寛文九年
に病死仕候。跡式無御相違、同十年に柴田外記を以被下置候。右二十貫四百文之御黒印頂戴仕候。且又知行地続
切添起目三百三拾四文、延宝五年二月十日柴田中務を以被下置、都合二十貫七百三十四文に御座候。委細之儀同
苗主税方より可申上候。以上
延宝五年二月廿九日

9　星安兵衛

一　拙者先祖永井御譜代之由承伝候得共、
誰様御代に先祖誰を被召出、御知行何程被下置候哉、其後断絶之品不承伝候。拙者曽祖父星藤三郎儀

貞山様御代被召出、御知行高二十三貫四百文被下置之由承伝候。被召出候時之御申次・年号等不承伝候。右藤三郎女子壱人持申に付て、古本田平兵衛方へ縁組仕、右平兵衛次男熊助と申候て右藤三郎には孫に御座候を申立、家督に仕候。其砌誰を以被仰付候哉不承伝候。藤三郎後佐渡と改名仕候由承伝候。

義山様御代寛永二十年に二割出拝領仕、取合御知行高二十八貫三百文に被成下候。右熊助儀其後改名仕藤三郎罷成候。右佐渡慶安三年に病死仕、跡式

義山様御代同年無御相違私父藤三郎被下置候。誰を以被仰付候哉不承伝候。拙父藤三郎儀延宝四年五月病死仕に付、跡式御知行高二十八貫三百文之所、同年九月六日に小梁川修理を以拙者被下置候。以上

延宝七年二月廿八日

10　村上伝左衛門

一　拙者養母妙伴儀

貞山様へ被召出御奉公仕、御他界以後御切米二十両十五人御扶持方被下置候。拙者儀妙伴弟村上三郎左衛門三男に御座候処、右妙伴養子に仕度段、

義山様へ前之古内主膳を以申上、御前相済家督被成下候。拙者実父村上三郎左衛門隠居之願申上候節、三郎左衛門に被下置候御知行高六拾貫文之内十貫文拙者に被分下、妙伴御切米御扶持方に取合、馬上役御奉公為相勤申度段、御当代寛文三年に茂庭古周防を以申上、願之通御知行十貫文分被下置之由、同年六月六日に右周防を以被仰付候。同六年に御扶持方御切米御知行に被直下度旨、古内志摩を以申上候処、御知行に被直下之由、同年十二月廿二日

原田甲斐を以被仰付、右十貫文之御知行へ取合、高二十八貫百七十九文に被成下、御奉公相勤申候。以上

延宝四年十二月八日

11 宮川弥惣衛門

一 養父宮川四郎左衛門儀寛永六年十月二日に古内古主膳を以御目見仕、則御歩行衆に被召出、御切米二両御扶持方四人分被下置、御奉公相勤申候処、同十三年御歩目付被仰付、同二十一年八月御知行十貫文御扶持方四人分津田豊前を以拝領仕候。御切米は被召上候。且又慶安三年に国分之内田中村に山屋敷壱軒野谷地三町分申受、開起高壱貫三百二十四文之所、明暦二年山口内記を以拝領仕候。然所に田中村之内、拙者屋敷前に御蔵入壱貫八百文之所御座候間、右四人御扶持方を御知行に被直下度旨、古主膳を以申上候処に、願之通相済、明暦三年極月右主膳を以拝領仕、都合十三貫百二十四文之高に被成下候。然処右四郎左衛門儀男子持不申候に付、拙者儀古内主殿次男に御座候処、聟名跡に仕度由、双方親類共以連判願差上候処に、御前相済、万治二年七月十七日に如願古内志摩を以被仰渡候。右四郎左衛門小進に御座候付て、実父主殿知行高之内十五貫文為分取申度由、柴田外記・古内志摩を以願申上候処、如願私被分下右四郎左衛門知行高に取合二十八貫百二十四文之所養父四郎左衛門被下之旨、寛文九年九月廿日古内志摩を以被仰渡拝領仕候。四郎左衛門儀年寄申に付、寛文十二年隠居願申上候処、如願隠居被仰付、継目無御相違右御知行高二十八貫百二十四文之所古内志摩を以、同年十月廿五日拙者に被下置候。御黒印は于今頂戴不仕候。御書替は所持仕候。右養父四郎左衛門先祖之儀惣領筋に御座候間、同名九左衛門方より委細可申上候。以上

12　佐藤長左衛門

延宝五年二月廿一日

一貞山様御代拙者祖父佐藤長左衛門儀、御切米御扶持方にて被召出、義山様御幼少之節御小座住へ被相付、御知行十五貫文并九人御扶持方拝領仕、御鷹師頭被仰付、妻子等迄江戸定詰仕、寛永十一年に御国元へ罷下、寛永十三年二月廿二日病死仕、三月七日御条目を以親長左衛門跡式無御相違被下置、引続御役目迄被仰付段、古内喜兵衛被仰渡候。右御条目于今所持仕候。義山様御代親長左衛門儀御知行五貫文御加増拝領仕、御知行高二十貫文被成下候以後、御分領中御検地之時分出目拝領仕、其後右九人御扶持方御知行に被直下、取合御知行高二十八貫百文に被成下、寛永廿一年御黒印頂戴仕候。右段々御加増被成下候品々不承伝候。野谷地拝領自分開発起目新田四貫三百六十四文万治元年に拝領仕候。義山様御代明暦三年、右新田取立申に付、田村隠岐守様御新田之内三百二十文親長左衛門に被下置候。右二口高合四貫六百八十四文親長左衛門に被下置候。右之新田誰を以拝領仕候哉、委細之儀不奉存候。然処義山様御代兄同氏源右衛門儀十三歳罷成候節、高橋満五郎申分御座候て源右衛門を切申候。万五郎にも二ヶ所手を為負申候。源右衛門儀腕共六ヶ所手を負申候。万五郎には切腹被仰付、源右衛門儀手前平愈仕候に付、於御座之間御目見被仰付、首尾能仕寄特に被思召候。源衛門儀嫡子に候得共、親長左衛門役目は手不自由にて如何被召置候。源右衛門には別て進退被下置可被召仕候間、親長左衛門跡目には拙者を為御意被仰付候。右委細之儀兄源衛門方より可申上候。無間も

義山様御他界被遊候に付、
綱宗様御代右之新田四貫六百八十四文之所、右源右衛門に被下置度段、親長左衛門申上候処に、願之通万治三年三月十八日古内中主膳を以源右衛門に被下置候。寛文十二年霜月廿五日に親長左衛門儀病死仕、御知行高二十八貫百文之所無御相違拙者に被下置旨寛文十三年二月十五日渋川助太夫被申渡、継目御書付柴田中務・小梁川修理・古内志摩被相出候。御蔵より之書替所持仕候。以上

延宝五年二月十九日

13　片倉六兵衛

一　拙者先祖伊達御譜代之由申伝候得共、誰様御代私先祖誰を初て被召出候哉、曽祖父以前之儀は不承伝候。曽祖父片倉壱岐後法躰仕意休と名改申候。伊達郡之内宮と申所居住仕段、
晴宗様・貞山様御代迄引続御奉公相勤申由に御座候。

貞山様御代天正年中於米沢に七宮伯耆・原田旧雪・守屋修白・湯目三河・片倉紀伊・右意休共に六人兼て御軍奉行に被相定之由承伝候。意休儀大進に人衆等数多扶助、数度之御軍事相勤、其身武功も有之様に承伝候得共、於何方之御戦場、何様之御奉公仕候と申儀、分明相知不申候。

貞山様御代大内古備前始て属御家候節も、御書通にては右備前疑心有之、猶予仕候間、原田旧雪・右意休・備前方へ被指遣御旨之趣申含、御一味仕候様に相謀可申由被仰付、数度右之御使者等迄相勤申由承伝候。米沢御時代右

意休に御知行何程被下置候哉、其段承知不仕候。御領地替之節、御当地へ御供仕罷越候。然処実子私祖父同氏主水幼少之時分右意休死去仕、主水に家督被仰付候節、進退被相減之由御座候。年号・御申次御知行高も不承伝候。主水儀も

貞山様へ御奉公相勤申候処、何様之品御座候哉、又以進退被相減、十貫百二十五文に罷成候。年号等相知不申候。主水儀寛永七年に病死仕、跡式無御相違実子私父同氏彦兵衛に同年に蟻坂丹波を以被下置候。

義山様御代寛永年中惣御検地之節二割出目被下置、十二貫百文被成下、御黒印頂戴仕候。慶安元年父彦兵衛病死仕候付て、跡式無御相違、同年四月廿三日成田木工を以拙者に被下置候。且又正保四年野谷地申請自分開発高壱貫三百三十六文、山口内記を以承応三年三月十二日被下置、本地合十三貫四百三十六文被成下、御黒印頂戴仕候。

御当代寛文七年野谷地申受、自分開発高十四貫六百二十壱文之所、寛文十二年正月廿五日柴田中務を以拝領仕、本地合弐十八貫九十文被成下、御黒印頂戴仕候。以上

延宝七年四月廿三日

14　氏家金右衛門

一　拙者先祖氏家典膳

貞山様御代被召出候。家督駿河と申候。右両人知行高分明に不存候。駿河家督五左衛門と申候。右五左衛門代には知行二十二貫五百文御座候。五左衛門家督無御座娘有之に付聟名跡誰そ被仰付被下度由願申上候処、岡野金平従

貞山様寛永六年佐々若狭を以被仰付、右本地無御相違被下置候。金平儀坂崎出羽殿に小性奉公仕、出羽殿死去

以後、

貞山様御小性組被召出、氏家之名跡被仰付候。以後名改金右衛門罷成候。先年御下中ニ割出被下置候節、金右衛門儀も拝領仕、右高へ取合二十七貫文に罷成候。右金右衛門家督無御座候付、桑折甚兵衛子璃助聟名跡に仕度由申上候て、願之通慶安元年山口内記を以被仰付候。璃助名改五左衛門に罷成候右五左衛門代野谷地願上起目新田壱貫八十二文万治三年

綱宗様御代富塚内蔵丞・茂庭周防を以拝領仕高、取合二十八貫拾二文に罷成候。私儀長沼五郎右衛門弟に御座候。寛文二年御小性組被召出、四人御扶持方六両之御切米被下置、江戸定詰御奉公相勤申候処、右五左衛門聟名跡に申上、願之通無御相違右御知行高之通被下置旨、同六年八月古内志摩を以被仰付候。右典膳代より先五左衛門代迄之儀何時誰を以御知行被下置候段は不存候間書付不申上候。以上

延宝五年二月十八日

15 加藤弥左衛門

一貞山様御代拙者祖父加藤善右衛門儀、先安房殿被仰立、馬場出雲を以被召出候由、何年に御座候哉然と承伝不申候。寛永元年牡鹿深谷にて野谷地新田二十町、右出雲を以被下置候。新田開発仕候得共、水入悪地に御座候て相捨、残高六百九十七文拝領仕候。誰を以被下置候哉、御申次・年月共不奉存候。寛永十年善衛門病死仕候。跡目親弥左衛門無御相違被下置候。年月は存知不申候。其以後桃生郡深谷・牡鹿郡にて御蔵新田被相立付、先達て拝領之野谷地も三町之外は、不寄誰被下置間敷由御定に御座候故、

御同代寛永十一年二之迫之内にて、御買新田野谷地十五町申受自分開発仕、同十五年御竿被相入、高八貫五百十文罷成候処、同十八年

義山様御代惣御検地被相通節、右之八貫五百十文之所、六貫六百五十三文相減申候。右二口合七貫三百五十文之高、

御同代寛永廿一年古内主膳を以被結下御黒印頂戴仕候。其以後一之迫伊豆野原右主膳拝領新田之内、弥左衛門自分開発之通高に被成下度之段主膳遂披露、正保三年六月廿三日新田高七貫七百五文右主膳を以被下置、都合十五貫五十五文之高被成下候。

御同代明暦四年四月十七日伊豆野原主膳拝領新田之内、弥左衛門自分開発新田高五貫八百四十九文、右主膳を以被下置、二十貫九百四文之高被成下、御黒印頂戴仕候。

御当代寛文十年弥左衛門歳六十六に罷成病人に御座候に付、古内志摩を以隠居願申上、同年三月廿一日家督無御相違拙者に被下置候。以後拙者在郷除屋敷之内、御知行高被成下度段願申上、御竿入高二貫三百九十三文、寛文十三年六月十八日小梁川修理を以被下置候。延宝元年十月廿九日切添起目壱貫二百九十八文、大条監物を以被下置候。同五年二月十日畑返新田自分開発、高三貫四百十三文柴田中務を以被下置候。拙者御知行高二十八貫八文御座候。以上

延宝七年三月四日

16　小木勘兵衛

一　拙者祖父小木正兵衛儀福島左衛門太夫殿下中にて、知行高六百石余被下候。于今書付所持仕候。役目は惣のほり頭仕候由承伝候。左衛門太夫殿進退被召上候に付、拙者親勘兵衛事、
貞山様御代元和八年中島監物を以被召出、御知行三十貫文被下置候。
義山様御代寛永廿一年惣御検地二割出六貫文并切添之地七百文右取合三十六貫七百文、寛永廿一年八月十四日御黒印頂戴仕候。然処拙者兄兵助病人に罷成御奉公相勤兼申に付、明暦元年右知行高之内十貫文は兵助嫡子甚三郎に被分下、残高二十六貫七百文は拙者被下置、隠居仕度由願上候処に、願之通被成下旨山口内記を以同年極月十日被仰付、二十六貫七百文
義山様御黒印奉頂戴候。其後
御当代野谷地拝領仕、新田開発壱貫三百壱文之所、寛文十三年六月九日小梁川修理を以被下置、都合二十八貫壱文之地高被成下候。
貞山様御代親勘兵衛被召出候品、未生以前之儀に御座候故、委細不申上候。以上
延宝五年三月廿一日

17　片倉太兵衛

一　曽祖父片倉助左衛門と申者、永井御譜代之由申候。
貞山様御代被召出、御衆持方御切米被下置由承伝申候。右助左衛門嫡子祖父片倉角助儀、
貞山様高麗御陣御出馬被遊御供仕御奉公相勤申候。以後御知行七貫文被下置、其上御切米御扶持方四貫三百文被直

下、合十壱貫三百文祖父片倉角助拝領仕由承伝申候。御奉公之儀は、商人御判紙役・御金山御役・御郡奉行御役相勤、寛永廿一年宮城郡国分之内六丁目村にに自分開発仕候。新田十二貫弐百文
義山様御代富塚内蔵丞・奥山故大学を以祖父角助被下置、本地新田共二十三貫五百文被下置、御黒印頂戴仕候。祖父角助慶安元年閏正月廿六日に病死仕、角助嫡子親片倉太兵衛無御相違、跡式
義山様御代慶安元年四月廿日古内古主膳・茂庭古周防を以被下置候。親太兵衛御奉公之儀は、御米御用・二歳御役・御郡代官・御塩御用・板久御米御用・御舟御用相勤申候。正保三年二月朔日山口内記・和田因幡・真山刑部書付を以、流中村にて野谷地新田十町申受候内、壱貫三百五文新田起目御座候を、寛文元年被下置之由承伝候。右之起目誰を以被下候哉、此段は不承伝候。同年八月御知行替被仰付、磐井郡東山之内猿沢村にて右之新田替地被下置候。宮城郡国分之内六丁目村にて野谷地二町三セ二十歩、山崎平太左衛門御郡奉行之時分申達、抱御新田に仕候処、二貫弐百九文
綱宗様御代万治元年閏極月二日に奥山大学を以拝領仕候由承伝候。両所新田取合三貫三百十四文、本地新田共に高二十七貫十四文親太兵衛拝領仕、寛文元年十一月十六日御黒印頂戴仕候。右太兵衛儀寛文六年十二月四日病死仕、跡式無御相違寛文七年二月十七日、原田甲斐・古内志摩を以拙者に被下置御黒印頂戴仕候。磐井郡東山之内猿沢村切添起目、高九百七十四文延宝元年十月廿五日、柴田中務・大条監物を以拝領仕候。本地切添起目、合御知行高二十七貫九百八十八文拙者被下置候。先祖右之通御座候。曽祖父助左衛門代より祖父角助代迄御加増被下置候、并御扶持方御切米御知行に被直下、且又助左衛門家督角助に被下置候、年号承伝不申候。以上
延宝五年二月十三日

18 山家喜兵衛

一 拙者先祖山家河内
御東様御供仕参候処、
性山様御代御知行百貫文被下置候処、
関白様御下向之時分、粟野木工旧友に御座候付、懇談仕候由達上聞、御不審之者親申儀罪罷成進退被召上、其以後御知行五十壱貫文被下置被召出候由承伝候。河内代に被召出候哉子共九郎右衛門代被召出候哉、尤河内御知行誰を以被下置候哉、年月不承伝候。河内子同名九郎衛門御知行五十一貫文、
誰様御代誰を以被下置候哉、年月不承伝候。九郎右衛門子同名河内跡式、五拾壱貫文被下置由、
誰様御代誰を以被下置候哉、年月不承伝候。河内子同名清兵衛に家督無御相違被下置、
貞山様へ御奉公仕候処、古遠江守様伊与へ御越被遊候砌、御守役被仰付清兵衛被下置候。御知行五十一貫文は嫡子喜兵衛に被下置、
貞山様被召使候。清兵衛には別て御知行千石被下置、古遠江守様供仕、与州へ参候。
貞山様御代何年何月誰を以被仰付候哉不承伝候。祖父喜兵衛相果申候節父幼少に御座候付、父喜兵衛母方之祖父佐々若狭所へ従
貞山様御直書被成下候は、喜兵衛子共は其身孫にて候。知行五十貫文程と御覚被遊候。跡式無御相違被下候ても、幼少にて知行役之御奉公成兼可申由被思召候間、其身共心得を以、右之内二十貫文は為指上可申候。成人仕御奉公相勤候はゞ、如元可被返下由御直書被下置、于今同氏荘蔵拝持仕候。仍御知行五十壱貫文之内二十貫文は上郡

山古内匠を以差上、残三十壱貫文親喜兵衛拝領仕候。祖父寛永三年三月十八日相果申候。家督誰を以何月被下置候哉不承伝候。

義山様御代寛永十九年御分領中御検地被相入、二割出六貫弐百文親喜兵衛に被下置、本地三十壱貫文、都合三十七貫二百文被成下候。右出目誰を以被下置候哉、年月不承伝候。

義山様御代承応三年知行地付之野谷地新田拝領仕、自分開発之高二貫五百九拾七文万治三年従

綱宗様親喜兵衛に被下置、都合三十九貫七百九十七文に被成下候。誰を以何月被下置候哉不承伝候。親喜兵衛儀病人に罷成御奉公相勤兼申に付、拙者儀小川縫殿允次男に御座候、聟に仕御番代等為相勤、末には拙者と実子正蔵《ママ》進退被分下置候様に仕度由、

綱宗様御在国之砌古内主膳を以申上候処、願之通万治三年三月二日主膳を以被仰付、御番代等相勤申候。親喜兵衛儀寛文八年四月六日病死仕候付、跡式御知行高三十九貫七百九十七文之内、十九貫七百九十七文は拙者に被下置惣領に仕、残二十貫文は実子正蔵に被下置度旨、親類共奉願候処、願之通被成下由、寛文八年七月廿七日原田甲斐を以被仰付候。拙者実兄小川八郎左衛門知行高四拾壱貫三百三十文之内、五貫文拙者に被分下置候様仕度由、八郎左衛門申上候処に、願之通五貫文拙者知行高入被下之旨、延宝二年六月廿九日大条監物を以被仰付候。親喜兵衛幼少之砌家督被下置候時分、御書之趣を以二十貫文指上申候。成人仕御奉公申上候はば可被返下旨御直書拝持仕、親喜兵衛右之旨申上度奉存候処に、病人に罷成御番代を以御奉公相勤申仕合に御座候故、遠慮仕内致病死候に付、拙者同名正蔵御書并右之旨趣申上、野谷地二十町被下置度奉存候。何とぞ開発仕、兄弟共に江戸馬上並之御奉公相勤申度段、寛文十一年極月廿一日奉願候処、願之通野谷地二十町兄弟に可被下置候間、所柄見立可申

上由被仰付候旨、寛文十二年三月十九日御用番小塚助八を以被仰渡候。仍所柄申上候処に、佐沼之内南方村にて野谷地二十町被下置由、延宝三年四月晦日柴田中務を以被仰付、野谷地拝領仕候。賀美郡上野目村之内漆沢・胆沢郡上衣川村知行所地付之野谷地新田拝領仕、自分開発之高三貫百九十文被下置由、延宝五年二月十日柴田中務を以被仰付候。拙者知行高、都合二十七貫九百八十七文に御座候。以上

延宝七年三月廿七日

19 山岡伊右衛門

一 拙者又伯父山岡内記事伊達三河守殿御母儀之弟御座候。
貞山様被召出、御知行二十三貫七十壱文、五分一之無御役拝領并御鎧一領被下置候。其上山岡志摩兄弟分に仕可申合之由、志摩に被仰付候由承及候。内記事御奉公も不被仰付候て、三河守殿に被指置、時々被召出御目見仕候由御座候。拝領之御鎧于今所持仕候。拙者実父山岡伊右衛門事内記甥に御座候。内記無一子付養子に仕候。内記事元和九年七月廿七日病死仕候。跡式二十三貫七十壱文伊右衛門に被下置之由、山岡志摩申渡候由及承候。年月覚不申候。其節伊右衛門幼少とは乍申、引続御奉公も不被仰付候処、
義山様御代寛永廿一年前之古内主膳を以被召出、則江戸表御番被仰付、御奉公相勤申之由及承候。二十三貫七十一文之地寛永十七年惣御検地、御竿二割出四貫六百二十九文、都合二十七貫七百文被下置候。御黒印寛永廿一年八月十四日御日付之御《ママ》黒印所持仕候。勿論
御当代始之御黒印、寛文元年十一月十六日御日付にて頂戴仕候。

御当代寛文五年六月十二日、同氏伊衛門病死仕候。跡式二十七貫七百文之地、無御相違拙者に被下置候。同年九月八日富塚内蔵允申渡、勿論同年九月八日御日付之御黒印頂戴所持仕候。以上

延宝五年三月十九日

20　松岡清八

一　拙者儀先松岡兵左衛門実次男に御座候。親兵左衛門知行高六十貫四百六十八文、御奉公御物頭仕候。右知行高之内起目新田二十四貫四百六十八文之所、義山様御代拙者被分下度旨、明暦元年二月右兵左衛門病死仕候節遺言之通願申上候処、古内古主膳を以右願之通、同年二月十九日被仰付候。同年六月より定御供御奉公被召出、十四ヶ年相勤、寛文五年より御二丸定詰御役目被仰付相勤申候内、延宝二年正月より御物置番被仰付、去年春迄五ヶ年相勤申候。兄同氏清右衛門知行地尻野谷地御座候付、田畑七町分申達拝領仕候内、自分開発之地三貫九十九文之所、延宝五年正月十五日小梁川修理・大条監物を以被仰渡拝領仕、右高合二十七貫五百六十七文に被成下候。御黒印未頂載《ママ》不仕候。拙者御奉公年数二十五ヶ年に御座候。先祖委細之儀は惣領同氏清右衛門申上候。以上

延宝七年七月廿一日

21　石沢平蔵

一　拙者祖父石沢修理儀田村御譜代に御座候。

貞山様御代筑前殿へ被相付候由承伝候。其時分被下置候知行高は覚無御座候。筑前殿御遠行以後、貞山様御代拙者親源右衛門儀知行高壱貫九百八拾七文之所、富塚内蔵允・奥山大学を以致拝領、御黒印於御蔵頂戴仕候。

義山様御代野谷地新田申請自分開発、起高七貫三十六文慶安四年十月三日山口内記・真山刑部を以被下置、都合九貫二十三文之所於御蔵御黒印致頂戴候。右源右衛門儀寛文七年三月廿日隠居被仰付、同日柴田外記を以家督無御相違拙者に被下置御黒印於御蔵頂戴仕候。以上

延宝五年二月九日

22 大堀新助

一 私養祖父大堀壱岐御知行八貫六百文被下置候。

誰様御代如何様之品を以被下置候は不承伝候。右壱岐子共持不申候に付、実祖父内崎越後二男、私親大堀右馬助苗跡被下置度由、

貞山様御代申上、願之通被成下候由承候。年号・御取次不承伝候。然処に内崎越後嫡子杢之助別て御知行二十貫文被下置御奉公相勤申候処、病死仕候付て、越後知行三十貫文は杢之助嫡子勘右衛門に被下置、杢之助知行二十貫文は、越後次男私実父右馬助被下置、且又右馬助知行八貫六百文は、越後三男内崎源兵衛被下置度由願申上、願之通奥山大学を以被仰付候。年号不承伝候。右馬助知行二十貫文之所へ

義山様御代寛永廿一年二割出被下置、高二十四貫文に被成下候。其以後右馬助改名仕越後罷成候。明暦三年六月廿九日越後病死仕、同年家督無御相違拙者に被下置之由、古内主膳を以被仰付候。拙者に寛文九年に野谷地被下置、

開発之新田三貫八十二文之所、延宝三年九月朔日柴田中務を以被下置、取合知行高二十七貫八十二文之高罷成候。

以上

延宝七年三月廿一日

23 遠藤惣助

一 拙者親遠藤惣助儀、伊達御譜代筋目に御座候。
貞山様御代元和六年御細工番被召出、御切米四切御扶持方四人分被下置候。其節之御取次衆は誰御座候哉不奉存候。段々御切米上被下十切程に被成下候。寛永六年之比常陸之内紐掛《ママ》御米御用被仰付、其後御国元御村御代官被仰付候。同十八年
義山様御代野谷地拝領仕自分に開発仕候て正保元年御竿入、新田高三貫二百五十二文富塚内蔵允を以拝領仕候。并御切米御知行被直下、壱貫七百四十八文同年に右内蔵允を以被下置、取合五貫文之高被成下候。御切米何品を以被直下候哉不奉存候。其後寛永二十年之拝領野谷地開発仕、正保三年御竿入、六百五十壱文山口内記を以被下置、合五貫六百五十壱文被成下候。年久御奉公首尾能相勤申候段相達御耳、承応三年
義山様より二十四貫三百五十文古内主膳を以御加増被下置、三十貫一文之高被成下、江戸御作事御役目被仰付候。其節右四人御扶持方被召上候。右高之内三貫文万治三年拙者姉聟遠藤八兵衛に右惣助奉願分出申候。仰渡之衆拙者幼少故覚不申候。惣助儀寛文四年七月病死仕、家督無御相違、
御当代茂庭古周防を以、同年十月十三日被仰渡被下置候。当時拙者知行高二十七貫一文之御黒印頂戴仕候。以上

延宝七年二月廿八日

24　竹村弥右衛門

一　拙者祖父竹村源助儀近江牢人御座候。貞山様御代慶長元年御歩行衆に被召出、御切米十両十人御扶持方被下置候。誰を以被召出右進退被下置候哉不奉存候。御切米御扶持方御知行に被直下其上御加増被下置、御知行高十九貫四百二十九文被成下候。年号・御申次は不奉存候。源助嫡子喜太郎
貞山様御代御奥小性被召使御仕着被下置候。源助儀寛永八年八月十八日病死仕、右喜太郎御知行御仕着共無御相違被下置候。御申次不奉存候。其後
義山様御代御仕着を御知行に被直下、且又惣御検地之節二割出目を以、御知行高二十六貫六百文に被成下候。御仕着何程之御知行高被直下候哉不承伝候。喜太郎儀
義山様御代願申上、源助に改名被仰付候。源助儀万治元年十一月十一日病死仕候。同二年正月廿日に跡式無御相違、
綱宗様より古内中主膳を以拙者に被下置、
御当代御黒印頂戴仕候。以上

延宝五年正月晦日

25　木幡四郎衛門

一　拙者祖父木幡筑前儀相馬牢人御座候処、度々之武功有之段被及聞召、

貞山様御代被召出、御知行二十貫文被下置、御足軽頭被仰付相勤申候由御座候。御知行被下置候御申次・年号等未生以前之儀に御座候故不奉存候。右御役目五十ヶ年余相勤候以後、元和年中隠居之願申上候処、跡式無御相違馬場出雲を以、嫡男四郎衛門に被下之、且又知行地続開発、新田壱貫三十四文之所
貞山様御代拝領仕、二十一貫八百三拾四文之所知行高被結下候。右跡式并新田拝領仕候年月・御申次不承伝候。
義山様御代寛永年中惣御検地之節、二割出四貫三百六十六文被下置、都合二十六貫二百文被成下候。右四郎衛門儀寛永二十年十一月晦日病死仕、跡式無御相違
義山様御代津田豊前を以、同廿一年正月拙者に被下置候。明暦二年知行地付野谷地申受開発、新田高三百九十二文之所、是又御知行高被結下候。右新田被下置候年月・御申次覚不申候。寛文元年御黒印致頂戴当時拙者進退二十六貫五百九十二文御座候。以上
延宝七年三月朔日

26　近藤加兵衛

一　拙者祖父桑原杢丞儀大和大納言殿に奉公仕候処、右大納言殿逝去之後、杢丞実子拙父進藤又左衛門儀細川紹高取次を以、
貞山様へ元和六年被召出、御知行二十貫文中島督物を以被下置候。其後野谷地申受開発之新田五百文之所、寛永十四・五年之比鴇田駿河を以被下置候由御座候。

義山様御代惣御検地之節、二割出四貫文寛永廿一年八月十四日被下置、本地右新田起目合二十四貫五百文之高被成

下候。親又左衛門儀明暦二年四月廿六日病死仕候。跡式無御相違拙者に被下置旨於江戸古内古主膳披露之上、同年閏四月御前相済、御意之段五左衛門依寄親中島日向方へ主膳方より申来候に付、右御意之趣同年五月七日日向方拙者被申渡候。寛文五年知行所続にて野谷地申受、起目御竿入高二貫二十八文之所被下置之旨同九年十二月十日古内志摩を以被仰渡、都合二十六貫五百二十八文之御黒印頂戴仕候。以上

延宝五年四月九日

27 片倉喜右衛門

一 拙者儀片倉甚左衛門次男御座候。

義山様御代真山刑部出入司御役目相勤申候時分、慶安元年御切米二両四人御扶持方被下置、右刑部手前物書御用被仰付被召出候。

御同代御加増三両三人御扶持致拝領、五両七人御扶持方罷成候。

御同代御蔵起目新田二貫四百五文山口内記へ刑部申達、明暦四年之春内記を以為御加増被下置、右御用相勤罷有候処、

御当代奥山大学御奉行職之節、御家中衆御切米御扶持方御知行に直申候刻、右御切米御扶持方御知行に被直下、取合九貫四百文之高被成下候。其後願申上、知行地尻之野谷地被下起目百七十七文於江戸大条監物・茂庭主水遂披露被下置之旨、寛文十三年六月九日小梁川修理を以被仰渡、同御蔵野谷地願申上拝領、起目十二貫四百三十壱文於江戸に小梁川修理・黒木縫殿遂披露、御知行高に被成下由、延宝元年十月廿八日大条監物を以被仰渡、都合二

十二貫八文之高被成下、当時御国御番相勤罷有候。御先代先祖御忠節申上候度々難有御書御黒印数通被下置于今奉頂候段、拙者兄同氏甚兵衛書上申候条、委細不申上候。以上

延宝四年十二月廿一日

28　才藤喜助

一　貞山様御代拙者曽祖父才藤但馬次男拙者祖父同氏筑後無足にて大坂両御陣へ御供仕、御帰陣則御切米壱両四人御扶持方被下置、御歩小性組被召出御奉公相勤申候内、御同代賀美郡下新田村・志田郡引田村・同郡堤根村にて野谷地拝領、起目十九貫五十七文被下置候。何年に誰を以被下置候段不承伝候。右御切米御扶持方も御知行壱貫七百九十三文被直下候。如何様之品を以御知行に被直下候段も不承伝候。右合二十壱貫七百五十文被結下候。義山様御代御検地之節御竿入、出目四貫三百五十文被下置二十六貫百文之高被成下候。御当代寛文四年二月十一日右筑後隠居被仰付、茂庭古周防・大条監物を以家督無御相違拙者親喜左衛門に被下置候。右喜左衛門病死仕候付て、寛文五年十二月十三日右周防古内志摩を以、家督無御相違拙者に被下置候。先祖委細之儀は同氏三右衛門方より申上候。以上

延宝四年十二月十四日

29 但木源左衛門

一 拙者先祖御家御譜代御座候由承伝候得共、先祖何時御知行拝領仕候哉承伝無御座候。祖父但木五郎衛門儀、貞山様御代御知行高五貫百六十文被下置、御奉公仕候処隠居被仰付、五郎右衛門嫡子拙者親満六家督無御相違被下置候。年久儀に御座候故、隠居仕候年号承伝不申候。元和九年桃生郡大田村にて野谷地申受開発仕、新田高五貫四百三拾四文之所寛永六年為御加増被下置、本地合十貫五百五拾四文之高に被成下候。誰を以被下置候哉承伝無御座候。同十二年右同所野谷地拝領仕、此起目新田、義山様御代寛永十七年・十八年、御国中惣御検地之砌御竿被相入、正保元年八月十四日富塚内蔵允・奥山大学を以本地新田二割出共十九貫三百文之御知行高被成下候。同四年四月七日親満六病死仕候付て、跡式無御相違同年六月九日山口内記を以拙者に被下置候。承応二年右同所野谷地申請此起目新田三貫九百四十六文之所明暦元年六月十九日山口内記を以被下置、二十三貫二百四十六文之高に被成下候。寛文四年御当代右同所并志田郡伊場野村野谷地申請此起目新田五貫五十文之所、同八年三月三日古内志摩を以拝領仕、都合二十八貫二百九十六文之御知行高被成下御黒印頂戴所持仕候。以上

延宝五年正月廿六日

30 堀越七兵衛

一 拙者親堀越越中伊達御譜代に御座候。家督は同氏甚兵衛に被下置候。拙者儀は五男に御座候。寛永五年正月五日に貞山様へ湯村勘左衛門を以御奥小性に被召出、則御仕着御扶持方四人分被下置御奉公相勤申候処、

貞山様御遠行以後引続、

義山様御小性組被召仕、右御仕着物何も並に御切米被直下、四両三分四人御扶持方被下置候処、慶安二年山本古勘兵衛・成田木工を以為御加増、御切米二両壱分被下置、右合七両四人御扶持方被成下、其節

綱宗様御小座へ被相付、則御物置御役目被仰付、御奉公相勤申候処、万治元年に何も御小座衆並に為御加増、奥山大学を以御切米三両被下置、合十両四人御扶持方被成下候。

御当代兄同氏七兵衛拝領仕候野谷地新田拙者に被下置度旨、右勘兵衛奉願候処、願之通二貫五百六十九文寛文元年古内中主膳を以被下置候。且又其節御切米御扶持方知行に被直下度旨右主膳を以願申上候処に、

綱宗様より

当屋形様へ依御願、則御切米御扶持方知行高七貫五百十四文被直下、其上為御加増九貫九百十七文被下置、右三口合知行高二十貫文に被成下旨、寛文元年十一月十六日右主膳を以被仰渡御黒印頂戴仕候。

御当代寛文六年田村図書・鴇田次右衛門書付を以、野谷地三町分拝領仕候処に、起目高六貫四十四文罷成候。起過共被下置旨片倉小十郎御目付矢野内記を以寛文十一年五月八日に被仰渡、都合二十六貫四十四文之御黒印奉頂戴候。以上

延宝五年二月廿九日

31　太斉彦兵衛

一　私曽祖父太斉豊後、永井御譜代にて御知行太斉と申村拝領仕由承伝申候。御国替之節豊後実子忠助、

貞山様御代二十壱貫六百四十二文被下置候。
貞山様御代忠助死去仕、実子惣太郎に跡式被下置候。然処寛永廿一年惣御検地之時分二割出目共二十六貫文之高被成下候。親惣太郎慶安四年に病死仕実子拙者に
義山様御代古内古主膳を以、慶安四年五月九日跡式無御相違被下置候。先祖如何様之御首尾を以
誰様御代被召出段々家督被下置候哉、年号・御申次衆之儀委細不奉存候。以上
延宝四年極月廿三日

侍衆

御知行被下置御牒（二十一）

弐拾五貫九百八拾文より
弐拾五貫まで

1　富田三郎右衛門

一　拙者曽祖父藤田長門儀本沢刑部次男御座候処、藤田道休養子に罷成、藤田と改苗字米沢御時代には小瀬と申所知行仕、長門子藤衛門
貞山様御代進退被召放、因為親類片倉古備中在所に徘徊、年月過去以後帰参被仰出由御座候得共、牢人中附随古備中宮崎出陣之刻手負、依之不行歩、御奉公難相叶為躰、且又諸事相談仕、御先年相勤為申藤右衛門儀は拙者被預置、嫡男三郎右衛門被召出被下度旨、故備中依奉願、
貞山様御代被召出候。会津牢人富田壱岐堺苗跡被仰付、富田と改苗字壱岐進退弐拾貫文之地打続拙者親三郎右衛門被下置、且亦寛永二十一年御検地二割出四貫文従
義山様拝領、并九百文之所新田開発、是又知行高に被繕下、都合弐拾四貫九百文に被成下、至
御当代寛文四年右三郎右衛門隠居仕、迹式無御相違拙者に被下置旨、同年十月廿二日茂庭中周防を以被仰渡上、延

宝元年十月廿五日於江戸、知行所切添四百八拾七文小梁川修理を以被下置、同三年九月朔日同切添五百九拾三文之所、柴田中務を以拝領、当時拙者知行高弐拾五貫九百八拾文に御座候。以上

延宝五年三月十三日

2　二宮長右衛門

一　養祖父村上九郎右衛門儀、大坂落城之時分妻子散々に罷成、右九郎衛門嫡女九歳、弟長吉七歳にて、
貞山様御陣所へ両人共被召取、御国元へ罷下、兄弟御奉公仕候処、寛永十一年御上洛之節於京都、親兄弟共有所被相尋候得ば、右九郎右衛門儀浅野但馬守殿に妻子共に罷有、御尋之由承逮(及)京都へ罷越、佐々若狭を以相達御耳申候処、右但馬守殿より御所望被成、御知行高三十貫文被下候。御直書村上三郎右衛門方に所持仕候。右長吉儀二宮罷成申品、幼少之内二宮故平右衛門に養育可仕由被仰付、其上二宮を為名乗可申由御意にて、二宮福松と改名被仰付、御切米小判四両壱分四人御扶持方被下置、御奥小性に被召仕、後改名三七と被仰付、表御小性・御物置御役目被仰付相勤申候。其後改名五助に被仰付候。右九郎右衛門御知行高之内、
貞山様へ五助御奉公仕候内、十貫文被分下度由、佐々若狭を以奉願候処願之通被分下候。年号不奉存候。右五助儀十貫文と御切米四両壱分四人御扶持方にて御奉公仕候。右十貫文へ寛永十九年に六拾四文相倍申候品不奉存候。然処九郎右衛門正保元年霜月四日死去仕候付、家督願之儀古内故主膳を以、弟正三郎に被下置度由奉願候得ば、五助儀惣領に候間、九郎右衛門御知行高弐拾貫五十九文二割出目共に二十四貫百文に被成下、五助持来候四人御扶持方に被差添、五助に被下置由、正保二年六月朔日右主膳を以被仰渡、同年十月廿八日右御黒印頂戴仕候。右

二十貫文へ寛永十九年に五拾九文相倍申候段不奉存候。右正三郎儀は次男に候間、最前五助に被分下候拾貫文、相倍申候六十四文共に、二割出目二貫十三文御切米四両壱歩御知行被直下候。何程に御直被下候哉不奉存候。取合高十五貫文之所正三郎に被下置由、主膳を以同年同月被仰渡、同年十月廿八日御黒印頂戴仕候。御知行と御扶持方被下置候は何も地形に被直下候並を以、四人御扶持方壱貫八百文被直下、二十五貫九百文之高被成下、寛文元年十一月十六日に御黒印頂戴仕候。養父五助儀男子持不申候付、拙者儀大石孫右衛門二男に御座候を、義山様御代壻苗跡に奉願候処、願之通被成下旨成田木工を以被仰渡候、然処五助儀寛文八年九月廿二日病死仕候付て、古内志摩・古内造酒祐を以家督願之儀申上候処、願之通被成置由、原田甲斐を以同年十二月廿五日に被仰渡、右御知行高弐十五貫九百文之御黒印頂戴仕候。以上

延宝七年三月十七日

3　佐々助右衛門

一　拙者祖父佐々助右衛門儀長井御譜代御座候。

貞山様御代被召出、屋代勘解由を以御知行七貫文被下置、其後大坂両御陣へ御供仕御帰陣以後、十四貫五百文為御加増於御前御直々被下置、取合二十壱貫五百文に罷成由伝承候。其後

義山様御入国始之年御加増拾貫文古内伊賀を以被下置御物頭被仰付、三十壱貫五百文之高罷成、二・三年右役目相勤申候処、其身病人罷成、役目御訴訟申上御赦免被成下候。其砌古内故主膳を以申上候は、右十貫文は役目被仰付候に付て被下置候条、御加増十貫文之地上意へ差上申度由奉願差上申候。寛永二十年御検地二割出目にて、残

弐拾五貫八百文に被成下候。拙者親佐々助次郎儀祖父助右衛門嫡子に御座候処、年若御座候て病死仕候。右助右衛門儀寛永二十年霜月隠居被仰付、拙者儀家督之孫に御座候付て、義山様へ右助右衛門願申上候処、願之通右知行高之通無御相違古内伊賀を以、寛永二十年霜月十二日に拙者に被下置候。当時弐拾五貫八百文御黒印頂戴仕候。以上

延宝五年正月廿五日

4 河野半兵衛

一 拙者儀河野十左衛門二男に御座候。寛永十七年三月十日に古内故主膳を以御小性組に被召出、同年極月廿四日に於江戸に山口内記を以、御切米六両四人御扶持方被下置御奉公相勤申候処、慶安二年極月廿八日山元勘兵衛を以為御加増、御切米金壱枚に被成下候。然処数年首尾能御奉公相勤申候段被仰立を以、同五年三月廿四日に山口内記を以御知行弐十貫文被下置、右御切米御扶持方は被召上候。御黒印奉頂戴候。且又寛文八年に知行地続にて野谷地拝領仕、自分開発仕、右起目へ御竿相入、高五貫六百三拾八文、延宝五年二月十日に柴田中務を以被下置、都合二十五貫六百三十八文に被成下候。先祖之儀同苗久右衛門惣領に御座候間可申上候。以上

延宝五年四月廿九日

5 斉藤次郎助

一 拙者養曽祖父斉藤市左衛門儀

貞山様へ御奉公仕、知行十貫文被下置、御奉公相勤候由承及候。誰を以何時被召出候哉承伝不申候。寛永廿一年惣御検地之刻、二割出目共に知行高十二貫文被成下候。市左衛門儀実子無之付て、
義山様御代御小性島津権十郎を壻苗跡に仕度由申上候付て、如願被仰付、権十郎持来候御切米金子七両十五人御扶持方知行十一貫六百五拾文に被直下、外御加増壱貫三百五十文被下置、右市左衛門知行共都合二十五貫文に被成下之旨慶安元年四月以山口内記被仰付候。権十郎改名伊兵衛に罷成、万治元年に病死仕候付て、公儀より御目当を以、誰成共壻名跡に被仰付被下度旨、市左衛門依願申上候、拙者養父斉藤次郎兵衛儀、鈴木孫左衛門実子にて、
綱宗様御部屋之時分より御小性に被召出、御切米御扶持方被下御奉公相勤候処、
綱宗様為御意、万治元年十月十七日大条兵庫を以、伊兵衛家督次郎兵衛右知行高弐拾五貫文無御相違被下置、次郎兵衛御切米御扶持方は其刻被召上候。右知行所之内畑返新田其外野谷地少、伊兵衛代明暦三年に申請、内之者に為起申候起目四百七十弐文、万治三年二月十日茂庭古周防を以次郎兵衛に被下、本地取合弐十五貫四百七拾弐文に被成下、御黒印頂戴仕候。次郎兵衛儀男子無之付て、拙者を壻名跡仕度旨願申上候処、
綱宗様御前相済、寛文十二年四月廿日に次郎兵衛病死仕付て、親類共方より以連判家督之儀申上、同年閏六月十日、次郎兵衛家督無御相違拙者に被下置候旨、古内志摩被申渡、右二十五貫四百七拾弐文之御黒印奉頂戴候。拙者儀は医師福地通安実子に御座候処、通安兄福地久右衛門方へ養子に仕差置候処、久右衛門儀斉藤市左衛門にも親類、且又次郎兵衛後妻は拙者姉に御座候。彼是首尾有之付て、次郎兵衛先腹之娘に拙者を取合名跡に申立如斯御座候。右之品々拙者幼少故委細は不承伝候。以上

延宝五年三月十六日

6 奥村瑞庵

一 拙者儀寛永二年
貞山様御代義山様御部屋之砌被召出、中之御仕着四人御扶持方、古内古主膳・鴇田駿河を以被下置、同拾五年為御加増四人御扶持方主膳を以被下置、取合八人御扶持方被成下候。然処に奥村吉左衛門儀牢人に御座候故、貞山様御代長尾主殿を以被召抱、御知行二十貫七百四拾文之所被下置、御奉公仕候処に、同十七年右吉左衛門知行高之内五貫文は実子加兵衛に被下置、拾五貫七百四十文之所、拙者聟苗跡被仰付被下度由、同氏吉左衛門古主膳駿河を以、
義山様御代申上候処に、両人を以願之通被仰付候。右吉左衛門寛永十八年五月十八日病死仕、迹式被下置候節、吉左衛門知行十五貫七百四拾文拙者持来御仕着は被召上、御切米弐両被直下、御扶持方八人分右吉左衛門知行取合願之通聟名跡に被仰付候。其後惣御検地之刻、弐割出被下置、十八貫九百文之高被成下候。且又寛永十三年拙者母に四人御扶持方成田木工を以被下置、母正保四年七月五日に相果右御扶持方拙者被下置、十二人御扶持方に被成下候処、寛文弐年右御扶持方御切米御知行に何も被直下候節被相直、都合二十五貫四百四拾三文之高に被成下候。年号右覚書之外は失念仕候。以上
延宝五年二月廿三日

7 平田五郎兵衛

一 拙者曽祖父平田土佐儀会津にて盛氏・盛奥・盛隆へ御奉公仕候。右平田土佐・松元図書助・佐瀬信濃・富田備前

此四人之衆高地被下置、何も宿老職勿論国之御政道被仰付候様申伝候。且又貞山様会津御合戦之節右土佐嫡子拙者には祖父同氏左京於本宮合戦為比類働申に付て、為御加増沢井と申所被下置、在名を以沢井越前と名御改、天正十三年霜月廿四日佐竹義重・亀若丸より御感状二通、右左京に被下置候于今所持候。会津亡国以後、右越前儀平田五郎左衛門と名を改、仙台御下中へ参、片倉先小十郎与力に罷成、貞山様御代被召出御奉公申上、御知行十貫文右小十郎御取次を以被下置候。祖父五郎左衛門病死仕候付て、迹式無御相違嫡子拙父同氏五郎左衛門に被下置候。惣御検地二割出目共十二貫文に罷成、其後野谷地拝領起目八貫三百文被下置、取合二十貫三百文被成下候。右五郎左衛門被召出御知行被下置候年号、新田拝領且又家督被仰付候年号、御申次共不承伝候。右五郎左衛門儀慶長十九年・元和元年二度之大坂御陣、初は歩、後之御陣には馬上にて御奉公申上候。右五郎左衛門儀田村隠岐守殿御家来に従義山様被相付、御知行弐十貫文別て被下置、拙者には本地十貫三百文之所被下置旨、正保四年十月十七日古内主膳・和田因幡を以被仰付候。其後志田郡中沢村野谷地拝領開発之地、五貫三十五文之所古内故主膳・山口内記・山本勘兵衛を以承応三年二月八日被下置、本知合弐拾五貫三百三拾五文之御黒印、寛文元年霜月十六日に頂戴仕候。以上

延宝七年二月廿三日

8　遠藤一之丞

一　拙者先祖

誰様御代先祖誰を初て被召出候哉、祖父已前之儀分明不承伝候。祖父遠藤玄蕃儀、貞山様御代御知行弐十壱貫八十三文被下置御奉公仕候。玄蕃儀寛永六年八月廿四日病死仕候に付、迹式右玄蕃嫡子同氏十蔵十五歳に罷成候節、無御相違被下置之由承伝候。然処右十蔵義寛永八年十一月三日病死仕候に付、玄蕃次男拙父同氏助兵衛に跡式無御相違被下置由承伝候。右段々家督被仰付候年号・御取次不承伝候。然処寛永年中惣御検地之節二割出目を以、御知行高二十五貫三百文に被成下、寛永廿一年八月十四日之御日付にて、拙父助兵衛に被下置候。御黒印頂戴仕候。拙父助兵衛明暦三年十月病死仕候付、跡式嫡子拙者被下置度旨、親類共奉願候処、其節拙者九歳罷成候間、戸田小左衛門に御番代被仰付候旨

義山様御代同年山口内記を以被仰付、拙者十六歳迄右小左衛門御番代相勤申候処に、寛文四年拙者十六歳罷成候付、御知行拙者に相渡申度由小左衛門申上候付、右御知行弐十五貫三百文無御相違拙者に被下置候旨、寛文四年三月十九日富塚内蔵丞を以被仰付、同月廿三日に御黒印奉頂戴候。以上

延宝七年四月十五日

9 安久津金左衛門

一 誰様御代先祖誰を初て被召出候哉不承伝候。拙者先祖哥丸又七儀

稙宗様御代於伊達下長井庄哥丸郷之内御知行被下置候。御判物于今所持仕候。貫高は相知不申候。右又七より祖父代まで引続御奉公仕候由申伝候得共、知行高勿論仮名等祖父以前之儀分明不承伝候。何様之品を以、誰代に苗字安久津相改申候哉、是又相知不申候。拙者祖父安久津新右衛門儀、

貞山様御代御知行十八貫文致拝領御奉公仕候処、慶長十九年病死仕候付、迹式知行高十八貫文之所嫡子拙父同氏新兵衛、同年馬場出雲を以被下置、大坂両度御陣へも御供仕候。
義山様御代寛永年中惣御検地之時分二割出目三貫六百文被下置、弐十壱貫六百文被成下、其以後野谷地拝領仕、開発高弐貫六百七拾三文寛永十八年山口内記を以被下置、且又知行所畑返出目へ御竿相入、高九百八十五文之所明暦四年古内古主膳を以被下置、本知合廿五貫弐百五十八文被成下候。然処父新兵衛儀
御当代寛文元年隠居願申上候付、願之通被仰付、跡式無御相違拙者被下置候旨、同年十月十六日富塚内蔵丞を以被仰渡候。当時私知行高二十五貫弐百五拾八文御黒印頂戴仕候。以上
延宝五年二月十四日

10　木村市右衛門

一　拙者養父木村主膳田村御譜代に御座候。
貞山様御代被召出、御知行三貫文被下置御奉公仕、大坂御陣へ馬上にて罷登候。私儀須田先主計四男に御座候。主膳苗跡仕度由、寛永八年奥山古大学を以申上御目見仕候。同十三年右同人を以家督被仰付、御番等仕候。同十七年
義山様御代江戸御納戸御用被仰付、六ヶ年相勤申候。惣御検地弐割出目被下、三貫六百文之御黒印頂戴仕候。遠田郡之内にて野谷地被下、七貫四百十八文切起之地、慶安四年十月三日山口内記を以為御加増拝領仕、合十壱貫拾八文之御黒印被下置候。正保弐年より万治三年まで十四箇年、遠田郡御代官仕候に付、御蔵新田取立為起申御竿相入申候品右同人被申上候得ば、御新田之内三貫九百十八文為御加増明暦元年六月十九日に拝領仕候。其上同郡

野谷地被下、八貫百四拾弐文切起申候を、同人を以右同前に被下置、合弐拾三貫七拾九文之御黒印頂戴仕候。同郡之内野谷地被下度旨申上、弐貫百拾文切起、寛文元年十一月十六日奥山大炊を以為御加増拝領仕、都合弐十五貫百八拾九文之御黒印

御当代に頂戴仕候。以上

延宝五年二月十八日

11　富田太兵衛

一誰様御代拙者先祖誰を始て被召出候哉、曽祖父以前之儀不承伝候。拙者曽祖父富田平内儀貞山様米沢に被成御座候節、御知行十五貫文被下置御当地へ致御供、大坂御陣へも御供仕、御名掛組差引被仰付御奉公相勤申候由承伝候。右平内儀寛永十弐年病死仕、家督無御相違拙者祖父越中に被下置、御本丸御門番御小人衆六十人差引被仰付相勤申候。誰を以家督被下候哉御申次は不承伝候。

義山様御代惣御検地之節、二割出御加増に被下置、知行高十八貫五百文被成下、御黒印寛永廿一年八月十四日右越中頂戴所持仕候。其後宮城郡沢音村・同萱谷村にて久荒新田致拝領開発仕候処、正保三年十二月五日右越中病死仕、家督無御相違私父太兵衛に被下置旨、其上右久荒起高壱貫六百六拾三文之所高に被結下由、正保四年三月朔日に津田中豊前を以私父太兵衛被下置、都合弐拾貫百六拾三文に被成下御黒印頂戴所持仕、

義山様へ定御供御奉公仕、以後御国御番相勤申候処、相去御境横目并同所御足軽百弐人差引被仰付相勤申候。

御同代に私父太兵衛、栗原郡佐沼南方村知行地付にて、野谷地拝領開起仕、高八百八文承応二年閏六月十二日に右

豊前を以御加増被下置、都合弐十貫九百七拾壱文之御黒印頂戴仕候、其後右同所にて野谷地拝領開起仕、高三百五十六文寛文元年霜月十六日奥山大学を以被下、都合弐拾壱貫三百弐拾七文に被成下、御黒印所持仕候。右知行所地付切添起目有之、御竿被相入高に被結下度旨、寛文十年六月十四日私父太兵衛奉願、同十一年三月廿二日御竿相入候。然処親太兵衛寛文十三年病死仕、家督無御相違拙者に被下置旨、其上右切添起目三貫八百十八文之所御加増に被下置由、延宝元年十月廿七日大条監物を以被仰渡、知行高都合弐拾五貫百四拾五文に被成下、御下書所持仕候。以上

延宝五年二月八日

12　大越勘五郎

一　拙者儀後藤加賀次男に御座候処、寛永十一年御上洛之刻、京都にて古内故主膳を以、義山様へ御小性組に被召出、無足にて御奉公五ヶ年相勤申候処に、同拾五年三月朔日山口内記を以、御切米三両四人御扶持方被下置、其以後大越十左衛門聟に罷成、其節より苗字大越と改申候。且又親加賀知行高之内十三貫六百文拙者に被分下度旨、加賀存命之内願差上申候処に、右加賀病死仕候以後、右主膳を以加賀願之通拙者に被分下旨、慶安四年十一月十四日に被仰渡拝領仕候。然処右大越十左衛門知行高之内にて六貫文拙者に被分下度旨、右十左衛門存命之内願差上申候処病死仕、以後十左衛門願之通寛文元年十一月十六日拙者に被分下之旨、御当代奥山大学を以被仰渡候。其以後寛文弐年惣御下中持添之御切米御扶持方御知行に被直下候並を以、拙者に被下置候御切米御扶持方三貫五百十四文に直被下、都合弐十三貫百十四文に被結下、御黒印頂戴仕候。且又野谷地

拝領仕自分開発、起目新田弐貫六文之所、寛文十二年正月廿五日柴田中務を以拝領仕候。当時拙者知行高弐十五貫百弐十文に御座候。勿論御黒印頂戴仕候。以上

延宝五年三月二日

13　茂庭延太郎

一　拙者曽祖父中畠兵次儀、御知行高六拾貫百拾四文にて貞山様御代御奉公相務申候由承伝候。兵次先祖誰を誰様御代に初て被召出、何程之進退被下置候哉、其段は不承伝候。私祖父茂庭采女儀は貞山様御代茂庭了庵を以被召出、御切米御扶持方并御仕着被下置候。於御近習御奉公仕候。被召出候年号・御切米御扶持方之員数等は相知不申候。且又采女儀右兵次聟苗跡に被仰付、右御知行高之通無御相違被下置候。是又年号・御申次は相知不申候。其後采女に茂庭之名字為名乗申度由了庵依願に、苗字茂庭に被成下候。寛永十三年貞山様御遠行被遊右采女儀殉死仕候付、跡式無御相違私父采女に被下置候。小梁川五右衛門儀近き親類に有之申付、寛永廿年に右知行高之内三貫文分被下度由、親采女申上候処に、願之通に被仰付、残知行高五十七貫百拾四文に罷成候。

義山様御代寛永年中大御検地之砌、二割出十壱貫三百八拾六文被下置、取合六十八貫五百文之高に被成下候。其以後御加増拾四貫文被下置、都合八十弐貫五百文之高に被成下候。右段々被仰付候年号・御申次且又御加増被下置候品相知不申候。

御当代寛文弐年五月廿一日拙者七歳に罷成候時分、亡父采女病気之品親類共願之書物を以申上候処、奥山大学御披露之上右知行高之内六十弐貫五百文被召上、残弐拾貫文にて私苗跡被仰付由、同年九月廿八日柴田外記・大条監物・富塚内蔵丞を以被仰渡候。拙者知行所地続にて野谷地致拝領、起目代高五貫八文、寛文十二年正月廿五日柴田中務・古内志摩を以被下置、取合当時知行高弐拾五貫八文に御座候。以上

延宝五年二月七日

14　小泉周安

一　拙者親小泉意安儀葛西浪人に御座候。十六歳より高屋快庵弟子に罷成、十箇年程罷在、病人療治之格大形相勤申候処、伊達右衛門殿より快庵へ被仰達医師に御抱、壱年程致勤仕候。寛永三年御上洛之時分、貞山様御供にて右衛門殿京都御登、御疱瘡にて御死去被成候。其以後従貞山様中島監物を以被召出、五人御扶持方奉拝領、御次之療治六ヶ年余致勤仕候処、寛永十年十二月廿三日奥山古大学を以、御相伴被仰付、其上為御加増三人御扶持方被下置、都合八人御扶持方に十両之御切米に被成下、其上御借馬一疋御借被下候。其以後寛永十三年正月十一日中之御仕着物小遣金六両佐々若狭を以奉拝領候。

貞山様御遠行以来引続、

義山様御代津田豊前を以御相伴被仰付、御仕着物九両壱歩之御切米に被直下、本之御切米取合十九両壱歩に被成下、定御借馬・定付之御人足無御相違御借被下候。寛永廿一年八月十四日に、奥山古大学を以御扶持方御切米御借馬御人足被召上、御知行弐拾五貫文奉拝領御黒印所持仕候。明暦二年四月廿九日に親意安病死仕、苗跡無御相違拙

者被下置候旨、同年五月廿二日津田豊前を以被仰渡御黒印頂戴仕候。勿論
御当代御黒印も頂戴仕候。寛文六年三月二日茂庭古周防を以御相伴被仰付相勤申候。拙者知行高都合廿五貫文に御
座候。以上
延宝五年三月十八日

15 松木泰安

一 拙者祖父松木定佐儀本国摂津岸和田浪人に御座候。伏見御時代
貞山様へ御出入仕候処、伊達河内殿御病気に付、仙台へ御下向之時分、道中御供被相頼旨被仰付罷下候処、御薬御
相応御当地に被留置、御知行御扶持方被下置候由承伝候。何程被下置候哉、誰を以被仰付候も不奉存候。右定佐
嫡子瑞詮次男立安は拙者親に御座候。定佐病死仕候以後跡式嫡子瑞詮に可被下置由被仰出候処に、瑞詮儀別て御
知行拝領仕候故、次男立安に被下置度旨、右瑞詮願上候処、御知行十貫文亡父立安に被下置、定佐家督被仰付候。
右河内殿へ被相付候。誰を以右御知行被下置候哉、年号も不奉存候。河内殿御死去以後
義山様御代被召出、右御知行高被下置、御奉公相勤申候。右御申次・年号等不承伝候。
御同代寛永年中大御検地之節、二割出目を以十二貫文被成下候。其節亡父致頂戴候御黒印所持仕候。其後為御加増
御知行十三貫文被下置、都合弐十五貫文被成下候。右何様之品を以何年被下候哉、御申次も不承伝候。
御当代寛文九年に亡父立安儀隠居被仰付、御知行高弐十五貫文嫡子寿悦に無御相違被下置之旨、各務采女・渡辺金
兵衛を以同年極月廿七日被仰渡候。其節寿悦致頂戴候御黒印所持仕候。寛文十二年正月寿悦儀御相伴衣躰被仰付、

則江戸、罷登改名被仰付立安に罷成秋罷下候処、相煩同年十月三日病死仕候。実子無之拙者儀実弟に御座候間家業被仰付、跡式被下置度旨兄立安存生之内願申上置、死後親類共願覚書差上申候処、如願之迹式無御相違拙者に被下置之旨、延宝元年二月廿七日柴田中務を以被仰渡候。今以知行高弐拾五貫文御座候。親立安相果申候節は拙者幼少に候故、先祖御知行被下候品分明に不奉存候。承伝之通申上候。以上

延宝七年三月廿日

16 白石長吉

一 拙者先祖伊達御家御譜代、白石六蔵後雅楽丞と改名仕候。

貞山様御代六蔵十六歳にて御右筆に被召出、一両年無足にて相勤申候処、

貞山様江戸へ被遊御登候時分、道中於白石御知行高拾五貫文被下置候由御座候。年久儀御座候故、年号相知不申候。其後段々御加増之地拝領仕、四十一貫五百九十九文罷成候。寛永年中大御検地弐割出目共五十貫文之高に罷成候由承伝候。然処雅楽丞儀寛永廿年病死仕、迹式拙者亡父勘六に弐十五貫文にて被立下候。御黒印所持仕候。勘六儀六郎左衛門と改名仕、御奉公相勤申候処、寛文六年七月病死仕候付、同年十月廿八日古内志摩を以、拙者跡式無御相違廿五貫文被下置候。御黒印頂戴仕候。右雅楽丞父白石但馬より先祖之儀は同氏源右衛門可申上候。以上

延宝五年二月十一日

17 岡崎吉之丞

一　拙者先祖

御先代久敷御奉公仕候由承伝候得共、
誰様御代に誰を被召出候哉、御知行何程被下置候哉、高祖父以前之儀は不奉存候。高祖父岡崎将監儀
貞山様御代には名取郡早股村被下置候由承伝候得共、御知行高は相知不申候。右将監儀相馬御陣之節討死仕候。其以後如何様之品御座候哉、進退断絶仕、右将監之実子私曽祖父同氏清蔵儀改名仕清左衛門に罷成、無進退にて大坂御陣之節馬上にて罷登御奉公相勤申候。其以後右之品々馬場出雲御披露を以、野谷地廿四町被下置、此起目高弐十三貫八百壱文之所拝領仕候。其節之御申次・年号不承伝候。右清左衛門改名将監に罷成候。以後
義山様御代寛永年中惣御検地之節、弐割出目被下置、都合弐拾八貫五百文に被成下、御黒印奉頂戴候。右将監儀男子無之候付、菅生与作次男清五郎聟苗跡に仕候処に、右将監御奉公仕候内、寛永十六年に拙者祖父清五郎病死仕候付、清五郎実子宇右衛門に家督申立候。其以後正保四年に右将監病死仕候に付、同年六月古内主膳を以、右宇右衛門に無御相違跡式被下置、御黒印奉頂戴候。
御当代に拙父宇右衛門弟岡崎五郎右衛門に右御知行高之内三貫五百文為分取申度段宇右衛門願差上申に付、願之通被成下旨寛文五年六月十五日富塚内蔵丞を以被仰付候。依之残高弐十五貫文之所御黒印奉頂戴候。拙父宇右衛門儀寛文十一年病死仕候付、迹式御知行高弐拾五貫文之所無御相違、同年六月十九日片倉小十郎を以拙者に被下置、御黒印奉頂戴候。以上

延宝七年七月三日

18　大江文左衛門

一　私祖父大江山城儀会津譜代に御座候て、盛氏・義広墨付所持仕候。然処貞山様会津御取合御座候て義広御没落以後、岩出山へ罷越、会津衆被召出候刻、御知行高拾貫文被下置御奉公相務、其以後病死仕候。其時分は、貞山様伏見に久御詰被遊候時分に御座候故、跡式相禿申候。右祖父被召出候年号等承伝不申候。私親同苗文左衛門儀祖父山城相果、慶長二年十五歳にて伏見へ罷登、長沼丹後親類に御座候付扶助相受、十九に罷成候歳より、丹後手前物書役目に被召出、其以後段々御役目替被仰付、御知行高三十貫三拾四文従貞山様三箇度に被下置候。初両度拝領仕候年号・御申次は覚不申候。三箇度目十貫文之御加増は寛永六年に中島監物を以被下置候。右御下書所持仕候。然処寛永元年に伊達三河守殿へ被相付候由、茂庭古周防を以被仰付候。其砌周防方へ御直書を以被仰付候御書所持仕候。親義は三河守殿にて御家老役目相勤申候内、相煩役目勤兼申に付、寛永十二年に於江戸御旗本衆毛利九郎左衛門殿頼入隠居被願、三河守殿へ申上候得ば願之通被仰付、身分誤之儀無御座候得共、右知行高之内弐十貫三十四文被召上、拙者を家督に被相立十貫文被下、三河守殿へ致勤仕候。依之親文左衛門義は引込罷在候処、寛永十五年に御国中御検地被相入候時分中島監物を以被召出、弐十人御扶持方当座之御合力を以御帳引合之御用被仰付、御検地相極、寛永十九年に御国御勘定頭被仰付、改て御知行高弐十五貫文従義山様中島監物を以被下置候。私義伊達三河守殿より引続弾正殿へ致勤仕罷在候処、義山様御代に拙者兄同苗長四郎御小性組御奉公仕罷在候処、寛永十三年に病死仕、子共無之付、右長四郎跡式願申上度候間御暇申受度由弾正殿へ申上候得ば、右申上候通親隠居仕候時分弐十貫三拾四文被召上、残十貫文拙者被下候も被召上御暇被下、兄跡式御切米九両弐歩七人御扶持方寛永拾四年に義山様御代中島監物を以被下置、十五歳より御国御番相勤、父子御奉公仕罷在御処、親文左衛門慶安四年に病死仕に付、拙者を家督被仰付、右御切米御扶持方は被召上、御知行高二十五貫文無御相違故古内主膳を以慶安四年四月被下置候。以上

延宝七年三月十五日

19 真山平六

一 拙者親真山忠右衛門儀先真山刑部弟に御座候処、義山様御代先刑部持来候御切米四両四人御扶持方被下置度由、故古内主膳を以願差上 願之通被成下、御小性之間にて御奉公仕、其以後虎之間御番所被仰付由承伝候。右被召出候年号不承伝候。且又御同代正保二年十月廿八日、右之御切米御扶持方を御知行六貫文に被直下候。右御切米御扶持方如何様之品を以御知行に直被下候哉不奉存候、寛永十八年野谷地被下候。開起之地五貫八拾七文之所正保二年致拝領、御黒印所持仕候。併御申次は不奉存候。真山刑部致拝領候新田開起之地三十四貫六百九拾六文弟忠右衛門に分与申度由、綱宗様御代に願差上申候得ば、万治三年二月十日に先茂庭周防・富塚内蔵丞を以、願之通被成下幷に正保弐年・承応四年被下候野谷地十五町之内、開発之地四貫弐百拾七文万治三年二月十日右両人を以致拝領、都合五拾貫文御黒印所持仕候。親忠右衛門儀寛文四年八月五日に相果、

御当代同年十一月十三日柴田外記・原田甲斐を以嫡子権之助跡式無御相違被下置候処、寛文七年十一月廿九日兄権之助病死仕、拙者儀弟に御座候故、御知行高之内半分被召上、残弐拾五貫文寛文八年七月晦日に柴田外記・津田玄蕃を以被下置、并右権之助御番所虎之間不相替被仰付由、原田甲斐被申渡、今程御黒印頂戴仕候。以上

延宝五年四月廿一日

20　芳賀十右衛門

一　拙者祖父芳賀図書儀白川譜代に御座候故、白川不説御当地へ罷越候付、右図書慕参候処、貞山様御代古田伊豆を以被召出、則御知行高弐拾五貫文被下置御奉公仕候。如何様之品を以、何年に被召出候哉不承伝候。

御同代右図書病死仕候付、迹式無御相違拙父同氏蔵人に被下置候。年号・御申次相知不申候。然処に義山様御代寛永十六年之比蔵人儀蒙御勘気進退被召上候処、慶安三年古内故主膳を以被召返、本知行高無御相違弐拾五貫文被下置候。蔵人歳罷寄御奉公勤兼申に付、隠居之願申上候処、寛文二年二月十三日に隠居被仰付、家督無御相違拙者に被下置候旨奥山大炊を以被仰付候。拙者知行高弐十五貫文に御座候。以上

延宝四年極月十一日

21　畑中彦右衛門

一　拙者先祖従伊達御奉公仕候由承伝申候得共、

誰様代に先祖誰を被召出、進退何程被下置候哉承伝不申候。祖父畑中正兵衛儀は、御国替之砌伊達より御供仕候由承伝申候。

貞山様御代寛永八年極月廿三日、右庄兵衛御知行三貫百六十九文被下置、御奉公相勤申候由承伝申候。誰を以被下置候哉其段承伝不申候。

御同代右庄兵衛実嫡子拙父彦右衛門、江戸御勘定役人に被召出候年号并御合力之員数は承伝不申候。其以後江戸御勘定頭被仰付、御切米金拾両七人御扶持方に被成下候。年号・御申次は承伝不申候。其後御買新田申請、起目弐貫四拾弐文右彦右衛門拝領仕候。是又年号・御申次承伝不申候。祖父庄兵衛と隔々之御奉公相勤申候処に、

義山様御代寛永十九年五月廿五日に祖父庄兵衛病死仕、跡式御知行高三貫百六拾九文は彦右衛門に被下成候。右御買新田起目弐貫四拾弐文合五貫弐百拾壱文、御切米金拾両七人御扶持方、無御相違実嫡子右彦右衛門に被下置旨同年極月廿六日に古内古主膳を以被仰付候。寛永廿一年二割出目壱貫八拾九文被下置、都合六貫三百文被成下御黒印奉所持候。右彦右衛門慶安五年六月十日に、江戸御勘定頭数年相勤申候付、為御加増御知行拾八貫七百文被下置御切米御扶持方は被召上、都合弐拾五貫文に被成下候。御黒印奉所持候。御申次は不承伝候。

綱宗様御代万治弐年九月廿一日に、拙父彦右衛門病死仕、跡式御知行高無御相違実嫡子拙者に被下置之旨同月廿七日に古内中主膳を以被仰付候。

御当代御知行高弐十五貫文被下置御黒印奉頂戴候。拙者本苗畑中に被成下、改名彦右衛門に被仰付被下度旨、寛文七年二月奉願候処、如願被仰付旨同年四月廿九日に柴田外記を以被仰付候。以上

延宝七年四月廿五日

22　氏家伊之助

一　拙者祖父氏家善助儀
貞山様御代被召出、御知行拾五貫文被下置候。誰を以被召出右御知行拝領仕候哉不承伝候。
義山様御代御検地二割出三貫弐百文、合拾八貫弐百文寛永廿一年八月御黒印頂戴仕御奉公相勤、右善助明暦三年九月病死仕候。迹式無御相違氏家主水を以、同年十一月拙父同氏善助に被下置、御国御番仕罷在候処、
公義御目付衆御下向に付、外人屋御賄御用被仰付、寛文二年三月より水野正左衛門殿・荷田八郎左衛門殿・溝口源右衛門殿・桜井正之助殿御下向迄両人宛にて相勤申候処に、善助一人に被仰付、引続神尾若狭守殿・阿部主膳殿千本兵左衛門殿、水野与左衛門殿御下向まて、金銀大分之御入方勿論小役人まて減少仕、内外共に御首尾能相勤申之由御褒美被成、御加増之地六貫八百文柴田外記を以被下置、都合弐十五貫文に被成下御黒印寛文八年十二月六日頂戴仕、同九年八月渡辺筑後守殿・森川助右衛門殿御下向迄相勤、御役目替延宝元年京都御留守居役目被仰付罷登、当番中御用無恙相仕舞中風相煩罷下、延宝五年閏十二月病死仕候付、迹式無御相違拙者に同六年三月廿七日被下置之旨、小梁川修理を以被仰渡候。先祖氏家豊前と申者には、拙者祖父、同氏善助儀は孫に御座候。委細之儀は幼少故不承伝候。以上
延宝七年三月十四日

23　安藤庄之助

一　拙者儀伊達御譜代之由承伝候。乍去拙者先祖誰と申者

誰様御代に被召出、且又
誰様御代に拙者先祖誰と申者代に浪人罷成候哉不承伝候。仍祖父安藤彦兵衛儀
貞山様御代被召出、御切米弐両三歩御扶持方四人分被下置、虎之間にて被召仕候。其節之御申次并年号不承伝候。
右彦兵衛儀
義山様御小座住之時分、従
貞山様被相付、御小性組に被召仕候処に、其以後御納戸頭被仰付候。其節之御申次并年号不承伝候。然処に右彦兵衛伯父大浪茂右衛門と申者、子共持不申候付、茂右衛門拝領仕御合力御切米七両壱歩御扶持方七人分、彦兵衛に御加増に被下置度由、右茂右衛門方より願上申候付、彦兵衛本御合力へ茂右衛門進退御取合被成、御切米都合十両御扶持方拾壱人分に被成、御納戸頭三拾ヶ年余相勤申候内
義山様御代に山口内記を以、其身儀年久敷御奉公無懈怠相勤申候付、御知行三拾貫文被下置、其上蟻坂丹波代に御金奉行被仰付由被仰渡候。其節之年号覚不申候。将又正保三年に桃生郡釜谷浜にて野谷地拝領、開発高八百九拾八文致拝領候由、年号・御申次相知不申候、都合三拾貫八百九十八文に被成下候。寛文元年に右彦兵衛隠居仕、嫡子金右衛門に家督被下度由奉願候処、願之通金右衛門に家督無御相違被仰付由、同年十一月十六日に富塚内蔵丞を以被仰渡候。右金右衛門病気にて御奉公不罷成、拙者幼少に御座候付、彦兵衛弟安藤久八子安藤市郎左衛門御番代被仰付、拙者十五歳罷成候はば右三拾貫八百九拾八文之内弐十五貫文は拙者に被下置、残る五貫八百九拾八文之所右安藤市郎左衛門に被分下度由、寛文三年に金右衛門方より奉願候処、願之通右市郎左衛門に御番代同年十一月廿二日に被仰渡候。延宝弐年拙者十五歳に罷成候付、右市郎左衛門方より品々申上候得ば、三拾貫八百

九拾八文之内弐十五貫文拙者に被下、五貫八百九十六文は右市郎左衛門に被下置之由、同年三月六日柴田中務・大条監物を以被仰渡、御黒印は未頂戴仕候。御書替は所持仕候。同年八月十三日に御小性組に被仰付候由、鈴木主税・各務采女を以被仰付候。以上

延宝五年二月九日

24　香《こう》味弥右衛門

一　拙者曽祖父香味丹波儀伊達御譜代之由、御知行五貫弐百三文被下置、御奉公仕候由承伝候。誰様御代拙者先祖誰を被召出御知行被下置候哉、曽祖父以前之儀不承伝候。其以後壱貫七百九拾六文被足下、六貫九百九拾九文に被成下候。切添等にて被下置候哉、其段年久敷儀に御座候故不承伝候。貞山様御代祖父但馬寛永二年に御買野谷地二町分申請、開発高弐貫四百十文同十年霜月被下置、本地取合九貫四百九文に被成下候。曽祖父丹波家督嫡子但馬に被下置候年号・御申次衆、右新田拝領仕候御申次衆不承伝候。右但馬儀

義山様御部屋住之時分より御奉公仕候付て、

御同代に御加増十五貫五百九拾壱文寛永十四年七月十一日に古内古主膳を以被下置、取合二十五貫文之高に被成下候。

御同代寛永二十一年惣御検地之節二割出五貫文被下置、都合三拾貫文に被成下候。

御同代祖父但馬嫡子拙者親惣九郎儀病死仕候付て、但馬隠居願申上候時分、右知行高三拾貫文之内五貫文は、但馬

二男同苗次左衛門に為分取残弐拾五貫文は拙者に被下置候様に仕度段奉願候処に、願之通被成下旨、慶安四年霜月朔日に富塚内蔵丞・山口内記を以被仰渡、弐十五貫文之所拙者に被下置御黒印頂戴仕候。以上

延宝五年三月廿一日

侍衆

御知行被下置御牒（二十二）

弐拾四貫九百文より
廿壱貫百文まで

1　塩沢市郎兵衛

一　拙者親水野市郎右衛門と申候て最上浪人に御座候。義山様御代御家へ罷越、古内故主膳を以定御供に被召出、御切米御扶持方被下置御奉公仕候処、塩沢五郎右衛門と申候者病死、跡式知行高弐拾四貫九百文之所右主膳を以被下置、塩沢之苗字被仰付候。五郎右衛門儀元来由緒も無御座死後に跡式被下置候故、先祖品々不承伝候。市郎右衛門儀寛文二年六月六日病死仕、跡式無御相違同七月廿二日原田甲斐を以拙者に被下置候。以上

延宝五年二月十四日

2　堀源兵衛

一　拙者親堀伊勢と申、最上浪人にて御奉公は不仕候。拙者儀御当地にて出生仕候。然処、

貞山様御代元和七年に御切米本代七百文御扶持方三人分被下置旨中島監物を以御鷹匠御奉公に被召出候。

義山様御小座之刻、拙者被相付候節、御切米拾切御扶持方四人分に古内伊賀を以被成下候。年月失念仕候。

義山様御代
公方様御鷹匠頭衆へ拙者被相付候刻、御切米四両に被成下候。誰を以被仰渡候哉、年月共に失念仕候。

義山様御代慶安二年八月十八日に古内故主膳を以御知行弐拾貫文被下置、御鷹匠頭被仰付候。則御黒印頂戴仕候。

其節御切米御扶持方被召上候。

義山様御代明暦四年に野谷地申請、開発新田起目四貫五百五拾六文寛文元年十一月十六日奥山大炊を以被下置、右本地都合弐拾四貫五百五拾六文之御知行高に被結下候。御黒印頂戴仕候。伊達和泉殿先年上下伊沢にて新田拝領被成候内、起目拾弐貫九百六拾四文之所拙者に被下度旨伊達上野殿依御願、寛文七年五月廿九日柴田外記を以拙者被下置候旨被仰渡、右本地都合三拾七貫五百弐拾文之御知行高に被結下御黒印頂戴仕候。

御当代寛文七年霜月大町権左衛門・各務采女・渋川助大夫を以奉願候ば、拙者知行高三拾七貫五百弐拾文之内新田拾弐貫九百六拾四文之所次男小伝次に被分下度段申上候得ば、同八年正月廿六日に古内志摩を以願之通被成下、拙者知行高弐拾四貫五百五拾六文に被成下候。御黒印頂戴仕候。

御当代延宝元年十月廿九日知行地続切添起目弐百八拾壱文被下置旨、大条監物を以被仰渡覚書所持仕、右本地都合弐拾四貫八百三拾七文当時拝領仕候。以上
延宝七年七月廿三日

3 氏家市右衛門

一　要山様御部屋住之砌、拙者兄氏家市右衛門御小性組被召出、御切米御扶持方被下置、御膳番役目に被召使候処、要山様正保二年被成御逝去右市右衛門殉死仕候。実子持不申故、拙者を苗跡仕度由義山様へ申上、無御相違拙者十三歳之時被下置候。市右衛門儀前後首尾能相勤不便に被思食候。少々御加恩をも可被成下候得共、拙者若輩にも候間先以御奉公無油断可申上由、山口内記・真山越中を以被仰出候。其刻御切米御扶持方御知行被直下、高五貫文正保三年六月廿三日御黒印奉頂戴、拙者引続御小性組に被召出、十三ヶ年右御奉公仕、義山様御逝去被成以後御国虎之間御番所被仰付、四ヶ年御番仕候処、江戸御納戸御召料役目被仰付、十ヶ年相勤申内、桃生郡深谷小松村拙者知行所地付に谷原御座候を、寛文四年二月廿一日申上、柴田外記・富塚内蔵丞御申次を以、谷原拾五町致拝領、自力を以起立、其高拾九貫七百五拾八文に罷成候を、古内志摩御申次を以、寛文九年十二月十日為御加増被下置、都合御知行高弐拾四貫七百五拾八文御黒印奉頂戴候。以上

延宝五年三月十三日

4 白石正左衛門

一　拙者祖父白石主膳儀白川之譜代一門に御座候処、白川不説入道義親没落に付て、上杉景勝家中に罷在、慶長五年七月白石に籠城仕候処、貞山様為御意、石川大和殿・片倉小十郎方より城明渡候は身命相違有之間敷候由神文を以登坂式部・南右馬丞方へ

被申越候に付、景勝方へは含恨子細御座候処、弥以加勢之儀も無之落城次第に捨置被申に付、諸勢頼少く弥含恨景勝方へ可帰属覚悟無御座候故、御味方仕、七月廿五日白石落城仕候。其後石川大和殿・片倉小十郎を以主膳も被召出、御知行弐拾貫文拝領仕候後、母衣之衆十二騎之内被仰付候。其後御足軽五十人被預置、御奉公相勤申由承伝申候。

御同代主膳儀元和八年霜月十五日病死仕候。嫡子正左衛門に引続右御知行高之通家督被仰付候。御申次衆・年号不承置候。

義山様御小座住之内、寛永十年に馬上二十騎被進候内に被仰付御奉公相勤申、亡父正左衛門儀は同十七年十二月廿七日病死仕候。拙者に家督無御相違被下置之旨、同十八年六月廿五日に山口内記を以被仰付候。然処惣御知行御割之節二割出目四貫文被下置、都合知行高弐拾四貫文之所於只今拝領仕候。

御当代迄御黒印頂戴仕候。以上

延宝五年四月十三日

5　遠藤喜左衛門

一　拙者先祖伊達御譜代之由承伝候。曽祖父中名生備後其子孫右衛門於伊達御奉公仕由に御座候得共、進退何程被下置何様之御奉公仕候哉不承伝候得共、従

貞山様右備後に被下置候御書等于今所持仕候。右孫右衛門死去、跡式断絶嫡子拙父喜左衛門幼少に御座候付、母養育を以成長仕、母は遠藤大炊助娘御座候条、遠藤と苗字改、大坂両度之御陣へも無足にて御供仕、三両四人御扶

持方被下置候由承伝候。御奉公は御納戸にて被召使候内、京都御用被仰付、従貞山様御代義山様御代迄、数年御役目無恙勤仕申に付、寛永十七年に御知行弐拾貫文先古内主膳を以被下置候。其節御検地御座候故、御足目にて被下置、同二十一年に地形に被成下、二割出目共に弐拾四貫文拝領仕候。右喜左衛門被召出時之年号は不承伝候。寛文三年右喜左衛門隠居願申上候付、富塚内蔵丞を以右御知行引続無御相違拙者に被下置旨、同年十二月廿五日被仰付、其以後野谷地申受右之起目新田高四百三拾九文延宝五年二月十日柴田中務を以被下置、本地取合弐拾四貫四百三拾九文に被成候。以上

延宝七年二月廿六日

6　野村善右衛門

一　祖父野村内膳儀葛西浪人に御座候処、慶長五・六年之比、貞山様にて被召出、御知行拾五貫文被下置候由、誰を以被召出如何様之品を以御知行被下置候哉、申伝も無御座候故存不申候。右内膳家督之嫡子越中は早世仕候。野村清右衛門儀は聟に御座候付、清右衛門娘は内膳孫に御座拙条養子に仕、家督に相立申度旨、慶長十九年に馬場出雲を以願上申候得ば、宍戸平右衛門二男拙者親善右衛門御取合苗跡に被成下候。善右衛門事は馬場出雲甥に御座候。平右衛門儀は伊達御譜代に御座候。元和三年極月廿五日右内膳病死仕候故、家督願之儀馬場出雲を以申上候処、無御相違善右衛門に被下置候由承伝申候。其後知行所之内にて、新田起目五貫文寛永元年之頃拝領仕、弐拾貫文に被成下候。新田拝領之御取次は馬場出雲方より横田権之助を頼申候て、権之助御披露を以被下置候由承伝申候。其以後寛永十七年御検地以来二割出被下、取合弐拾

四貫文之御黒印頂戴仕、江戸御番等被仰付、奥山故大学御番組にて、寛永十二年迄馬上にて江戸御奉公相勤申候。其後御国御用被仰付罷在候処、正保二年

陽徳院様へ橋本隼人同役に被仰付、妻子共に江戸定詰仕候。然処慶安元年五月七日江戸にて病死仕候。亡父善右衛門存命之内より私儀は

綱宗様へ御小性並に御奉公、無足にて相勤罷在候。山口内記寄子に御座候故、家督願之段内記方へ申達候得ば、則古内故主膳方へ願之添状為相登被申に付て、右主膳御披露を以跡式無御相違被下置之旨、同年七月三日に被仰渡候。其以後九月江戸より被相下候。万治三年極月奥山大炊を以、御国御番可仕由被仰付、石川次郎左衛門御番組御番所虎之間に御座候。寛文四年五月より御材木方御用被仰付、其後延宝三年二月六日大条監物を以御二之丸御用被仰付、妻子共取移致勤仕候。以上

延宝五年二月廿日

7　本内五郎左衛門

一　拙者先祖伊達御譜代御座候由承伝候。

誰様御代先祖被召出候哉、曽祖父以前之儀不存候。

輝宗様御代曽祖父本内駿河儀、伊達之内譜代所本内と申在家知行共に拝領仕罷在候。知行高之儀は覚不申候。右駿河老衰以後隠居仕道閑と致改名、嫡子五郎左衛門駿河に罷成右之所被下置、

貞山様仙台へ御移被成候砌、駿河に御知行四拾貫弐百九拾文被下置、岩出山御在城之砌宮城之御城代被指置、其以

後右知行高之内嫡子拙父五郎左衛門弐拾貫弐百九拾文、次男弥平に三貫文分被下度旨
貞山様御代富塚内蔵丞を以申上候得ば、願之通被仰付、残拾七貫文は駿河打続知行仕、親子三人にて御奉公相勤申候。駿河病死以後、右拾七貫文之内右五郎左衛門に拾貫文右弥平に七貫文被下置候様に仕度段、
貞山様へ馬場出雲を以申上候得ば、末期之遺言に候条被召上候。前々之御奉公をも申上候間、追て御吟味之上可被下置由被仰出、右拾七貫文被召上候。
貞山様御代拙者親五郎左衛門隠居仕度由奥山故大学を以申上候得ば、願之通被仰付、家督無御相違拙者に被下置旨、寛永十二年霜月右大学を以被仰付候。且又
義山様御代惣御検地之砌、二割出目四貫拾文被相加、都合弐拾四貫三百文に被成下御黒印致頂載、至
御当代も右知行高不相替拝領仕候。先祖之家督被仰付候年号・御申次年久敷事に候故不承伝候。以上

延宝五年三月十六日

8　深島市右衛門

一貞山様御代祖父深島仁右衛門儀御知行弐拾貫文被下置御奉公相勤申候。何年何月誰を以被召出候哉承伝不申候。
右仁右衛門儀
御同代病死仕候。拙者親市右衛門は右仁右衛門実子に御座候得共、仁右衛門死後出生仕候付、仁右衛門跡式被相禿候由承伝申候。深島九兵衛と申右仁右衛門兄御座候。
貞山様代御知行七拾貫文被下置御奉公仕候由、何年何月誰を以被召出候哉承伝不申候。右九兵衛儀

御同代病死仕候処、実子無之候付、親市右衛門苗跡に申立右七拾貫文被下置候得共、幼少に御座候付、郡山半四郎と申者御番代被仰付御奉公相勤申候内、無調法之儀御座候て、御同代進退被召上候。右市右衛門には御切米拾両拾人御扶持方被下置御奉公仕候処、御同代追て願申上候付、御知行弐拾貫文被下置、右九兵衛苗跡に被成下由承伝申候。何年何月誰を以被仰付候哉相知不申候。先祖九兵衛以前誰を初て被召出候哉承伝不申候。

義山様御代御検地被相入候砌、二割出目共に弐拾四貫弐百文に被成下御黒印頂戴仕候。拙者儀前之原瀬兵衛二男御座候処、右市右衛門事男子持不申候付、

義山様御代市右衛門聟苗跡に仕度旨、山口内記を以申上候処願之通被成下、市右衛門儀病人に御座候故、御番代拙者相勤罷在候内寛文八年七月朔日右市右衛門病死仕候付、家督無御相違拙者に被下置候旨、同年霜月廿五日原田甲斐を以被仰渡、右弐拾四貫弐百文之御黒印頂戴仕候。以上

延宝五年正月十九日

9　桜田九助

一　拙者先祖伊達御譜代之由承伝候。

誰様御代先祖誰を初て被召出候哉其段不承伝候。

稙宗様御代桜田江雲、其子大蔵と申者御奉公仕候由承伝候得共、拙者より何代以前に御座候哉其品不奉存候。拙者

高祖父御房丸

晴宗様御代被下置候御判物所持仕候。両所郷付を以被下置候故、御知行高は何程御座候哉相知不申候。右御房丸後宮内と改名仕候。小斎御陣にて討死仕候由申伝候。右宮内実子九助に跡式被下置候。誰を以御知行高何程被下置候哉不奉存候。

貞山様御代慶長十三年九月十三日、奥山出羽・鈴木和泉両人判形之目録御知行高五拾貫三百三拾三文右九助に被下置候御下書所持仕候。右九助御近習にて御奉公仕、御小性頭被仰付候由承伝候。高麗・大坂・京都迄御奉公相勤申後、治部と改名仕候由承伝候。右治部元和四年六月十六日病死仕候。治部実子源四郎幼少に御座候付、右御知行高之内弐拾貫八拾弐文佐々若狭を以被下置候由承伝候。年号は不奉存候。右源四郎御国御番仕、義山様御代寛永十三年より慶安三年迄江戸御留主御番仕候。

義山様御代寛永年中大御検地之時分二割出目を以四貫拾八文拝領仕、高弐拾四貫百文に被成下、寛永廿一年八月十四日之御黒印所持仕候。右源四郎後又左衛門と改名仕候。右又左衛門万治三年十月三日病死仕候。跡式拙者に被下置候様に古内中主膳を以親類共願上申候処、万治四年四月右主膳を以御知行無御相違拙者に被下置候。寛文元年十一月十六日之御黒印頂戴所持仕候。今以知行高弐拾四貫百文に御座候。以上

延宝七年三月廿一日

10　佐藤源太左衛門

一　拙者祖父佐藤故源太左衛門事、生国岩城之者に御座候。

貞山様御代御旗本衆阿部弥市殿・大窪四郎左衛門殿頼入候処、右御両人衆より柳生又右衛門殿へ御頼、右又右衛門

殿御取持を以、元和三年五月廿三日に被召出、同六月十日に御金三拾両被下置候由申伝候。翌年元和四年二月二日に御知行弐拾貫文被下置候。元和五年十月五日之日付にて長沼作左衛門・大町駿河両名付之御下書目録所持仕候。義山様御代寛永年中大御検地之節二割出目被下置弐拾四貫百文に被成下候。其節父源太左衛門致頂戴候御黒印所持仕候。

御当代寛文元年に父致頂戴候御黒印所持仕候。

御当代寛文二年に父源太左衛門隠居之願申上候処、如願隠居被仰付、御知行高無御相違拙者に被下置之旨、同年十二月十日柴田外記を以父拙者にも被仰渡候。其節拙者致頂戴候御黒印所持仕候。以上

延宝五年三月四日

11 斎藤五左衛門

一 拙者親斎藤五左衛門儀、伊達御譜代斎藤四郎右衛門と申者之次男御座候。然処、貞山様御代茂庭石見を以被召出野谷地拝領、新田開発高弐拾八貫四百拾七文之所被下置候。被召出野谷地拝領之年月は覚無御座候。

義山様御代惣御検地二割出目共高三拾四貫百文に罷成候。内弐拾四貫百文は拙者被分下残拾貫文は拙者弟斎藤七右衛門に分被下度由、親五左衛門願申上候処、願之通寛永廿年四月十日に茂庭佐月を以弐拾四貫百文拙者に被分下、御黒印致頂戴候。右斎藤四郎右衛門家督只今之斎藤三右衛門方より委細可申上候。以上

延宝五年四月十四日

12　小梁川惣右衛門

一　拙者曽祖父小梁川上総次男祖父小梁川惣右衛門儀、幼少より年久無足にて御奉公相勤申段、貞山様御代片倉備中を以被仰立、御知行弐拾貫文被下置候。右惣右衛門慶長十八年に相果申付、茂庭了庵を以家督嫡子五兵衛に被下度旨願上申候処、無御相違被下置候由承伝候。且又義山様御代領内御検地之砌、二割出四貫文并切添弐拾文親小梁川五兵衛拝領、知行高弐拾四貫弐拾文に被成下候。右五兵衛儀数年江戸・御国御奉公相勤歳老申に付隠居仕、嫡子助次郎に苗跡被下度段奥山大炊を以願申上候処、無御相違

御当代寛文元年閏八月三日家督拙者に被下置候。寛文四年改名惣右衛門に被仰付候。御番所は従祖父虎之間に御座候て、片平助右衛門御番組に御座候。以上

延宝五年三月八日

13　松浦九左衛門

一　拙者祖父相良善右衛門儀

貞山様御代被召出、御切米三両五人御扶持方被下置、御歩行御奉公仕候。其以後義山様御部屋へ被相付、御歩行番頭被仰付御奉公仕候。右善右衛門儀、義山様為御意苗字松浦に被成下、虎千代様へ被相付候処、寛永七年八月四日虎千代様御遠行被遊候砌追腹仕候付、右之仰立を以、寛永七年八月十四日

義山様御部屋住之内、古内故主膳を以御知行弐拾貫文亡父善右衛門に被下置、右御切米御扶持方は被召上候。義山様御代に罷成江戸御番被仰付、四ヶ年勤仕候内病人に罷成、江戸御番御赦免被成、御国御番被仰付候。御同代寛永年中惣御検地之節二割出目四貫文拝領仕、弐拾四貫文に被成下候。拙者実父善右衛門儀慶安三年六月三日に病死仕候付、跡式無御相違同年八月八日古内故主膳を以被下置、当時拙者知行高弐拾四貫文之御黒印頂戴仕候。祖父善右衛門儀何年に誰を以被召出候哉、拙者幼少之時分親死去仕候故不承伝候。以上

延宝七年三月朔日

14 大槻正八

一 拙者祖父大槻喜右衛門儀田村浪人にて御国に罷在候処、貞山様御代二十五人衆に被召出、御知行七百文被下置御奉公仕候処、大坂御陣御供仕、馬上壱騎討取申に付、其馬道具等被下置、御帰陣之時分馬上にて御供仕候。其後御知行度々致拝領、知行高弐拾貫文に被成下候。右喜右衛門儀

貞山様御遠行之砌殉死仕候付、義山様為御意、実子拙者親喜右衛門に跡式御知行高弐拾貫文無御相違被下置由、古内伊賀を以被仰付候由、年月不承伝候。且又右御知行御役末々迄御免可被成置由、右伊賀を以被仰付候由之書替所持仕候。其後寛永年中御竿二割出目致拝領、高弐拾四貫文に被成下御奉公仕候処、万治三年五十人組奥山大学を以御免被成下、御番所御広間被仰付候。右御知行祖父喜右衛門拝領仕候品・年号・御申次等不承伝候。将又御組御免之刻知行御役金指上可申

由、御割奉行衆より被申渡其年より指上御奉公相勤申候処、喜右衛門儀年罷寄候に付隠居奉願候処、寛文五年五月十五日願之通隠居被仰付、家督無御相違実子拙者に被下置旨、茂庭中周防を以被仰渡御黒印頂戴仕候。以上

延宝五年四月七日

15　西大条孫大夫

一　御先祖朝宗様文治年中始て奥州へ御下向之砌、拙者先祖苗字伊藤と申候て御供仕罷下候由、名は相知不申候。其後伊達之郡西大条と申所被下置居住仕候付て、本名伊藤を改在苗西大条に罷成候由申伝候。知行高不存候。御先祖九代目政宗様御代長井之庄御手に入之砌、下長井之内玉庭之郷為御加増先祖に被下置、夫より玉庭に在所仕罷在候。名は不申伝候。知行高も相知不申候。拙者先祖右之伊藤より十四代目兵衛尉仲政若年之比右玉庭之在所火事仕、御先祖様より段々被下置候御証文等自分系図も焼失仕、兵衛尉以前十三代は名本相知不申候得共、十三代相続仕候儀は申伝候。右之兵衛尉代より段々西大条玉庭之外、信夫之郡稲川村・宇田郡蒲庭村・名取郡小川村三ヶ所為御加増被下置、五ヶ所取合知行高五百貫文程に御座候と申伝候。右之兵衛尉天文十八年八月十二日六十五歳にて病死仕候。家督無御相違嫡子彦太郎に被下置候。年号・御申次等不承伝候。同十五代義政彦太郎右衛門尉後大蔵と申候。天文二十年最上御陣之節三十五歳にて討死仕候。嫡子松千代二歳に罷成候に家督無御相違被下置候。年号・御申次は不承伝候。同十六代宗義松千代四郎兵衛後駿河と申候。元和三年八月廿九日七十五歳にて病死仕候。家督無御相違嫡子孫四郎に被下置候。年号・御申次等不承伝候。同十七代義綱孫四郎右兵衛後日向と申候。十七

歳之時御所替に付て、
貞山様御供仕岩出山へ罷越候砌、伊達長井にて持来候知行高何も並に被相減七拾貫文に罷成候。品委細には不存候。其後文禄年中に何も並を以知行高半分宛被召上、三拾三貫文に罷成候。其後慶長年中に何も並にて右之知行高三ヶ一に被相減、拾壱貫文に罷成候。右日向
義山様御代寛永十八年十一月五日に六十八歳にて病死仕候。古内故主膳御申次にて、家督同十九年之春嫡子権四郎に無御相違被下置候。同十八代義久権四郎右兵衛日向後友月、寛永二十一年御知行二割出目被下置、知行高拾三貫五百文に罷成候。其後正保二年五月十日に山口内記・和田因幡・武田五郎左衛門御申次にて、宮城之内中野村野谷地新田に拝領仕自分開発仕、起目高四貫四百四拾九文之所寛文元年十一月十六日奥山大学を以被下置、取合拾七貫九百四拾九文罷成候。右友月男子無御座娘一人御座候付、正保三年に泉田出羽二男源四郎儀、出羽隠居分之知行五拾六貫文余為取指置申候を聟に仕、病気之節は番代をも為仕、末々男子無御座候は聟苗跡に仕度由、
義山様御代古内故主膳を以申上候付、願之通被仰付候。其以後慶安二年に拙者出生仕候付、苗字と先祖より段々引続被指置候御一族並之御座敷、右源四郎に譲申候て、拙者には友月に被下置候御知行高之通、拾七貫九百四拾九文之所被下置、似合之御奉公為仕度由、田村隠岐守殿・伊達兵部殿御後見之砌大条監物・茂庭中周防・原田甲斐を以申上候付、寛文四年に願之通被成下、拙者親友月儀隠居仕候。拙者親知行高之通、寛文四年四月十一日柴田外記・富塚内蔵丞を以被下置、同五年御小性組に被召出候。同十年二月廿三日原田甲斐を以、流之内西永井村野谷地新田に拝領仕、起目高五貫九百三拾弐文之所知行高に被成下之旨、延宝六年五月廿七日黒木上野宅にて被仰渡、取合弐拾三貫八百八拾壱文之高に御座候。以上

延宝七年八月二日

16
杉目正右衛門

一　拙者親正右衛門伊達御譜代に御座候。
貞山様御代被召出、御切米壱両四人御持方被下置候。寛永十三年に御買新田野谷地被下、起目へ同十六年御竿被相入高拾九貫百文、御切米御扶持方直高弐貫五百文、取合弐拾壱貫六百文
義山様御代正保元年に奥山故大学を以被下置候。慶安三年に病死仕候。跡式無御相違同年七月廿三日奥山勘解由を以拙者に被下置候。然処知行切添新田御座候間、御竿被相入被下度旨願指上申候付、寛文七年御竿被相入高壱貫九百八拾壱文、延宝元年十月廿九日大条監物を以被下置、取合当時高弐拾三貫五百八拾壱文に被成下御黒印頂戴仕候。以上
延宝四年十二月十九日

17
本田平兵衛

一　拙者先祖永井御譜代之由承伝候得共、
誰様御代先祖誰を被召出、御知行何程誰を以被下置候哉不承伝候。
貞山様御代拙者祖父本田伊勢儀、米沢より御供仕御知行拾六貫文被下置候由、年月御申次は不承伝候。右伊勢儀
陽徳院様へ御家老御役目被仰付数年相勤病死仕候付、右伊勢実子に御座候拙者父本田平兵衛に跡式無御相違被下置

候由、年月・御申次等不承伝候。其後御知行二割出并野谷地新田拝領自分開発仕、都合弐拾三貫三百文に被成下由、年月・御申次二割出新田起目高等委細不承伝候。

貞山様御代右平兵衛儀御手水御番被仰付、

義山様御代承応二年閏六月右平兵衛病死仕候。跡式御知行高弐拾三貫三百文同年八月八日古内故主膳を以拙者に被下置候。以上

延宝七年十月廿日

18 山岡権右衛門

一 拙者儀守屋玄蕃二男に御座候。正保二年

義山様御代御小性組に被召出、慶安元年に御切米六両四人御扶持方成田木工を以被下置、其後御物置番被仰付御奉公申上候処、

義山様御遠行付て、御国虎之間茂庭大蔵御番組に被仰付候。然ば山岡志摩娘願申上候は、知行七貫弐百文右娘扶持分

義山様より被下置罷在候。志摩事

貞山様御代御奉行職迄被仰付候者に候間、御譜代末苗跡被立下度候。私儀親類之因御座候間、右娘知行へ私御切米御扶持方被指添被下度旨申上候処、

御当代寛文元年四月廿二日、柴田外記を以右娘如願、拙者御切米御扶持方六貫文に被直下取合拾三貫弐百文に被成

下、山岡之苗跡に被仰付候。右志摩先祖之儀委細は不承伝候。拙者儀寛文二年御小性組に被召加半年御番仕候処、同四年御物置番被仰付、延宝二年迄定々詰仕候処、御番替に被仰付罷下、同三年三月廿七日為当番江戸へ罷登候。同廿九日数年首尾能御奉公相勤候付、為御褒美御加増之地拾貫文被下置之旨、大条監物・各務采女引添被下置、都合知行高弐拾三貫弐百文に御座候。以上

延宝四年十二月十九日

19　桜田金右衛門

一誰様御代私先祖誰を始て被召出候哉不承伝候。祖父同名左馬丞儀は同氏下野弟に御座候。於伊達御切米御扶持方被下置御奉公相勤申候。私父同名助作儀二階堂信濃次男に御座候を左馬丞聟苗跡に仕、仙台へ致御供罷越候。助作家督御切米御扶持方嫡子兵右衛門に被下置候。私儀は右助作二男無足にて罷在候処、慶安元年に御切米弐両四人御扶持方山口内記を以被下置、同人手前物書御用相勤、慶安三年内記を御切米三両三人御扶持方御加増、五両七人御扶持方に被成下候。明暦三年同人を以野谷地拝領、自分開発高三貫百五拾九文之所并右御切米御扶持方、寛文元年御下中並を以御知行に直被下、九貫百六拾六文之高に被成下之旨、奥山大学を以被仰渡御黒印所持仕候。且又同十年に御蔵新田野谷地之内柴田外記・原田甲斐を以拝領仕、自分開発起目高拾三貫九百六拾九文之所知行高に被成下旨、延宝五年柴田中務を以被仰渡候。御書付所持仕候。都合弐拾三貫百三拾五文に御座候。先祖之品々拙兄同氏兵右衛門方より申上儀に御座候処、右兵衛門当時御切米御扶持方にて、此度書上不被仰付候間拙者方より有増申上候。以上

延宝七年十二月廿五日

20　嶺崎八兵衛

一誰様御代先祖誰を始て被召出候哉、其段相知不申候。曽祖父後藤右馬助と申伊達御譜代にて、嶺崎と申所拝領仕候由承伝申候。然処御国替之節右馬助病死仕、其上祖父正右衛門九歳之時にて幼少故御供成兼、十六歳に罷成時罷越、其品々

貞山様へ申上候得ば嶺崎を名乗可申由被仰付、御切米御扶持方被下置、御歩行組被召使候処、御知行四貫六百五拾弐文被下置、御歩行御免御郡代官被仰付候。

義山様御代寛永二十一年惣御検地之時分、出目御加増被下置、合五貫五百八拾弐文に被成下候処、知行続野谷地新田に拝領仕御竿入、三貫六百七文正保三年六月御知行高に被成下候。誰を以被下置候哉覚無御座候。右高合九貫百八拾九文被下置御黒印所持仕候。祖父正右衛門慶安元年二月病死仕、

義山様へ山口内記を以家督願指上、同四月四日親八兵衛に無御相違被下置候。正保三年正右衛門代に、加美郡四竈村にて野谷地十七町和田因幡・山口内記・真山刑部方へ武市三郎右衛門・山崎午太左衛門を以申達新田に申受、起目之所御竿入三貫三百弐拾四文、慶安三年四月廿五日に武田五郎左衛門を以御知行高に被成下候。高合拾弐貫五百拾三文被下置候。右四竈村在郷屋敷御弁当場に取柄能御座候故、自分にて御仮屋相立御掃除仕指置申候得ば、

明暦元年七月廿三日に

義山様小野田へ御出馬之節被為成、有難御意之上御紋之御帷子御羽織父子共拝領仕、其上武具・馬具等被遊御上覧

奇特嗜申候段被成御意、御加増七貫四百八拾七文真山刑部を以被下置、弐拾貫文に被成下候。引続万治二年六月綱宗様にても被為成、御帷子父子共に拝領仕候。且又承応四年に遠田鶴ヶ坪村知行続野谷地、中村正兵衛を以右内記・刑部へ申達新田に申受、起目に仕候得ば、田村隠岐殿新田新堀に為御拙被成に堀倒に罷成残分御当代御竿入、壱貫弐拾九文寛文元年十一月十六日奥山大炊を以御知行高に被成下候。右倒目替地先年四竈村にて拾七町拝領仕候。起残地にて寛文六年八月申受起目に仕、御竿入壱貫八百九拾六文、同十二年正月廿五日古内志摩を以御知行高に被成下、右高都合弐拾弐貫九百弐拾五文被下置御黒印頂戴仕候。同年七月親八兵衛病死仕、家督願八月晦日御番頭佐藤右衛門を以申上候得ば、同年九月廿九日古内志摩を以引続無御相違、高弐拾弐貫九百弐拾五文拙者に被下置候。以上

延宝五年二月六日

21　倉兼孫三郎

一　拙者養祖父倉兼小兵衛岩城浪人にて、貞山様御代に知行三拾貫文被下置候処、如何様之越度御座候哉進退被召上、御同代被召返、御切米五両馬之喰壱匹分被下、義山様御代寛永十三年霜月廿三日為御加増、御切米五両御扶持方拾人分古内故主膳を以被下之、御切米高拾両御扶持方拾人分馬之喰壱匹分致拝領、小兵衛男子無之付、聟進藤半十郎娘に拙者実父倉兼孫三郎は真山越中四男に候を聟養子に仕、

義山様御代に孫三郎御小性に被召使候処、小兵衛病死仕付て、跡式不相替慶安四年八月十日に茂庭周防・富塚内蔵丞・古内故主膳を以被下置、其以後真山越中取立候新田孫三郎知行高に被成下度旨、越中方より申上、七貫九百拾三文

御同代慶安五年二月十日親孫三郎致拝領、

御当代に罷成寛文元年に右御切米御扶持方馬之喰知行に被相直、拾三貫三百五拾八文并壱貫三拾壱文は真山越中、新田六百三文は同人切添之地、合壱貫六百三拾四文是又孫三郎知行高被成下度由越中方より申上、彼是取合弐拾弐貫九百五文之所、

御当代寛文元年十一月十六日御黒印頂戴仕候。同十年に小兵衛と改名仕、同十一年六月小兵衛病死仕付て、跡式無御相違拙者に被下置旨、同年八月廿八日富塚内蔵丞被申渡御黒印頂戴仕候。実祖父真山越中取立申新田養祖父小兵衛御扶持方御切米知行に被相直、其後右越中新田并切添誰を以親小兵衛に被下候哉、拙者儀七歳にて跡式被下置候付不奉存候。以上

延宝五年三月七日

22 氏家柏安

一 拙者養父氏家混水

義山様御代寛永十三年に被召出、御切米三両四人御扶持方被下置、其後御切米金弐枚拾人御扶持方に被成下候。其後明暦二年三月廿二日御知行弐拾貫文被下置、御切米御扶持方は被召上候。延宝三年に混水隠居之願申上、同年

四月八日柴田中務を以家督拙者に被下置候。以上
延宝四年十二月十五日

23　桜田才兵衛

一　拙者祖父桜田惣右衛門儀伊達御譜代御座候。
貞山様御代御切米御扶持方被下置、御大所衆に被召出候。御切米御扶持方何程被下置候哉、年月・御申次は不奉存候。其後御切米御扶持方御知行に被直下、御知行高拾弐貫文被成下候。嫡子才兵衛儀、寛永四年に義山様御部屋御持筒御薬込に被召出、御切米弐両四人御扶持方被下置候。御申次は不奉存候。祖父惣右衛門、寛永九年十二月六日病死仕、跡式無御相違四人御扶持方共に右才兵衛に被下置候。御切米は被召上候。御申次は不奉存候。寛永廿年十二月三日御持筒之儀に付不調法之儀御座候て進退被召上、伊達へ浪人仕、正保三年に古内故主膳を以被召返、慶安元年六月七日津田豊前を以本御知行二割出目共に、高拾四貫四百文被下置候。御扶持方は被召上候。承応三年桃生郡深谷之内北村にて野谷地新田に申請、起目高四貫四百九拾三文、同年同郡福田村にて野谷地新田に申請、高三貫八百六拾七文両所合八貫三百六拾文之所、明暦四年二月十日山口内記を以被下置、御知行高弐拾弐貫七百六拾文に被成下、
御当代御黒印奉頂戴候。寛文三年に才兵衛改名之願申上、惣右衛門に被仰付候。惣右衛門儀同十二年九月十九日に病死仕、跡式無御相違同十三年正月十八日柴田中務を以拙者に被下置候。以上
延宝五年三月十三日

24　境野権七

一　拙者養父境野半右衛門男子無之故、私儀先小野弥左衛門実次男御座候処、右半右衛門親類に付賀苗跡に申合候内、同氏吉左衛門出生仕候故、養父半右衛門、実父弥左衛門内々申合、右半右衛門御知行高四拾九貫五百三十六文被下置候内、右実子吉左衛門に三拾貫文、拙者に拾九貫五百三十六文以来は分被下度由、義山様御代明暦三年養父半右衛門願申上候処、以来は願之通に可被成下旨奥山大炊を以被仰出候。綱宗様御代万治元年半右衛門儀、御足軽奉行被仰付、御当代迄右御役目相勤申候内、拙者儀部屋住にて御奉公為仕度由、御当代寛文四年半右衛門願申上定御供被仰付、江戸御国共無足にて四ヶ年相勤申候。然処半右衛門寛文七年五月病死仕に付、先年義山様御代申上候品委細奉願候処、同年九月八日柴田外記を以右御知行高之内願之通拾九貫五百三拾六文拙者に分被下置御黒印奉頂戴候。先祖之儀は同氏吉左衛門委細申上候。以上

延宝五年二月廿一日

25　斎藤三右衛門

一　拙者先祖誰様御代被召出候哉不承伝候。貞山様御代拙者養曽祖父斎藤但馬儀、伊達より御知行五貫文被下置御供仕罷越、加美郡下新田村新田起目高六貫九

百拾七文被下置、右高へ取合拾壱貫九百拾七文に被成下候。右但馬嫡子斎藤四郎右衛門跡式無御相違被下置候由承伝候。

義山様御代二割出弐貫八拾三文被下置、高拾四貫三百文に被成下候。四郎右衛門儀男子持不申候付、石母田筑後次男四郎兵衛聟苗跡に申合、四郎兵衛宮城郡余目村野谷地新田起高八貫百七拾三文正保三年被下置持参仕候。誰を以被下置候哉不奉存候。右四郎右衛門儀隠居被仰付、慶安五年右高へ取合弐拾弐貫四百七拾三文に被成下、家督無御相違四郎兵衛に被下置御奉公相勤申候。誰を以被下置候哉不承伝候。四郎兵衛儀病死仕男子持不申女子御座候付、跡式孫聟苗跡に立被下候様に万治四年に右四郎右衛門并親類共奉願候。然処拙者儀綱宗様御部屋住之時分慶安三年に山口内記を以御小性組に被召出、御切米三両四人御扶持方被下置御奉公相勤申内、御切米御加増両度に高八両に被成下御奉公仕候処、万治四年二月廿三日に右四郎兵衛苗跡弐拾弐貫四百七拾三文拙者に被下置旨、富塚内蔵丞を以被仰付、御黒印頂戴仕、右御切米御扶持方は被召上候。拙者儀聟苗跡に御座候故、御先代之儀分明に不承伝候。以上

延宝五年三月二日

26 柏崎彦右衛門

一　拙者儀

貞山様御代寛永十二年之秋御切米弐両五人御扶持方佐々若狭を以被下置被召出、江戸御留主居衆へ被相付御用相勤

申候処、要山様へ御右筆に被仰付、江戸定詰御奉公仕内正保二年五月十七日為御加増御切米三両古内伊賀を以被下置候。要山様御遠行以後御国へ罷下候処、御領内御制札御用并他所へ之為御用に候間、御評定所へ可罷出由被仰付、仙台定詰仕御奉公相勤申候内、新田久荒申立拾七貫三百三拾八文之所、御当代寛文四年八月十三日柴田外記・大条監物・茂庭周防・原田甲斐・富塚内蔵丞を以拝領仕、内蔵丞所にて被申渡候。其後右御切米御扶持方御知行に直被下度由訴訟申上候処、柴田外記・原田甲斐・古内志摩・古内造酒祐を以、寛文八年十二月廿八日に御知行五貫百七文に直被下、原田甲斐所にて被申渡候。唯今知行高都合弐拾弐貫四百四拾五文に被成下御黒印頂戴仕候。以上

延宝四年十二月十六日

27 山家正蔵

一 拙父山家喜兵衛病人にて御奉公相勤兼申候付、御番代為相勤候小川縫殿丞二男市十郎養子に申合公儀相済不申候内、拙者出生仕候得共其節当歳之儀御座候間、右願之通品川様御在国之砌申上、右喜兵衛御知行高三拾九貫七百九拾七文之所、末々市十郎と拙者に半分宛被分下候様に申上候処、万治三年三月二日古内主膳を以如願被仰付候。右喜兵衛儀寛文八年四月六日病死仕に付、跡式御知行高三拾九貫七百九拾七文之内拾九貫七百九拾七文は市十郎に被下置惣領に仕、残弐拾貫文は実子拙者に被下置度旨親類共奉願候処、願之通可被成下由寛文八年七月廿七日原田甲斐を以被仰渡、市十郎惣領被成、喜兵衛と改名以願被仰渡候。亡父喜兵衛幼少之砌家督被下置候時分御書之趣を以、弐拾貫文指上申候。成人仕候は可被返下旨御

直書拝持仕候条、親喜兵衛右之趣申上被返下候様奉願度奉存候処、病人に罷成、御番代を以御奉公相勤由仕合に御座故遠慮仕候内致病死候付、兄喜兵衛拙者右之旨趣申上、野谷地弐拾町被下置度奉存候開発仕、兄弟共に江戸馬上並之御奉公相勤申度段、寛文十一年極月廿一日奉願候処、願之通被成下候間取柄見立可申上由被仰付旨、寛文十二年三月十九日古内志摩御用番小塚助八を以被申渡候。仍取柄段々申上候処、佐沼之内南方村にて野谷地弐拾町被下置由、延宝三年四月晦日柴田中務被申渡、野谷地拝領仕候。伊沢之内上衣川村知行所地付之野谷地新田拝領仕、自分開発之高弐貫四百六拾壱文被下置候由延宝五年二月十日柴田中務を以被仰付候。拙者知行高都合弐拾弐貫四百六拾壱文に御座候。先祖之儀は惣領筋目に御座候間同氏喜兵衛申上候。以上

延宝七年六月廿日

28　中目善右衛門

一　拙者先祖大崎譜代御座候。親伯耆儀慶長十三年貞山様御代上郡山内匠を以被召出、御切米銀六拾目御扶持方四人分被下置御幕奉行被仰付候。寛永十一年伊藤肥前・蟹坂丹波を以右之御切米御扶持方御知行に直被下、弐貫六百四拾三文之所被下置、其以後野谷地御買新田拾三町申請御検地入、九貫八百六拾八文に罷成候。右之直高合拾弐貫五百拾壱文寛永十四年上郡山内匠を以被下置候。同二十一年二割増被下、拾四貫九百文に被成下候。寛文元年十月廿二日親伯耆隠居被仰付、右拾四貫九百文無御相違奥山大学を以拙者に被下置候。同六年野谷地拝領、同八年御竿入起目七貫四百三文、都合弐拾弐貫三百三文寛文八年八月廿九日原田甲斐を以被下置候。拙者儀親代より御国御番御次之間御番引続相勤申候。以上

延宝五年四月廿六日

29 新妻求馬

一 拙者先祖岩城譜代御座候。曽祖父新妻玄蕃儀
貞山様御代被召出之由承伝候。祖父同氏長門儀
御同代御知行高三拾貫文にて御奉公仕候処、兵部殿へ被相付候。
貞山様御他界被遊候以後、
義山様より兵部殿へ御知行被進候砌、右長門知行高三拾貫文之内弐拾貫文嫡子同氏勘兵衛に被下置、
義山様にて被召使、長門儀は兵部殿御知行高之内にて拾八貫文被下、兵部殿へ奉公仕候。私親同氏隼人儀長門二男に有之付て、引続兵部殿へ奉公仕加増被下、五百石迄之高に罷成候。然処寛文十一年兵部殿御進退御改易に付、父隼人儀同十二年六月二十三日被召出、御知行弐拾弐貫二百文被下置御番入迄被仰付之旨、古内志摩を以被仰渡、延宝四年迄五ヶ年御番等相勤申候。同年十月隼人病死仕候付、跡式御知行高之通無御相違拙者に被下置旨、同五年二月六日柴田中務を以被仰渡候。先祖之儀委細同氏勘兵衛可申上候。亡父隼人に御知行被下置候以後於干今御黒印頂戴不仕候。以上
延宝七年三月十一日

30 粟野勘助

一 拙者先祖伊達御譜代に御座候由承伝候。曽祖父粟野掃部介二男同氏助右衛門儀拙者祖父に御座候。助右衛門浪人

にて罷在候処、
貞山様へ被召出、御切米壱両三人御扶持方被下置御無尽御用相勤罷在候内、名取郡早股村にて新田五町拝領、此起目高七貫四百弐拾九文御黒印奉頂戴候。御切米御扶持方は被召上候。右新田拝領之品年号并御申次不承伝候。助右衛門実嫡子同氏勘助儀拙者実父に御座候。
義山様御部屋住之時分勘助儀御歩行衆に被召出、御切米壱両四人御扶持方被下置御奉公相勤申候内、御歩目付被仰付、御切米五両七人御扶持方に被成下候。其以後寛永廿一年御知行拾貫文并御扶持方共に被下置御切米は被召上候。
義山様御部屋住より勘助儀無懈怠御奉公相勤申段被仰立を以、成田木工御申次にて右御知行拝領仕候由承伝候。刈田郡矢付村にて新田三町拝領、此起目高壱貫六百拾五文、取合高拾壱貫六百拾五文御黒印奉頂戴候。右新田拝領之品・年号并御申次不承伝候。正保四年右助右衛門願指上申候処如願被仰付、助右衛門拝領之地高七貫四百弐拾九文之所御加増、勘助に被下置、助右衛門には隠居被仰付候。取合高拾九貫四拾四文并七人御扶持方共被下置、御黒印奉頂戴御奉公相勤申候内、明暦三年正月江戸大火事之節、勘助儀御上屋敷屋根より落訛《アヤマリ》仕行歩相叶不申候故右御役目御免被成下、御次之間御番所被仰付御国御番相勤罷在候。寛文弐年正月十七日親勘助儀病死仕、跡式無御相違拙者に被下置段、同年四月十六日奥山大学を以被仰渡候。同三年御知行并御扶持方持添申候者之御扶持方御知行に直被下節に御座候故、拙者拝領之御扶持方三貫百五拾文に直被下、取合高弐拾弐貫百九拾四文御黒印奉頂戴、引続御国御番相勤罷在候。且又右先祖之儀同氏藤右衛門方可申上候。以上
延宝七年三月二日

31　間宮半左衛門

一　拙者先祖諸岡山城と申者、小田原北条殿へ奉公仕候処、小田原落城之節右山城箱根山中にて討死仕、嫡子諸岡釆女子新三郎

権現様へ被召出、為御意名字改間宮御小性組に被召使、其上彦兵衛と改名仕候由承伝候。右彦兵衛儀は拙者祖父御座候。其後上総介様へ被相付、越後御亡国以後右彦兵衛窄々仕江戸に罷在候処、

貞山様にて御家中へ可罷越由就御諚御国元へ罷下候処、中島監物を以御知行高弐拾貫文被下置、御国虎之間御番被仰付御奉公相勤申候。

義山様御代寛永廿一年惣御検地之砌二割出目拝領仕知行高弐拾四貫文に被成下、右彦兵衛死去仕に付、嫡子三之丞に跡式無御相違被下置候。何時誰を以被仰渡候哉覚不申候。其後右三之丞彦兵衛と改名被仰付候。

御当代に罷成、右彦兵衛次男次左衛門に右彦兵衛知行高之内壱貫文分被下置候。品々先達願指上申に付、寛文十二年六月七日古内志摩を以願之通無御相違被仰渡、親彦兵衛・次左衛門共に御黒印頂戴仕候。同五男新三郎、作間喜左衛門聟苗跡に申立候節、右彦兵衛知行高之内壱貫文分被下置度趣、品々双方親類以連判願申上候処、願之通無御相違寛文十三年二月廿七日柴田中務を以被仰渡候。残高弐拾弐貫百文に御座候。彦兵衛年罷寄御奉公も不罷成候付隠居被仰付、拙者に家督被下置度由願申上候処、於江戸大条監物・茂庭主水披露之上、寛文十三年六月九日小梁川修理を以右願之通無御相違被仰渡、当時宮内権十郎御番組にて、御国虎之間御番相勤申候。拙者先祖之様子慥覚不申候間有増に申上候。勿論拙者儀干今御黒印頂戴不仕候。以上

延宝五年二月廿八日

32 杉沼金右衛門

一拙者親杉沼右馬助儀最上浪人に御座候。
貞山様御代被召出、名取郡於上松村に野谷地弐拾弐町右新田為苗代目上納五貫七拾四文之所并黒川郡鶉崎村・土橋村於両所野谷地拾町、都合野谷地三拾弐町上納五貫七拾四文之所、寛永二年四月九日に佐々若狭を以右右馬助拝領仕候。依之為御礼小判四拾両献上仕候付、御印判被下置致頂戴于今所持仕候。然処右野谷地起立申候以後、御竿相延
義山様御代惣御検地之刻、一同に御竿入右三ヶ村新田高拾五貫八百弐拾六文に罷成候。右苗代目五貫七拾四文之所へは、二割出壱貫文被下置合六貫七拾四文、都合御知行高弐拾壱貫九百文に被成下旨、鴇田駿河を以寛永廿一年に被仰付候。右馬助儀慶安二年三月廿四日病死仕、跡式無御相違拙者に被下置之旨、古内故主膳を以同年に被仰付候。但右馬助儀何様之品を以被召出候哉、是又覚無御座候。以上
延宝五年四月十七日

33 千葉弥左衛門

一貞山様御代拙者親千葉十右衛門御歩行衆に被召出、御切米御扶持方被下置候。員数不承伝候。其以後
義山様御部屋住之時分被相付、御歩行衆御番頭被仰付、江戸定詰仕御奉公相勤申候処、御部屋住之御知行江刺御郡御代官被仰付相勤申候内、寛永十四年八月廿六日古内故主膳を以御知行拾貫百六拾六文拝領仕、右御切米御扶持方は被召上候。同廿一年八月十四日為御加増拾壱貫四百三拾四文、右主膳を以拝領、都合御知行高弐拾壱貫六百

文被下置候。寛文二年古内中主膳を以十右衛門隠居願之覚書指上申候処、隠居被仰付、右御知行高之通無御相違拙者に被下置旨、同年六月十日奥山大学を以被仰渡、御黒印頂戴仕候。以上

延宝五年四月廿三日

34　斉藤八右衛門

一貞山様御代拙者養祖父斉藤二蔵御歩小性組に被召出、御知行三貫文被下置御奉公仕候。右二蔵何年に誰を以被召出、御知行被下置候哉不承伝候。然処右二蔵実子無御座候付、斎藤但馬三男を養子仕度段申上候処、願之通被仰付候。養祖父二蔵病死仕候付、跡式無御相違養子但馬拙者親被下置候。年号・御申次は不承伝候。大坂両御陣迄御供仕候由承伝候。

御同代野谷地申請、新田起目拾四貫六百六拾七文被下置、右合拾七貫六百六拾七文に被成下候。何年に誰を以被下置候哉不承伝候。

義山様御代二割倍三貫五百三拾三文被下置、弐拾壱貫弐百文之高に被成下候。

御当代寛文九年右但馬隠居願申上候処、願之通被仰付、家督無御相違拙者に被下置之旨同年九月廿五日古内志摩を以被仰渡候。寛文十一年に野谷地申請、起目四百九拾六文之所、延宝五年二月十日柴田中務を以被下置候。都合弐拾壱貫六百九拾六文之高に被成下候。右祖父但馬先祖之儀は惣領式に御座候斎藤三右衛門委細可申上候。以上

延宝五年五月六日

35　皆川覚右衛門

一　拙者先祖米沢御譜代之由に御座候。
誰様御代先祖誰を被召出候哉、其段は不承伝候。曽祖父皆川但馬儀貞山様御供仕米沢より御国へ罷越候。但馬進退高は何程被下置候哉、年久敷儀御座候故不奉存候。但馬嫡子同氏将監事御知行高弐拾貫文にて御奉公相勤申候処、義山様御代御物頭役被仰付候節拾貫文之御加増被下置、三拾貫文之高に被成下候。曽祖父但馬跡式祖父将監に被下置候年号・御申次、且又御加増之地被下置候年号・御申次不承伝候。右将監妻女弟藤戸十左衛門幾里志丹宗門に罷成候処、成覚寺にて右宗門ころび申候付、五人組中間へ之証文に将監并青木内蔵助両人ロ入に相立申候。然処吉利支丹宗門御穿鑿之節、右十左衛門罪之品有之切腹被仰付、将監・内蔵助儀寛永廿年四月進退被召上候。正保四年八月廿四日に将監病死仕候処、嫡子同氏四郎兵衛事、義山様御代慶安三年三月十六日被召出、御知行高拾七貫五拾三文奥山故大学を以被下置候由承伝候。右四郎兵衛実子無之付拙者儀は松林仲左衛門二男に御座候処、仲左衛門、四郎兵衛近親類に御座候故養子に仕度段、御当代願之書物指上申候処、四郎兵衛願之通被成下之旨、柴田外記を以寛文四年八月十三日被仰渡候。養父四郎兵衛儀同六年四月十八日病死仕候。跡式御知行高拾七貫五拾三文之所無御相違拙者に被下置之旨、同年八月十三日古内志摩を以被仰渡御黒印頂戴仕候。其以後右仲左衛門開発之新田御竿入高三貫七百四拾七文之所拙者に被下置候様に仕度由、仲左衛門申上候処、延宝元年六月九日小梁川修理を以如願拙者に被下置候。拙者知行所続にて野谷地拝領、此起目御竿入高六百壱文之所同五年二月十日柴田中務を以被下置、都合弐拾壱貫四百壱文当時拝領仕

候。両度之新田御知行高に被相加被下置、以後之御黒印は于今頂戴不仕候。先祖之儀委細不奉存候得共承伝之通申上候。以上

延宝五年四月六日

36 新田安右衛門

一 拙者先祖伊達御譜代之由、誰様御代先祖誰を被召出候哉、其段は承伝不申候。曽祖父新田刑部儀、米沢にて下永井庄に御知行被下置、貞山様御移之時分供奉仕、其後進退被召上候由品は承覚不申候。貞山様伏見に被成御座候時分刑部儀浪人にて罷上相詰申候処、其段相達御耳、御知行拾貫文被下置、慶長元年十一月十日之御黒印頂戴于今所持仕候。刑部儀男子持不申候付、拙者親弥市右衛門は刑部聟富沢加賀子に御座候を家督に仕度由申上、願之通被成下段、義山様御代奥山故大学被申渡候由年号承覚不申候。刑部儀寛永十六年六月廿二日病死仕候。其後寛永廿一年惣御検地之砌右拾貫文之二割出目共拾弐貫文に被成下候。然処弥市右衛門実父富沢加賀、黒川郡大森村にて茶畑取立上意へ指上申に付、其代に御知行四貫八百文被下置候を、右弥市右衛門に相譲申度由加賀申上願之通に被成下、右本地拾弐貫文へ取合拾六貫八百文之高に結被下候比は右御検地御改之砌之由委年号被仰渡之仁承覚不申候。右拾六貫八百文被下置段は、寛永廿一年八月十四日之御黒印所持仕候。其後登米郡鱒淵村・細野村・新田村三ヶ所にて野谷地拝領、新田に取立起高四貫五百弐拾三文之所被下置、都合御知行弐拾壱貫三百弐拾三文之高に結被下、

慶安五年四月六日之御黒印頂戴仕候。右新田拝領之節は拙者幼少故被仰渡之仁失念仕候。右之外委細承覚不申候。
右弥市右衛門儀延宝元年隠居願申上候処、願之通被成下旨同年十月廿七日大条監物被申渡、拙者に家督被下置候。
以上
延宝五年三月九日

37　小梨甚五左衛門

一　拙者曽祖父小梨左馬丞葛西譜代一家に御座候。葛西家滅亡以後右左馬丞御知行百貫文被下置、貞山様御代被召出候。其後家来之者非分に成敗仕に付右御知行被召上、左馬丞儀御追放被仰付、其後十箇年程過被召返無進退にて於御国元病死仕候。
御同代元和元年に祖父蔵人被召出、御知行拾七貫文被下置候。元和四年七百五拾壱文新田拝領仕拾七貫七百五拾壱文に罷成、江戸御番十ヶ年余相勤申、
義山様御代寛永十五年七月祖父病死仕同年十月十日古内伊賀を以跡式無御相違亡父蔵人に被下置候。
義山様御代寛永年中大御検地之節二割出目を以弐拾壱貫三百文に被成下、寛永廿一年八月十四日之御黒印拝持仕候。
御当代寛文二年五月父蔵人病死仕、跡式同年九月十五日富塚内蔵丞を以無御相違拙者に被下置御黒印頂戴仕候。当時知行高弐拾壱貫三百文に御座候。以上
延宝五年三月十四日

38　塩森源左衛門

一　拙者曽祖父塩森六郎左衛門儀、
誰様御代に被召出候哉不奉存候。
貞山様御代に御知行三拾貫文余被下置御不断頭被仰付被召使候処、加美郡之内宮崎之城御責被成候時分、於彼地討死仕候。然処六郎左衛門男子持不申十二歳に罷成候女子一人御座候に、
貞山様より扶助分と被成御意、御知行弐拾貫文被下置候処、新田十左衛門と申者之次男助八郎拾貫文持参仕、六郎左衛門娘進退へ取合三拾貫文にて御小性御奉公仕、以後御小性組御免被成御番入被仰付、其後中山御鹿猟之節右助八郎御勢子奉行被仰付候処、鹿漏申に付進退被召上、八・九年浪人にて罷在候。慶長十九年大坂冬御陣之時分無足にて御供仕候付御帰陣之砌御知行拾貫文被下置御番入被仰付、御奉公仕候。右之通久浪人にて罷在進退不相叶候段、相達御耳に追て五貫文御加増佐々若狭を以被下置、合拾五貫文に被成下由承伝候。其後右助八郎隠居被仰付、家督無相違実子源左衛門に被下置由承伝候得共、年久事に御座候故、御申次・年号等不奉存候。
義山様御代寛永廿一年二割出目御知行高に被成下、拾八貫弐百文之高に被成下御奉公仕候処、源左衛門儀寛文十二年十月病死仕候付、源左衛門嫡子私に跡式無御相違寛文十三年正月十八日柴田中務を以被下置、引続御番等仕候。然処延宝三年九月朔日拙者知行地続之切添起目四百四拾三文之所右中務を以被下置、都合拾八貫六百四拾三文に被成下候。于今御黒印は頂戴不仕候。以上
延宝五年三月四日

39 松木道意

一　松木定佐嫡子拙者親同瑞詮と申候。定佐御奉公仕候故、瑞詮上方より罷下候節御奉公も不仕候得共、御賄米・塩噌・薪等迄拾五人御扶持方程之積に被下置、其以後右之御賄物御知行八貫文直被下、御奉公に被召出、仙台御奥方医師之御奉公茂庭佐月を以被仰付、其後貞山様御上﨟衆頭中殿を以御加増拾貫文拝領、合拾八貫文に被成下候。右御知行両度に拝領仕候年号等は不承伝候。其後定佐病死、跡式御知行可被下置由被仰出候得共、定佐儀上方に妻子指置御当地に久罷在候付、別腹之子立安出生仕候間、家督被下置度由瑞詮願申上候付、松木立安に御知行拾貫文被下置定佐家督に被仰付候付、先祖之儀は右之立安方より委細可申上候。瑞詮儀寛永十五年病死、跡式御知行高拾八貫文義山様御代右佐月を以同十六年拙者に被下置候。同十八年惣御検地二割出目被下置、弐拾壱貫文に被成下候。寛永廿一年八月十四日、寛文元年十一月十六日
義山様御当代御黒印奉頂戴候。以上
　延宝五年三月廿一日

40 斎藤勘兵衛

一　拙者親同苗勘右衛門儀
孝勝院様御祝言之刻自備前御供仕罷下、為御合力五拾石拾人御扶持方被下置致勤仕候。然処同苗勘右衛門正保四年七月病死仕候付て、同年九月廿六日右御合力之通拙者に被下置、家督被仰付候。且又五拾石拾人御扶持方御知行

に被直下度由、於江戸
綱宗様御代に奥山大炊を以御訴訟申上候処、高弐拾貫文に被成下之旨万治二年四月四日に右大炊を以被仰付候。以上
延宝四年十二月六日

41　横尾九左衛門

一　横尾儀御家御譜代
御先祖様始て伊達御下向之刻御供之由承伝候得共、慥儀不奉存候。
稙宗様御時横尾美作・同大隅と申者兄弟共に武勇依有之冝被召使之由申伝候。右大隅嫡子源左衛門・其子惣六郎迄は大隅に不相替御知行被下置御奉公仕候処、惣六郎子共拙父九右衛門幼少之砌惣六郎死去仕候付進退被召上候。
九右衛門成長之後右筋目被仰立
貞山様御小性に被召使、御知行弐拾貫文余被下置候。其以後
義山様御代二割出被指加、弐拾四貫百文に被成下候。
御当代寛文四年九右衛門隠居願申上候処、家督無御相違拙者に被下置之旨同年十月七日茂庭周防を以被仰渡候。然処私弟同苗九郎右衛門年長申候得共、無進退故御奉公も相勤不申罷在付て、右御知行高之内三貫文被分下相応之御奉公被仰付被下置候様奉願候付て、願之通延宝三年二月二日柴田中務を以被仰渡候。依之拙者当御知行高弐拾壱貫百文御座候。以上
延宝四年十二月廿三日

侍衆

御知行被下置御牒（二十三）

弐十貫九百八拾文より
弐拾貫四文迄

1　白石七十郎

一　拙者儀白石出雲子七男に御座候。寛文弐年に屋形様御奥小性に被召出、御切米三両四人御扶持方被下置御奉公申上候。其以後里見十左衛門を以表御小性組被仰付、御切米六両四人御扶持方に被成下御奉公申上候。其後親出雲知行之内にて新田起目四貫百弐拾六文之所拙者に分被下度旨、右出雲願申上候所、願之通被成下之由、寛文十三年五月廿六日柴田中務を以被仰付、右知行高四貫百弐拾六文并御切米六両四人御扶持方に被成下候。寛文弐年より延宝三年迄江戸定詰にて御奉公申上候。然所同年十一月廿五日小梁川修理・大条監物を以被仰付候は、当屋形様御幼少之時分より其身儀神妙に御奉公申上候間、御加増拾貫八百七拾四文被下置、御切米御扶持方は被召上持来知行共に十五貫文之高被成下候。且又拙者兄飯淵三郎右衛門知行高之内新田五貫九百八拾文之所拙者に分被下置度旨右三郎衛門願申上候所、願之通被下置之旨延宝五年二月六日柴田中務を以被仰付候。拙者知行高弐拾

貫九百八拾文に御座候。御黒印は于今頂戴不仕候。御下書は所持仕候。先祖之儀惣領筋目白石孫太郎方より申上候。以上

延宝五年五月三日

2　佐藤四郎左衛門

一　拙者祖父佐藤四郎左衛門儀

貞山様御代永尾主殿物書御用に被召出、御切米本代壱貫文五人御扶持方被下置御奉公相勤申候所野谷地拝領仕、起目并右御切米御扶持方御知行に直被下、取合十六貫八百七拾六文に被成下之旨右主殿を以被仰渡候。右御知行并新田等御切米御扶持方何様之品を以御知行に直被下候哉、且又年久事故委細に不承伝候。寛永十八年惣御検地に付弐割出目被下置、弐十貫弐百五拾文に被成下候。然処右拾六貫八百七拾六文之内四貫四百六拾文之所は荒地に御座候付、高次第に弐割出目拝領仕儀に無御座間、右荒地四貫四百六拾文之所指上、残十弐貫四百十六文之所にて弐割出目拝領仕度由、富塚内蔵丞・奥山大学・山口内記・和田因幡方迄右四郎左衛門覚書を以申上候処、尤被思食候間、荒地四貫四百六十文之所被召上、残十弐貫四百十六文之所にて弐割出目被下置、十四貫九百文被成下候。併高相減候間何方にても野谷地可被下置候間、取柄見立可申上由被仰付候。依之野谷地見立申に付、拝領仕度由申上候処、願之通野谷地被下置由、山口内記を以被仰渡候。然所

義山様御代承応三年三月廿四日右四郎左衛門に津田豊前・古内故主膳を以被仰渡候は、其身兼て御奉公大切に仕御人足指引等之御用年久相勤、且又知行高十四貫九百文に有之所に数年馬上役勤仕奇特に被思食候。依之御足軽奉

行被仰付、御加増被下置三十貫文之高に被成下之旨右両人を以被仰渡候付、則御請申上候は難有仕合奉存候。乍去馬上役仕候儀十五貫文に少不足に御座候故、相勤申事に御座候。其外御人足指引等之御奉公首尾能相勤申儀は只今迄被下置候御知行身分に過難有奉存相勤申儀に御座候。年六十余罷成申候得共、終に武功之儀も無之、且又不才者に御座候て御物頭相勤身分に無御座候間、被仰出之趣御足軽奉行御知行御加増之所、御赦免被成下候様に申上度奉存候由、御請申上候所に右之通之存入被聞食届候間、御免被成下之旨右両人を以被仰出候。勿論其節之御加増之地指上申候。且又右拝領仕野谷地新田御竿入起目高十弐貫十六文之所被下置、都合弐拾六貫九百十六文に被成下候。其節之御申次衆・年月等は相知不申候。右高之内新田起目にて六貫文拙者実弟同苗金蔵に分被下御奉公為仕度由、右四郎左衛門申上候所、願之通六貫文之所金蔵に分被下置之旨明暦三年十月廿三日山口内記を以被仰渡候。残弐十貫九百十六文に御座候所、右四郎左衛門嫡子拙者親四郎次儀病死仕候付、右四郎左衛門願申上候は隠居被仰付、右知行高嫡孫拙者に被下置度由願之覚書指上申候所、願之通被成下之旨寛文六年八月十三日古内志摩を以被仰渡、右弐十貫九百十六文拝領仕御奉公相勤申候。以上

延宝五年四月五日

3　黒沢市兵衛

一　拙者先祖米沢御譜代御座候て、代々引続御奉公仕候。御先祖様之内何時より、拙者先祖、誰と申者被召出候と申儀は不奉存候。曽祖父黒沢越前と申者之代迄は、川股之内明石沢と申所被下置罷在由承及候。高員数は不奉存候。右越前相果、祖父新助其節幼少に御座候付、成人仕御

奉公仕候はば、本領之通返可被下由仰立にて、右知行所は被召上、本領よりは少分之所之由承及候。塩之松よこほり之内とう木内在家四貫文之所従
貞山様天正十四年九月五日に被下置候。御朱印于今所持仕候。新助儀米沢より岩出山へ御移之御供仕罷越候。且又伏見御時代文録年中之由承及候。何も御知行被為借候刻、四貫文之内壱貫五百文被召上、弐貫五百文にて御奉公仕罷在候所、右新助慶長三年相果、親喜左衛門に右弐貫五百文之御知行被下置候。年号・御申次は不奉存候。右喜左衛門従
貞山様御代、義山様御代迄引続御作事奉行相勤申に付、小進に御座候故、八人御扶持方寛永十五年に鴇田駿河・真山刑部を以被下置、其後寛永弐十壱年御検地之刻弐割出被相添、三貫弐拾六文に被成下候。以後御扶持方を正保弐年に願依申上候、三貫六百文之御知行に直被下、其外宮城之郡小鶴村・同郡燕沢村・同郡岩切村・同郡国分之内小田原村・同荒巻村・同松森村、同鶴ヶ谷村、右七ヶ村にて野谷地野原弐十町拝領仕候内、起目十四貫弐百五拾九文正保弐年十月廿八日山口内記・和田因幡を以被下置、都合弐十貫八百八十五文に被成下候。右親喜左衛門明暦三年正月廿四日に相果、同年四月十一日に富塚内蔵丞を以右高之通無御相違拙者に被下置、当時弐十貫八百八十五文之御黒印奉頂戴候。以上
延宝七年三月八日

4　堀江吉之助

一　先祖堀江掃部国分一家に御座候。国分能登守被致退転候故、従

輝宗様国分為御代官彦九郎殿被指遣候砌、従
輝宗様掃部自今以後被相捨間敷之由、御請文にて有難御証状被下置所持仕候。右彦九郎殿御死去之後、掃部儀国分
御仕置被仰付候。其節改名仕長門に罷成候。然所相馬御陣之砌従
貞山様右長門に人数鉄炮相調可罷立候、国分之者共何もに相理可申之由御書被成下所持仕候。長門儀病死仕、跡式
嫡子同苗伊勢に、
貞山様御代に被下置候。年号・御申次勿論長門に被下置候御知行高不承伝候。伊勢儀
貞山様御代に年久御物頭被仰付候。
義山様御代迄不相替致勤仕候。
義山様御書被成下所持仕候。伊勢儀馬鍛錬仕候由相達御耳、御馬方御用并弐歳駒惣奉行共被相頼由にて被仰付候。
依之御物頭役目伊勢嫡子同苗甚右衛門に被仰付、父子御奉公相勤申候。甚右衛門儀父伊勢に先立正保三年霜月朔
日病死仕候。右甚右衛門子甚衛門伊勢嫡孫に御座故後嗣に申立候所、
義山様御代茂庭佐月を以願之通被仰付候。伊勢儀正保四年六月三日病死仕候。知行高此時四拾五貫七百弐十四文御
座候。右高先祖より被下来候哉、伊勢代に拝領仕候哉不承伝候。右跡式養父甚右衛門六歳之砌被下置度段奉願候
所幼少に御座候由にて、右知行高之内弐十五貫七百弐十四文被召上、残弐十貫文正保四年八月七日に茂庭佐月を
以養父甚右衛門に被下置、成人仕御奉公相勤申砌は本地可被返下之旨御意之段、茂庭左月を以甚右衛門親類小梁
川市左衛門・里見十左衛門・佐藤玄蕃に被仰渡候。且又先年伊勢拝領仕候除屋敷高に被成下度由奉願候所、右除
屋敷御竿被相入高七百七十弐文之所、延宝五年二月七日柴田中務を以被下置、都合高弐十貫七百七拾弐文に罷成

候。甚右衛門男子持不申に付、拙者儀錦織休琢実次男に御座候、聟苗跡に奉願候所、願之通延宝四年に被仰付候。然処父甚右衛門儀同五年六月廿五日に病死仕、跡式拙者に同年十月三日に小梁川修理を以無御相違被下置候以上

延宝七年三月二日

5 熊谷与惣右衛門

一 拙者祖父熊谷右馬丞葛西浪人に御座候。元和年中貞山様御代奥山出羽を以被召出、御知行三貫六百文被下置、右馬丞嫡子惣太郎儀御切米五両七人御扶持方、同年中右出羽を以被下置、別て御奉公仕罷在候。右馬丞病死、依之跡式次男同苗三右衛門無門足にて罷在候間、弟被下置度旨佐々若狭を以拙者親惣太郎奉願所、神妙成儀申上由御意之上、如願右馬丞遺跡之地三貫六百文三右衛門に被下置由申伝候。年号は不奉覚候。其後野谷地拝領開之新田高壱貫八百文寛永八年佐々若狭を以被下置候。且又惣太郎儀江戸定詰御米御売方御用被仰付、数年御奉公相勤候付、寛永十三年三月御切米御扶持方御知行に直被下、其上御加増被成下右新田取合十壱貫三百弐十弐文之知行高に結被下之旨、佐々若狭を以被仰付候。義山様御代寛永弐拾年惣御検地已後弐割出目弐貫六百十七文拝領、都合十五貫七百文に被成下、惣太郎改名右馬丞被仰付御黒印所持仕候。

義山様御代私儀正保弐年五月十三日要山様へ被相付、切米弐両四人御扶持方古内先主膳を以被下置、別て御奉公仕候。右馬丞老衰之上隠居仕度段奉願所、十五貫七百文之地無御相違拙者被下置旨、承応弐年閏六月朔日成田木工を以被仰渡、右御切米御扶持方共拝領仕、

御当代万治三年二月十日知行地続切添壱貫八百五十三文并野谷地拝領起目弐百四十七文合弐貫百文、万治三年二月十日茂庭周防・富塚内蔵丞を以被下置候。且又惣侍衆御知行取之分、御切米御扶持方持添御知行に直被下候並を以、右御切米御扶持方弐貫九百四十三文奥山大学を以、寛文弐年三月十八日に直被下、当時知行高都合弐拾貫七百四十三文被成下御黒印頂戴所持仕候。以上

延宝七年二月廿八日

6　鈴木平兵衛

一　私親鈴木孫右衛門儀は祖父同氏孫衛門次男に御座候。寛永元年より同五年迄五ヶ年無足にて、政宗様へ御奉公仕候所、馬場出雲を以同五年十二月廿二日御切米弐両御扶持方四人分被下置、牧野大蔵・上遠野伊豆手前御歩小性衆御牒に被相付、江戸定詰仕、御国江戸共に定御供御奉公仕候。然所祖父孫右衛門相果申候已後、右孫衛門に被下置候隠居分御切米小判三両御扶持方十五人分、元和九年馬場出雲を以被下置、其後寛永八年十二月廿六日に中島監物を以為御加増小判五両被下置、合八両十五人分寛永十三年に祖父孫右衛門死後に御知行に直被下、高十七貫弐百九拾弐文佐々若狭を以、政宗様御代私親孫右衛門に被下置候。依之先達被下置候御切米弐両御扶持方四人分は被召上候。其後寛永十九年惣御竿被相入候時分、弐割出目被下置、高弐十貫七百文に、忠宗様御代に被成下御奉公仕候所、寛文弐年十月十七日病死仕候付、同年十二月廿五日柴田外記・大条監物を以親孫右衛門に被下置候。御知行高弐十貫七百文之所、無御相違

御当代拙者に被下置御黒印致頂戴候。先祖之儀は嫡子筋目に御座候間、鈴木利兵衛方より申上候。以上

延宝五年三月十九日

7 郡山隼人

一 郡山判津嫡子郡山太郎衛門・次男郡山善五郎・三男郡山豊後、右摂津先祖より仙道安積郡郡山に住居仕候由承伝候。天正十六年六月初佐竹義重、会津義広仙道安積郡郡山表に御対陣之節右太郎右衛門籠城仕、貞山様御味方之働仕候由承伝候。郡山善五郎十八歳之時右太郎衛門同前に郡山に籠城仕候所、佐竹衆陣場廻之節、善五郎押懸候て紺内上総と申馬上壱騎討取貞山様御陣場へ首捧申候所、則御実検被仰付候由承伝候。善五郎儀仙道安積郡川田之地一宇領納仕候。仙道乱之時分貞山様より御文証被下置候。御弓矢御本意被遊候者任本領、川田之地一宇可被下置候。其間於米沢御奉公尤陣参致之候様に、御知行慥可被宛行由、天正十六年六月廿三日之御日付にて被下置候。出羽長井庄にて、御知行十四貫弐百文天正十六年七月廿三日御日付にて右善五郎に被下置候。御文証共に両通所持仕候。

貞山様岩出山御移被遊、御知行八貫文右善五郎に被下置候。

御同代善五郎死去仕弟豊後に苗跡被仰付、右八貫文被下置候。御申次・年号相知不申候。

義山様御部屋へ右豊後被召出、九郎作と申時分隼人に改名被仰付御奉公仕候。其後罷下御国御用相足罷在候所、寛永十三年御代初御加増被下置三拾貫文に被成下、御足軽奉行被仰付候。御申次は不承候。正保弐年春豊後に御郡司

被仰付候間、嫡子隼人御足軽奉行為相勤可申由、茂庭左月・古内主膳を以被仰付、親子御奉公仕候所隼人江戸在番之節正保弐年閏五月十一日に死去仕候。右隼人娘に誰そ申合豊後知行高之内被下置、以来御奉公為仕度由、同三年十二月古内主膳を豊後奉願御前相済、其已後隼人娘に拙者取合隼人遺跡仕、豊後知行高之内并正保弐年遠田郡二郷村野谷地弐十町申請候。右本地新田合豊後已後同氏七左衛門と拙者分被下置度候新田、御竿相入員数は追て可申上由明暦弐年秋古内主膳を以披露仕御前相済、同九月御目見右主膳を以仕候。拙者実父須田彦兵衛は右郡山太郎衛門孫、同氏豊後には又甥に御座候。右豊後知行高三十貫文惣御検地弐割出被下置、合三十六貫文右二郷村新田起目十七貫百四拾八文、加美郡鳥屋ヶ崎村知行地続起目弐貫弐十九文、右新田合十九貫百七十七文、義山様御代明暦三年十一月廿五日古内主膳を以被下置候。本地新田合五拾五貫百七十七文之内三十五貫文、同氏七左衛門右豊後智苗跡に仕候。弐十貫百七十七文毎度

義山様御代御前相済候通拙者に被下置由、

綱宗様御代万治弐年六月八日後主膳を以知行分之通披露仕御前相済候。

綱宗様御代万治三年正月七日同氏豊後死去仕、知行分之段願上候所、同二月後主膳を以前度豊後奉願候通、無御相違知行分被下置候。

御当代寛文九年に加美郡鳥屋ヶ崎村知行地続にて野原新田に申請、同十二年御竿相入畠起目五百八文、延宝元年十月柴田中務・大条監物を以被下置候。当時拙者知行高弐十貫六百八拾五文御黒印は于今頂戴不仕候。已上

延宝五年正月廿三日

8　鹿又勘太郎

一　拙者曽祖父鹿又八郎兵衛儀御家御譜代伊達郡大石村に居住、八郎兵衛死去嫡子九郎兵衛儀は、伊達相馬御境目小田野原被下置住居仕由、右御知行高之儀は実正不承置候。此節

貞山様所々御合戦に付、御境目為警固内之者百人余召抱、并伊達東根・西根之野伏共六百人余誓約仕罷在、

貞山様相馬へ御馬可被相出旨、御内意之砌御先手可仕由、山岸修理・大石長門を以申上候処、則披露御感之旨御意之段被申聞、両人内意には九郎兵衛儀妻相馬所縁之者に候間、無二心験を仕可然由被申候付、任其意九郎兵衛弟藤四郎・同源十郎三人右七百余之人数三手に分相馬へ相越候処、於相馬用心厳敷広瀬揚辺木沢・金井沢三ヶ所に掛山小屋野伏大勢集居仕に付、押寄踏散小屋共焼払、生捕七十人余仕、其上近郷之耕作刈捨罷帰候処、其比奥州為御仕置石田治部少輔殿御下向に付、右修理・長門を以、従

貞山様御内意には右之旨趣治部少輔殿へ自相馬殿御訴御牢鑿之上には被遊悪儀可有之候間、事之落居迄は何方にも忍可罷在由被仰付、小田野原立除罷在候内、九郎兵衛討捕参候者には褒美可給由、於相馬高札相立候段九郎兵衛内之者又右衛門・右近将監と申者承企逆意、九郎兵衛を闇討に仕由、九郎兵衛嫡子拙者父戸兵衛儀幼少に付家督も不申立、桜田玄蕃に被致養育罷在、成長已後は右九郎兵衛敵を心懸、所々経廻三人之内両人討取壱人は病死仕由に付、寛永十三年御当地へ罷越、

貞山様若林に被成御座時分、右段々覚書仕故奥山大学を以申上候処、委細御覚被下之段御意之上戸兵衛儀御目見被仰付、其上御知行弐十貫文可被下置候間、放御蔵書立仕可懸御目由、右大学に被仰付、江戸御発駕無程依御逝去相延、

義山様御時、右覚書大学方より古内故主膳を以被遂披露之所
貞山様被仰付候通、無御相違被仰付之旨御意之段、寛永十六年閏十一月朔日右主膳を以被仰渡候所、其節放御蔵少
宛数ヶ所に就有之、戸兵衛数年流浪無僕之仕合に御座候条、遠所方々に御知行拝領仕候ては乍憚内々迷惑に奉存
候間、名取郡鈎取村に久荒野谷地并古屋敷御座候。此所を被下置候様に仕度段申上候処、願之通被成下之段右主
膳を以被仰渡、開発之新田十貫百文之所、同弐十壱年八月十四日之御黒印戸兵衛頂戴、慶安三年戸兵衛奉頼候は、
右御知行高十貫百文之内五貫文嫡子勘太郎、弐貫六百文次男権右衛門、弐貫五百文三男六郎兵衛に被下置、御奉
公被仰付被下候様に仕度段申上候所如願被仰出、且又拙者儀別て御切米五両四人御扶持方被下置御奉公相勤候所、
右御切米御扶持方は被召上、為御加増十貫文之所被下置、本地合十五貫文に被成下之旨右主膳を以被仰渡、同四
年六月廿九日之御黒印頂戴、明暦弐年御奉公無恙相勤候段御意之上、五貫文御加恩弐十貫文被成下、同三年に新
田起目六百四十九文山口内記を以拝領、都合当御知行高弐十貫六百四十九文に御座候。勿論寛文元年十一月十六
日之御黒印頂戴奉所持候。右段々年罷寄致忘却候条、委細不申上候。已上

延宝五年二月十四日

9　大内次兵衛

一　拙者儀佐藤市兵衛次男に御座候。親市兵衛儀本名大内に御座候所
貞山様御代佐藤九兵衛聟苗跡被仰付、佐藤に罷成候。拙者儀は本名大内を名乗申候。私事正保四年に
義山様御意を以

綱宗様へ御小性に被召出、御切米三両四人御扶持方被下置候。

義山様御代親市兵衛儀隠居仕候節、京都御用

貞山様御代より引続数年相勤申候被仰立を以、十人御扶持方被下置之旨慶安弐年古内故主膳を以被仰渡候。明暦元年に親市兵衛相果申候所、親儀年久京都御用相勤申候其御首尾を以、右十人御扶持方拙者御扶持方に被相添被下置旨

義山様御代古内故主膳を以、明暦元年八月廿八日被仰渡候。

綱宗様御代初之年何も並を以御切米六両に被成下候。

綱宗様御部屋より御小性組御膳番等無恙年久相勤候付、

綱宗様御願を以、寛文九年九月十八日に御知行十五貫文宛被下置候旨、拙者・赤間小左衛門・真山弥太夫一同に古内志摩被申渡候。其節御切米御扶持方は被召上候。其已後流之内西長井村にて野谷地被下置開発仕、四貫八百十六文之所被下置候旨延宝三年九月朔日柴田中務被申渡候。其已後在郷除屋敷御竿入、高八百九文之所高に被成下之旨、延宝五年二月十日柴田中務被申渡候。本地新田都合弐十貫六百弐十五文之知行高に御座候。拙者儀当年迄小性組御奉公三十壱ヶ年相勤申候。已上

延宝五年四月廿八日

10　富田九郎左衛門

一　拙者祖父富田因幡

貞山様御代会津より被召出、御知行高弐十貫文被下置御奉公仕候由承伝候。誰を以被召出候哉不奉存候、右因幡慶長三年に死去仕候。

貞山様へ鈴木和泉を以御披露申上候得ば、同年に右和泉を以因幡嫡子拙者親右馬丞に跡式被下置御奉公仕候。寛永弐拾壱年惣御検地之節、弐割出目共弐十四貫文拝領仕候。右馬丞慶安三年死去仕候。

義山様へ成田木工を以御披露申上候得ば、跡式弐拾四貫文無御相違、同年霜月廿七日に被下置候。知行高之内三貫四百八十五文之所、弟富田八兵衛に分為取申度段、津田豊前を以御披露申上候得ば、如願明暦元年五日七日に右豊前を以被仰付候。依之弐十貫五百十五文御座候。已上

延宝七年十月十五日

11　中島清兵衛

一　拙者養父中島主馬
貞山様御代御小性組に被召出年号・御申次不承伝候。御知行五貫文御切米四両四人御扶持方被下置、其後
義山様御代惣御検地之時分弐割出目壱貫文取合六貫文御切米四両四人御扶持方に被成下候。其以後御小性組御免被成、御国虎之間御番相勤申候。然処拙者儀小国久太夫三男に御座候。
義山様御代十六歳にて御小性組に被召出、慶安弐年五月十一日津田中豊前を以、御切米六両四人御扶持方被下置候所、右主馬男子持不申候付、拙者を聟苗跡に奉願右主馬に被下置候御知行御切米御扶持方拙者拝領之御切米御扶持方に取合、慶安三年十二月廿二日右豊前を以十六貫五百九十弐文之高に被直下御黒印頂戴仕候。拙者儀男子無

御座候付、二宮平衛門次男平六聟苗跡に仕、右平衛門知行之内四貫文被分下拙者知行に取合被下置度旨奉願候所、如願延宝六年八月廿二日黒木上野を以被仰渡、都合弐十貫五百九拾弐文之高に被成下候。以上

延宝七年二月廿六日

12 西方四郎左衛門

一 拙者祖父西方清右衛門儀は西方駿河次男に御座候。貞山様御代御切米御扶持方にて被召出候。摂州大坂御陣之砌清右衛門御扶持方御切米御知行被直下、十七貫文に被成下、大坂御陣御供仕候。其後江戸御留主御番被仰付相勤申候。義山様御代御知行高弐割増に罷成付、弐十貫五百文に被成下候。清右衛門儀老躰に罷成江戸御番相勤兼申に付、嫡子同氏権右衛門に苗跡被下置度奉存候由、津田豊前を以申上候処、願之通清右衛門隠居被仰付、苗跡無御相違権右衛門に被下置、引続江戸御番相勤申候。御当代罷成権右衛門儀寛文三年十二月病死仕に付、権右衛門実子拙者に苗跡被下置度由願申上候所に、権右衛門苗跡無御相違拙者に被下置之旨寛文四年二月廿八日柴田外記を以被仰付候。幼少故御番御免被成、同五年六月朔日より御国御番相勤寛文十二年正月廿三日江戸定御供被仰付、江戸御番相勤延宝元年江戸御番御免被成、御国御番被仰付候。幼少にて父苗跡被下候故、祖父代々之儀具不奉存候。先祖之儀同氏小左衛門方より書上仕候。已上

延宝五年二月十六日

13　草刈太郎右衛門

一　拙者祖父草刈右馬丞儀最上浪人に御座候所、貞山様御代に義山様御部屋へ津田故豊前を以、元和八年に御切米三両十壱人御扶持方被下置、御馬乗に被召出候由に御座候。依之其以後嫡子太郎右衛門儀も、義山様御部屋へ御切米五両四人御扶持方被下置、御馬乗に被召出由御座候。此御申次并年号覚無御座候。義山様御代に罷成、右馬丞に於御国元御馬被預置候所、寛永十九年四月十一日に右右馬丞病死仕候所に、跡式御扶持方之内六人分は右太郎右衛門に本御扶持方へ被足下、五両十人御扶持方に被成下、右馬丞跡御馬屋被預置旨同年七月四日に山口内記・成田木工を以被仰付候。右馬丞跡式相残御扶持方御切米高之通三男同氏佐左衛門に被下置候。然所に承応元年三月三日親太郎衛門御切米御扶持方は被召上、為御加増御知行弐十貫文被下置旨、山口内記・成田木工を以被仰付候。綱宗様御代黒川郡石積村知行地尻にに切添新田四百七拾六文之所、万治元年十一月十六日に被下置、都合弐十貫四百七十六文之御知行高に被成下候。御申次覚無御座候。右太郎右衛門儀御当代に罷成、寛文七年七月十八日病死仕、跡式無御相違拙者に被下置旨、同年十一月廿二日古内造酒祐を以被仰付候。已上

延宝五年四月十七日

14　湯村長右衛門

一　拙者先祖伊達御家御譜代、先祖之儀嫡家湯村吉右衛門方より書上仕候通に御座候。祖父湯村図書三男亡父湯村孫左衛門儀、
貞山様御代寛永年中被召出、金弐両四人御扶持方被下置、大町駿河手前にて諸事御用相勤、其以後
義山様御部屋住へ被相付、御勘定方御用被仰付、金壱両三人御扶持方御加増を以三両七人御扶持方に被成下、江戸壱ヶ年詰隔番に勤仕、
義山様御代替に江戸御勘定頭被仰付、御加増被下置、十両十人御扶持方に被成下、引続御役目数年相勤申候。慶安三年十月御知行弐十貫文津田豊前を以被下置、右御切米御扶持方は被召上候。然所右御知行百姓切立屋敷壱軒弐百文之所、寛文元年十一月御知行高に被成下、弐十貫百文之高に被結下候。親孫左衛門子共持不申に付、拙者儀湯村厚安嫡子に御座候得共、孫左衛門甥に御座候付家督に仕度由、承応弐年古内故主膳を以申上候所に、願之通被仰付候。右孫左衛門儀寛文三年三月隠居之願原田甲斐を以申上、於江戸兵部殿・右京殿へ柴田外記・大条監物遂披露、願之通隠居被仰付、家督無御相違拙者に被下置之旨、同年四月八日に原田甲斐を以被仰渡候。且又切添之地百七十四文之所寛文十壱年三月御竿相入、延宝元年十月廿九日、大条監物を以御知行高に被成下由被仰渡、都合弐十貫三百七十四文之高に被成下、内弐十貫弐百文御黒印奉頂戴所持仕候。切添高百七十四文は于今御黒印に不被結下候。以上
延宝五年二月十四日

15　朝倉覚兵衛

一　拙者先祖米沢御譜代之由承伝候。祖父朝倉右馬助儀、
輝宗様へ御奉公申上候由承伝候得共、御知行何程被下置御奉公仕候哉、尤祖父代に被召出候哉、右馬助以前之儀は
不奉存候。
貞山様御代私親朝倉覚兵衛儀、御知行七貫七百四十九文被下置候。
御同代野谷地被下置開発仕、十弐貫九百五文之高に被成下候。右覚兵衛儀寛永十六年三月廿二日に病死仕、跡式御
知行無御相違拙者に被下置旨、
義山様御代同年六月十八日石母田大膳を以被仰付候。其節拙者幼少に御座候故、拝領仕候御知行并新田、如何様之
以被仰立被下置候哉、勿論拝領之年号・御申次、祖父右馬助跡式を親覚兵衛に被下置候哉不承伝候。
御同代惣御検地之時分、弐割出之地被下置、十五貫五百文之高に被成下候。
御当代寛文四年三月廿日野谷地被下置開発仕、同八年に御竿入三貫八百八拾七文之所、於江戸柴田外記御披露之上、
御国元にて同年八月廿九日原田甲斐を以拝領仕候。且又寛文九年在郷除屋敷御竿入被下、九百三十文之所同十壱
年五月八日に古内志摩を以被下置、都合知行高弐拾貫三百十七文被下置御奉公相勤申候。以上
延宝五年五月六日

16　遠藤金三郎

一　誰様御代拙者先祖誰を初て被召出候哉、祖父已前之儀は不承伝候。拙者祖父遠藤甚右衛門儀、
貞山様御代御領地替之砌御供仕、当地にて御知行弐貫七百九十五文之所被下置、御歩小性御奉公仕候内、御売野谷

地申請自分開発仕、寛永弐十壱年惣御検地之時分、右本地新田起目共に弐十貫三百文之高に被成下由、御申次等は不承伝候。

義山様御代山口内記を以御歩小性組御免被成下、嫡子拙者親金右衛門に引続右御知行被下置候。家督相続被仰付候年号・御申次共に不承伝候。

綱宗様御代万治三年に病死仕、跡式無御相違同年三月廿一日古内主膳を以拙者に被下置、弐拾貫三百文之御黒印頂戴仕候。已上

延宝五年二月三日

17　中山喜平次

一　拙者先祖曽祖父波並宮内少輔・祖父同苗伊豆、京都生国之者に御座候処、亡父中山源太夫儀十六歳にて京都より御当地へ罷下、

貞山様御代被召出、御知行弐十貫文中島監物を以被下置御奉公相勤申候。如何様之品にて被召出候哉、尤年号不奉存候。且又源太夫本名波並御座候所、

貞山様中山へ御鹿狩之節、則名字中山に被成下候由承伝申候。右源太夫儀寛永弐十年十二月廿八日病死仕候。

義山様御代寛永弐十壱年三月五日、亡父跡式無御相違山口内記を以拙者被下置御奉公相勤申候。寛永年中惣御検地之節弐割出目四貫三百文被下置、都合弐十四貫三百文之高に被成下候。尤御黒印頂戴仕候。拙者に被下置候御知行高弐十四貫三百文之内四貫文、拙者実弟同苗四郎兵衛被分下度旨願指上、寛文十三年二月廿七日願之通被仰付、

残拙者に被下置候。御知行弐拾貫三百文被成下御奉公相勤申候。御黒印は于今頂戴不仕候。已上
延宝五年四月七日

18　大和田市右衛門

一　拙者先祖之儀は惣領筋目に御座候間、拙者実父大和田佐渡方より委細可申上候。大和田下総儀大和田与六郎次男に御座候。病人故御奉公不仕、無進退にて罷在候処、右下総嫡子拙者祖父同氏金平儀、貞山様御代御歩行衆に被召出、御扶持方御切米にて御奉公仕候由承伝候得共、何年に誰を以御扶持方御切米何程被下置候哉不承置候。其後御納戸衆に被召出、御納戸頭上郡山内匠・伊藤肥前を以右御扶持方御切米御知行に直被下、御加増共御知行高五貫文に被成下由承候得共、其品は不承置候。右金平儀、御知行五貫文之時大坂御陣へ馬上にて右金平御供仕、五月七日之御陣場にて首壱っ打取申候。御帰陣已後三貫文之御加増被下、高八貫文に被成下、改名内蔵助に被仰付候。此時も右両人之御納戸頭衆を以被仰渡候。寛永三年宮城郡岡田村野谷地申請、新田開発仕候高七貫三百文之所、御知行高に被成下、都合十五貫三百文に被結下旨、伊藤肥前・木村勘助を以被仰渡由承伝候。右御加増并新田拝領仕候年号不承伝候。
義山様御代惣御検地二割出目三貫文被下置、都合御知行高十八貫三百文に被成下御黒印頂戴仕候。右内蔵助儀年罷寄御奉公不罷成候付、隠居法躰仕度由、
義山様へ山口内記を以申上候処に如願被仰付、跡式御知行高十八貫三百文無御相違嫡子拙者親三四郎に被下置、改名内蔵助に被仰付由、正保四年十二月山口内記を以被仰渡候。右内蔵助男子無御座候条、拙者儀大和田佐渡次男

にて内蔵助には従弟御座候付、聟養子に仕度段、承応元年八月
義山様へ山口内記を以申上候処、願之通被仰付候。正保三年四月十日深谷之内矢本村・赤井村両所にて野谷地新田
十四町・内之者新屋敷七軒、
義山様御代山口内記・真山刑部書付にて被下置候。右両所起目三貫四百七十五文開発仕候処、起目并野谷地共に御
蔵新田に被召上、此替地被下候段左に申上候。明暦弐年宮城之内岡田村知行所手前草刈場野谷地御座候を、
義山様御代山口内記・真山刑部へ申聞切添新田仕、弐貫七百二十一文に罷成候。前之茂庭周防・富塚内蔵丞
綱宗様へ御披露之上被下置由、万治三年三月十六日堀越甚兵衛被申渡候。右深谷之内矢本村・赤井村新田起目三貫
四百七十五文之所御蔵入に被召上候替地、柴田之内大谷村にて被下置段、寛文元年十一月奥山大学被申渡由御割
屋にて、堀越甚兵衛申渡候。右新田本地都合御知行高弐拾四貫四百九十六文に被成下由、寛文元年十一月十六日
御当代御黒印頂戴仕候。拙者親内蔵助儀、柴田内蔵助御奉行被仰付候に付て、縫殿助に改名仕候。其後七郎左衛門
に被仰付候。右七郎左衛門儀老衰仕候付て、隠居法躰仕度由申上候処に、願之通被仰付、跡式無御相違拙者に被
下置由、延宝二年六月十五日大条監物被申渡候。御書付御割屋へ相渡申候。右七郎左衛門代に宮城之内岡田村屋
敷へ御竿入、高六百五十弐文に罷成候。本地取合二十五貫百四十八文に被成下旨、延宝三年三月晦日柴田中務被
申渡候。右知行高二十五貫百四十八文之内、新田五貫拙者弟市之助に分被下、富田吉左衛門家督に仕度由申上、
願之通被成下旨、延宝四年三月八日小梁川修理被申渡候。七郎左衛門拙者を家督に申合已後、右市之助出生仕候
間、願申上右吉左衛門家督被仰付候。今程拙者御知行高二十貫百四十八文に御座候。已上
延宝八年二月十七日

19　須田甚右衛門

一　拙者曽祖父須田和泉白川譜代之者御座候処、白川に罷在候内より、貞山様御意被下置、浪人仕罷在候時分も難有御直書度々被下置候。代々致相伝于今所持仕候。依之和泉儀御家中へ罷越被召抱被下度由、片倉先備中を以申上候得ば、御知行弐十五貫文被下置致御奉公候。和泉死去仕、嫡子同苗大蔵家督無御相違被仰付御奉公仕候処、其砌御知行三ヶ弐之御役被仰付候間、右御役之代に御家中並直々御知行三ヶ弐指上、残八貫文に罷成候。大蔵相果子共持不申候故、和泉次男拙者祖父同苗丹後跡式無御相違被下置御奉公仕候。

貞山様御代元和五年に自分開発之新田七貫八十三文中島監物を以拝領仕、本地合十五貫八十三文に罷成候。

御同代寛永七年に自分開発之新田壱貫百弐拾八文致拝領、十六貫弐百十壱文罷成候由承伝候。

義山様御代惣御検地被相入、寛永弐十壱年に弐割出何も並拝領仕、十九貫四百文に罷成候。丹後年寄申御奉公不罷成候故、正保四年隠居被仰付、嫡子拙者親同苗藤左衛門に家督無御相違被仰付候。然処、御当代延宝元年十月廿八日、知行切添起目七百三十文大条監物を以拝領仕、弐十貫百三拾文之高被結下候。父藤左衛門年寄御奉公不罷成付て、延宝三年霜月廿七日隠居願柴田中務を以申上、同極月廿三日右同人を以願之通隠居被仰付、右御知行高弐拾貫百三十文之所無御相違拙者に家督被仰付候。先祖御知行并家督被仰付候年月、誰を以被仰付候は、年久敷儀に御座候故不承伝候。已上

延宝五年二月廿六日

20　石原六兵衛

一　拙者儀寛永六年より遠藤式部所へ与力に罷在御用相勤、同十九年二月三日に江戸御勘定衆に被召出、四人御扶持方御切米弐両鴇田駿河・和田因幡・武田五郎左衛門を以被下置候。同弐十壱年八月十六日に為御加増三人御扶持方御切米壱両、山口内記・和田因幡・武田五郎左衛門を以七人御扶持方御切米三両に被成下候。正保弐年極月廿六日に真山刑部手前へ被相付、出入司衆御留役目御奉公仕候。明暦元年極月六日に、右御扶持方御切米之外御知行六貫七百五十七文山口内記を以被下置、同弐年二月三日に、義山様御黒印頂戴仕候。同三年八月十四日山口内記を以被召出、無懈怠御奉公相勤候付て右御扶持方御切米御知行に被直下、為御加増御蔵新田起目八貫六文都合弐十貫十三文に被成下、寛文元年十一月十六日に、御当代御黒印頂戴仕御国御番仕候。以上

延宝五年三月十八日

21　菱沼安右衛門

一　誰様御代拙者先祖誰を初て被召出候哉、曽祖父已前之儀は不承伝候。拙者曽祖父菱沼駿河儀、貞山様御代御知行七貫文被下置、伊達河内殿へ被相付、御奉公相勤病死仕候。跡式無御相違実子七兵衛に被下置、引続河内殿へ御奉公仕候。然処寛永五年九月河内殿御意障罷在候。其品々之儀貞山様へ御披露申上候得ば、御穿鑿之上、同年十月佐々若狭を以被召出、右御知行七貫文被下置、貞山様へ御奉公申上候。

義山様御代御検地之節、弐割出目壱貫四百八十七文被下置、本地合八貫四百八十七文之高に被成下候。以後野谷地申請、起目新田高三貫九百四十文被下置候。年号・御取次不奉存候。右七兵衛儀正保三年四月廿三日病死仕候。跡式無御相違拙者親半衛門、同年六月高十弐貫四百十七文古内主膳を以被下置候。已後野谷地申請、起目新田高四貫六百九十文之所、慶安三年三月廿四日に津田近江を以被下置、本地合十七貫百十七文に被成下候。以後津田中豊前野谷地申請、右之起目御竿被相入高に被成下候内、八百六十九文之所は右半右衛門知行地続に御座候間、被分下置度旨、右豊前御披露申上候得ば被下置候。并右半右衛門知行所之内切添弐貫十八文、右弐口合弐貫八百八十七文、明暦弐年四月十日に津田中豊前を以被下置、本地合弐十貫四文之高に被成下御黒印頂戴仕候。右半右衛門延宝三年極月十六日に病死仕候。跡式無御相違拙者に被下置度旨親類共奉願、同年三月六日に小梁川修理を以被下置、当御知行弐十貫四文に御座候。已上

延宝五年二月六日

侍衆

御知行被下置御牒（二十四）　弐十貫文

1　下村友三

一　拙者祖父下村友三事城州所生之者に御座候処、寛永年中、
貞山様被召抱、御切米拾両拾人御扶持方被下置、外科御次医師被仰付御奉公相勤申候。然処、
義山様御代寛永廿壱年右御切米御扶持方被召上、御知行廿貫文奥山大学を以被下置候。承応弐年隠居之願申上候処、
如願被仰付、跡式無御相違親同氏友琢に、寛文元年十一月十六日奥山大学を以被下置候。
綱宗様御代万治弐年茂庭周防を以御相伴並に被仰付、御奉公相勤申候。至
御当代寛文拾壱年に友琢病死跡式無御相違拙者に被下置旨同年七月十一日に片倉小十郎を以被仰渡候。尤右弐拾貫
文之御黒印頂戴仕候。拙者拾五歳に罷成延宝三年より御次医師並に相勤申候。以上

延宝五年二月九日

2　上野市太夫

一　拙者実父上野三郎左衛門儀は上野大隅六男に御座候。
義山様御代寛永廿一年八月被召出、和田因幡を以御知行本地弐拾貫文被下置候。尤御黒印取持仕候。右三郎左衛門儀延宝三年五月致病死候。跡式無御相違御知行弐拾貫文柴田中務を同年九月九日に拙者被下置候。御黒印は于今頂戴不仕候。先祖之儀は上野権太夫方より申上候間如斯御座候。以上
延宝五年三月廿八日

3　内田長兵衛

一　拙者に被下置候御知行高弐拾貫文に御座候。
義山様御部屋住之御時分拙者十五歳にて寛永九年七月山口内記を以御小性衆之間へ被召出、御切米三両四人御扶持方被下置候処、同拾三年極月三両之為御加増六両之御切米被成下、御物置御番被仰付相勤申候に付、寛永廿壱年三月右御知行弐拾貫文山口内記を以致拝領、御黒印頂載仕候。右之御切米御扶持方被召上候。御番所虎之間御国御番唯今に相勤申候。以上
延宝四年十二月廿三日

4　京堂覚兵衛

一　拙者父京堂市兵衛儀田村御譜代之由承伝候。御小様へ御奉公仕候以後

陽徳院様へ御奉公仕候。拙者儀右市兵衛嫡子に御座候処、
貞山様御代寛永拾年に鴇田駿河を以被召出、御切米三両四人御扶持方被下置候。要山様へ御小性御奉公仕候処、
義山様御代同弐拾壱年八月十四日に、古内伊賀を以御知行弐拾貫文被下置、御黒印頂戴仕候節、右御切米御扶持方は被召上候。親市兵衛病死仕、跡式弟同氏三之丞に被下置候。以上

延宝七年二月廿一日

5 多ヶ谷金左衛門

一義山様御代拙者儀、寛永廿年三月於江戸田中勘兵衛を以御小性組に被召出、御切米拾両御扶拝方拾人分、其上御四季施被下置候。其以後右御四季施六両弐分に被直下、御切米高拾六両弐分に罷成候。御四季施御切米高に被直下候年号幼少之時分故失念仕候。

義山様御代明暦三年十月十一日右御切米御扶持方御知行に被直下、其上御加増被成下高弐拾貫文に被成下旨、山本古勘兵衛申《ママ》渡御黒印頂戴仕候。以上

延宝五年二月六日

6 中村正右衛門

一貞山様御代拙者曽祖父中村長門相馬浪人に御座候を被召出、御知行三拾貫文被下置、御名掛奉行被仰付御奉公仕、長門嫡子対馬部屋住より、

貞山様御右筆に被召出、拾四ヶ年余無足にて御奉公仕長門及老衰隠居被仰付、三拾貫文之内弐拾貫文対馬に被下置、儀拾貫文は隠居分に被下置、以後次男権七に被下置度旨長門申上候付、如願従
貞山様被仰付、対馬儀は弐拾貫文にて御奉公仕候処、従
貞山様鈴木和泉を以拾貫文御加増拝領三拾貫文に被成下、
義山様御部屋へ被相付御奉公仕内、野谷地新田八貫百九拾五文拝領、三拾八貫百九拾五文之知行高に被成下候。対馬宅へ
義山様御腰被為懸候砌、対馬嫡子主馬御小性之間へ被召出、父子共に被召使候処、対馬事要山様御幼少之時分御守に被相付、江戸致定詰御奉公仕候処、寛永拾五年病死、跡式無御相違拙者親主馬に被下置、引続要山様へ被相付御奉公仕内新田壱貫八百五文并寛永拾八年惣御検地二割出拝領、四拾八貫文之知行高に被成下、右主馬寛永弐拾壱年於江戸病死、其節拙者儀五歳に罷成候得共、祖父対馬親主馬父子共に要山様被召使候御首尾を以、右四拾八貫文之知行高無御相違拙者に被下置、大槻伊織御番代被仰付、拾五歳に罷成候節右之知行高相渡御奉公可為仕由、従
義山様被仰出候旨、従要山様後藤大隅を以右之品々拙者親類共に被仰渡、右伊織御小人衆差引并御目付役被仰付被召使候処、要山様御他界被遊候翌年、正保三年伊織病死仕、其節拙者七歳に罷成候故従
義山様被仰付候は、拙者于今幼少に候間、先以四拾貫文之内弐拾八貫文は被召上、残弐拾貫文にて母内之者等をも致扶助、拙者成人御奉公をも仕候はば返し可被下置之旨、津田豊前を以親類共に被仰渡候得共、若輩にて御奉公をも不仕内、

義山様御他界、当時拙者知行高弐拾貫文に御座候。拙者儀右之通幼少之砌御座候故、委細之儀覚不申候得共、親類共段々申伝承如此御座候。勿論年号等親類共も覚不申候。以上

延宝五年二月六日

7 和久七兵衛

一 拙者養父和久伊左衛門儀元和元年大坂落城之砌、伯父同氏半左衛門所へ罷越浪人にて罷有候処、右伊左衛門如何様之御奉公をも為仕度奉存候由右半左衛門奉願候処、貞山様御代に被召出、御扶持方八人分茂庭左月・石母田大膳を以被下置候。被召出御扶持方被下置候年号等は不承伝候。其後寛永廿壱年八月十四日に御知行弐拾貫文右左月を以被下置候。其節右之御扶持方は被召上候。右御知行如何様之被仰立を以被下置候哉、不承伝候。然処に右伊左衛門実子三郎兵衛相果、家督之子無之付て、拙者儀戸田喜大夫実弟に御座候を聟名跡に仕度由願申上候処、願之通寛文拾年五月十三日に富塚内蔵丞を以被仰付候。同年九月伊左衛門病死仕、跡式無御相違、同拾三年二月廿五日に古内志摩を以拙者に被下置候。拙者知行高弐拾貫文に御座候。以上

延宝五年四月九日

8 佐久間玄勝

一 拙者先祖

誰様御代誰を初て被召出候哉、御知行等被下置候品々不承伝候。拙者曽祖父佐久間備前儀
稙宗様御代御近習御奉公仕、備前相果以後実子金五郎
貞山様へ御奉公仕、伊達之内北半田赤瀬之御城へ、
杉目御前様御移被遊砌、金五郎赤瀬之御城に被指置候処、
御前様仙台へ御下向被遊砌は、菱沼駿河を被相付御供仕候。右金五郎儀駿河婿罷成候処、駿河男子無御座候付て、右金五郎駿河養子に被仰付、駿河相果候以後、金五郎を改名仕、駿河に罷成候。拙者親佐久間玄勝儀、右駿河三男に御座候処、無進退にて医師稽古仕候儀
義山様相達御耳、津田近江を以被召出、御合力被下置候。御合力之員数年号不承伝候。其後京都へ罷上、寿徳院玄由門弟に罷成法橋に被成下、津田近江を以御知行三拾貫文被下置候由、年号不承伝候。親玄勝儀実子無之に付拙者は宮野二右衛門二男にて玄勝には甥に御座候付、養子に仕度段奉願候処願之通被仰付候。正保四年七月養父玄勝病死仕候付、拙者幼少に御座候て右知行高之内拾貫文被召上、弐拾貫文を以名跡被仰付旨同年十一月五日に右近江を以被仰渡候。当時拙者知行高弐拾貫文に御座候。以上
延宝七年十一月十四日

9　御代田惣兵衛

一　拙者親御代田惣兵衛儀祖父同氏伯耆次男に御座候。
貞山様御代右惣兵衛被召出、御切米御扶持方御仕着新規被下置御奉公仕候。其以後右御切米御扶持方御仕着共御知

行に直被下度段申上、御知行被直下候得共其節御地形御割付相済不申、御足目にて被下置候由承伝候得共、拙者幼少之時分親惣兵衛死去仕候故、御切米御扶持方御仕着何程被下置被召出候哉、御知行には何程之高に被直下候哉、年号・御申次衆不承伝候。

義山様御代古内主膳を以、寛永拾七年八月十八日に右御足目に御扶持方拾人分被下置、又義山様御代古内故主膳を以寛永廿壱年四月三日に右御知行御加増、合拾五貫文之高に被成下、且又右拾人御扶持方指添被下置候。右惣兵衛、承応元年十月六日に病死仕、跡式

義山様御代山口内記を以、同年極月十九日に右御知高拾五貫文と拾人御扶持方無御相違拙者に被下置御奉公仕候。

義山様御代右拾人御扶持方之所御知行に被直下度由申上候処、拾人御扶持方四貫五百文に被直下、外五百文為御加増山口内記を以、明暦四年五月三日に被下置、都合弐拾貫文に被成下候。私先祖嫡子筋目に有之候付て、同名太郎左衛門方より委細申上候。以上

延宝五年三月廿九日

10 大和田三郎右衛門

一 拙者祖父大和田古佐渡儀、伊達河内殿を権八殿と申候時、黒川郡下草村被遂御入部之砌、御守に被仰付候付て、訴訟申上候へば先以御有付被成候内相勤可申候。三ヶ年過候はば可被召返由御意にて罷越候得共、御赦免無之吉岡御移以後迄御奉公仕候故骨折勤労被仰立、従

貞山様御知行弐拾貫文被下置候依之本領五拾貫文之所嫡子筑後に相譲、弐拾貫文にて御奉公仕其以後、又従

貞山様拾貫文御加増被下置、三拾貫文に罷成候。右両度御知行致拝領候年号・御申次不承伝候。河内殿御七歳之時より数年御奉公仕、寛永拾壱年七月河内殿御死去之節、右佐渡八十三歳にて二世之御供仕候。跡式無御相違二男隼人に被下置候。何時誰を以被下置候哉不承伝候。其後御検地之時分弐割出目六貫三百文御加増にて三拾六貫三百文に罷成候。寛永廿壱年八月十四日
義山様御黒印致所持候。隼人儀江戸御番等相勤申候処、正保四年霜月病死仕候。其砌拙者幼少故、弐拾貫文にて跡式被立下候。古内故主膳御申次にて、慶安元年三月九日上意之趣被申渡候は、其身幼少故、拾六貫文余之所被召上候。致成人御奉公仕候はば可被返下由にて、弐拾貫文之御黒印、
義山様御代致頂戴候。先祖并古佐渡立身仕候品々同氏佐渡方より書上申候間委細に不申上候。以上

延宝七年三月九日

11　上田伊太夫

一　拙父上田弥五左衛門事
義山様御代御小性に被召出、慶安元年御知行高弐拾貫文被下置、同年四月廿五日御日付之御黒印于今所持仕候。寛文元年十一月十六日御日付にて、
御当代之御黒印被下置是又所持仕候。同拾弐年十一月弥五左衛門病死仕候。跡式御知行高弐拾貫文之所無御相違拙者被下置之旨、同拾三年正月十八日於柴田中務宅、小梁川修理同席にて右両人被申渡候。其節之御黒印は于今頂戴不仕候。且又右弥五左衛門儀何ヶ年以前誰を以被召出、何程之進退被下置其後誰を以御知行被下置候と申儀は、

拙者幼少之砌弥五左衛門病死仕候故委細之品不承置候。以上

延宝五年三月廿三日

12 宮内権六

一 私養祖父宮内六兵衛儀

義山様御部屋住之時分御小性組に被召出被下度之旨宮内故因幡方より願申上候処、慶長十六年に無足にて御小性に被召出候。右御小性に誰を以被召出候哉不承伝候。江戸定詰仕、其節御四季施并金六切四人御扶持被下置候。右御仕着御切米御扶持何年に誰を以被下置候哉不承伝候。

義山様御代に罷成御切米三両四人御扶持被成下候。右御加増何年に誰を以被下置候哉不承伝候。其後慶安元年四月廿五日に御知行弐拾貫文古内故主膳を以被下置候。右御切米御扶持方は被召上候。正保三年に

義山様へ子共六太夫十八歳にて定御供に古内故主膳・山口内記を以被召出、六太夫に金五両四人御扶持被下置御奉公相勤、万治三年に六兵衛隠居仕付、六太夫に跡式御知行弐拾貫文古内故主膳を以被下置、先達六太夫に被下置候御切米五両之内弐両被召上、三両四人御扶持は隠居分に古内古主膳を以被下之候。六太夫儀男子持不申候付、私儀は山崎平太左衛門三男に候を娘に取合、聟養子に仕度旨申上、願之通に被仰付、養父六太夫寛文六年病死仕付、同年九月七日に古内志摩・原田甲斐を以右跡式無御相違私に被下置候。其比は私幼少御座候付寛文九年迄祖父六兵衛御番代相勤同年に病死仕、先達六兵衛に被下置御切米御扶持方は被召上候。以上

延宝七年三月廿五日

13　遊佐権之丞

一　拙者亡父遊佐伊左衛門儀

義山様御部屋住之内津田古豊前を以御右筆被召出、御切米三両四人御扶持方被下置、御同代始三両御加増被成下、六両四人御扶持方にて御奉公申上候。右伊左衛門何年に被召出候哉、且又御加増被下置候年号・御申次不承伝候。

御同代右御奉公数年無懈怠申上候付て、慶安元年四月廿五日に古内古主膳を以、御知行高弐拾貫文被下置、御切米御扶持方則被召上候。其以後亡父伊左衛門儀老衰病人に罷成候付、

御当代隠居願申上候処、願之通隠居被仰付、家督右御知行高弐拾貫文之所無御相違、拙者に被下置旨寛文弐年六月十日に奥山大炊を以被下置、御奉公致勤仕候。尤御黒印頂戴仕候。以上

延宝五年四月廿六日

14　猪狩兵左衛門

一　拙者親同氏兵左衛門儀岩城浪人に御座候処、

義山様御代に古内故主膳を以被召出御切米御扶持方被下置御手水番被仰付候。右御切米御扶持方員数は不承伝候。首尾能御奉公申上候付、慶安三年二月戸田古喜太夫御取次にて、御知行弐拾貫文拝領仕致勤仕候。

御当代寛文元年八月親兵左衛門隠居之願申上候処、同年九月願之通に隠居被仰付、無御相違拙者に家督被下置之候段、古内中主膳を以被仰付、右弐拾貫文之御黒印奉頂戴候。以上

延宝七年三月朔日

15 佐藤三之丞

一誰様御代先祖誰を始て被召出候哉、養祖父以前之儀不承伝候。拙者養祖父佐藤縫殿助儀は、貞山様御代御奉公仕候由承伝候得共、知行高等分明相知不申候。拙者実父長岡主計儀同氏図書二男に候処、御同代御小性御奉公仕候由に候得共、進退高等相知不申候。然処右縫殿助男子無之候付、右主計を聟苗跡に被仰付被下度段奉願候処、願之通被付候由承伝候。縫殿助病死仕跡式拙父同氏主計に被下置候。年号・御取次不承伝候。廿貫文にて御奉公相勤申由に御座候。右主計進退家督被仰付候節御取合被下置候哉。又被召上候哉其段不承置候。

義山様御代寛永拾五年右実祖父長岡図書不調法之儀御座候付切腹被仰付、依之親主計儀も進退被召上他国被仰付、伊達へ参拾壱ヶ年浪人仕罷有候処、慶安元年古内故主膳を以右主計被召返、同年三月十六日に茂庭周防を以本地弐拾貫文被返下候。其以後伝左衛門と改名被仰付候。明暦元年六月廿五日父伝左衛門病死仕候付、跡式無御相違拙者に被下置之旨、古内主膳を以同年八月廿八日被仰渡候。当時拙者知行高弐拾貫文之御黒印戴仕候。以上

延宝七年十一月四日

16 本郷勘助

一拙者曽祖父本郷越後国分盛重公へ老後之御奉公仕、子主計代迄同前御奉公仕候処、盛重公御進退相果申候以後無

間も祖父主計病死仕候。主計嫡子拙者親勘助浪人にて罷有候処、
貞山様御代元和六年に御給主衆に被召出、御切米三切三人御扶持方被下置候。其後御舟方役目被仰付相勤申内、奥山古大学を以御給主衆組御免被成下御加増被下、御切米四切四人御扶持方に被成下候。右勘助誰を以被召出候哉、且又御切米御扶持方御加増被下置候年号不承置候。
義山様御代寛永拾九年野谷地申請、新田起目四貫八百五拾四文正保三年山口内記を以被下置、四貫八百五拾四文と四人御扶持方にて、御舟方役目廿七年無恙相勤申候。慶安元年野谷地申請、新田起目八貫五百七拾七文慶安五年五月廿二日山口内記を以被下置、右合拾三貫四百三拾壱文、御切米四切四人御扶持方に被成下候砌、山口内記・成田木工を以被仰付候は、弐拾七ヶ年大分之役目無恙相勤申候段御感被遊候間、右御切米御扶持方御知行弐貫六百文に被直下本地三貫九百六拾九文御加増被下置、本地新田取合弐拾貫文之高に被成下候。
綱宗様御代万治三年三月親勘助儀隠居願申上候処、願之通被仰付跡式無御相違奥山大学を以、万治三年三月十九日拙者に被下置、弐拾貫文之御黒印御当代迄頂戴仕候。以上

延宝五年四月十六日

17　有住長七

一　拙者曽祖父有住内膳葛西牢人に御座候処、
貞山様御代茂庭石見を以被召出、御知行拾貫文被下置年久御奉公仕、寛永拾年八月廿一日病死依之跡式無御相違祖父同苗長作被下置候旨茂庭了庵を以被仰渡候。至

義山様御代右長作改名仕度段、曰理《ママ》右近を以申上候処に父類名内膳に被仰付、且又寛永弐拾年惣御検地弐割出弐貫文被下置、拾弐貫文に被成下、弐拾ヶ年余江戸御奉公相勤申候処に、承応元年三月七日

御前様へ被相付之旨茂庭中周防・古内故主膳を以被仰渡、江戸定詰仕致御奉公候処に、同弐年四月為御加増八貫文之地被下置候由右両人を以被仰渡、都合弐拾貫文に被成下御黒印頂戴仕候。然処万治弐年二月五日

孝勝院様御遠行被遊候付江戸御奉公御赦免被成下度旨、

綱宗様へ大条兵庫・奥山大学を以申上候処に、御宥免被成下に付御国へ罷下隠居之願申上候処、跡式無御相違実子善兵衛に被下置之旨寛文弐年二月二日に柴田外記・富塚内蔵丞を以被仰渡、御国御番相勤申候処に、同八年正月六日拙者親右善兵衛病死、依之跡式知行高弐拾貫文之所、無御相違拙者に被下置之旨同年四月廿八日に御意之旨古内志摩申渡、延宝元年より御国御番致勤仕候処、同弐年御小性組に被召出相勤申候。以上

延宝五年二月十三日

18　橋本兵右衛門

一貞山様御代拙者祖父橋本加兵衛被召出、御切米四両七人御扶持方被下置御奥方御作事御用被仰付江戸定詰仕候。右加兵衛何年以前誰を以被召出候哉不承伝候。

御同代右加兵衛嫡子拙者親橋本兵右衛門御歩小性組に馬場出雲を以被召出、御切米壱両四人御扶持方被下置、父子共に御奉公仕候。

義山様御部屋之節、右兵右衛門御納戸御召掛御用被仰付相勤申候内、祖父加兵衛病死以後父子進退御取合御切米五

両拾壱人御扶持方被下置御歩小性組御免被成下候。右之通御切米御扶持方何年以前誰を以被下置候哉不承伝候。右御用相勤候節、承応三年三月廿八日御知行弐拾貫文古内主膳を以拝領仕候。右御切米御扶持方其節被召上候。万治弐年に御役目御免被成下、同年より寛文九年迄御国御番仕候。同年十月病死仕、同年十一月跡式無御相違古内志摩を以拙者に被下置候。同拾年六月御小性組に各務采女を以被召出候。当時拙者知行高弐拾貫文に御座候。以上

延宝七年九月八日

19　佐藤吉之丞

一　拙者祖父佐藤助右衛門伊達西山御譜代に御座候。親佐藤吉右衛門儀、右助右衛門三男に御座候処、義山様御代御部屋住之内寛永三年に津田近江を以御納戸衆被召出、御切米弐両四人御扶持方被下置、江戸定詰仕御奉公申上候。御同代御切米四両御加増被下置、六両四人御扶持方に被成下候。御同代右御奉公弐拾九ヶ年無恙申上候付、承応三年三月廿八日古内故主膳を以御知行高弐拾貫文被下置候。右御切米御扶持方は被召上候。引続江戸御買物役八ヶ年相勤申右御用御免以後、御国御番八ヶ年都合四拾五ヶ年無懈怠御奉公相勤申候。然処老衰仕其上中気相煩申候付、御当代隠居願寛文拾弐年三月申上候。其時節拙者儀定御供御奉公被仰付、江戸に相詰申候故、同年四月廿九日に御屋敷於御老中間に、柴田中務を以御知行高弐拾貫文之通無御相違拙者に被下置御奉公申上候。以上

20　松岡九兵衛

延宝五年正月廿五日

一　拙者先祖伊達御譜代御座候由承伝申候。
誰様之御代に先祖誰を被召出候段は不承伝候。祖父松岡肥前と申者、
輝宗様御代御小性に被召仕候処、誤之儀御座候て窂人仕候由承及申候。以後には御城下御免被成下、久窂籠仕候内
肥前儀は病死仕、拙者親同氏喜六郎と申者も無程相果申、拙者儀は四歳之時より継父塩松内蔵丞と申者之手前に
て成長仕、若年之時分、
貞山様御代奥山故大学を以御祐筆役被仰付、寛永三年十月茂庭佐月を以被召出候上五人御扶持方御切米三両・下之
御仕着江戸に相詰申候内、壱ヶ月に壱分判弐切宛之小遣料被下置、江戸定詰に御在世中相勤申御逝去以後も打続
義山様御代同役目数年致勤仕候上、
御当代中年久御奉公仕候段古内故主膳を以被仰立、承応三年十月十三日御知行之地弐拾貫文之所拝領仕、右御扶持
方御切米等は被召上候。御右筆役御免被成下御評定所御留記役被仰付、拾三ヶ年相勤申候上、年至極仕候故願之
段申上候処、寛文七年に古内志摩を以願之通御免被成下旨被仰付候。右両役目四拾三年相勤申、其以後御国御番
仕候。以上

延宝五年二月廿八日

21　朴沢七之助

一　拙者曽祖父朴沢長門と申者、国分能州へ相従罷有由承伝申候得共、委は不奉存候。右長門末子拙者祖父朴沢主計儀、

貞山様へ被召出、御切米御扶持方被下置御奉公仕候由、是又委細に不奉存候。右主計儀寛永三年正月廿七日に病死仕、実子同氏権右衛門に右御切米御扶持方無御相違被下置之旨、佐々若狭を以被仰付候由承伝候。同五年

義山様御小座へ被相付御奉公仕候処、

義山様御代寛永廿壱年に右御切米・御扶持方へ御知行六貫四百弐拾三文御加増拝領仕候以後、慶安三年に御切米壱両弐分銀弐匁四人御扶持方を御知行に被直下、弐貫八百七拾弐文外御加増壱貫百七拾八文山口内記を以被下置、本地取合拾貫四百七拾三文に被成下候。其後明暦弐年に山口内記・真山刑部を以御加増之地九貫五百弐拾七文被下置、都合弐拾貫文に被成下候。先祖被召出家督被下置、且又御加増被成下候年号・御申次、承伝不申処は書載不申候。右権右衛門男子無之に付て、拙者を聟養子に仕度由奉願候処、願之通被仰付候。然処親権右衛門延宝元年六月廿六日に病死仕、家督無御相違拙者に被下置之旨同年八月廿八日柴田中務を以被仰渡、右弐拾貫文之所拝領仕候。未御黒印は頂戴不仕候。拙者実父吉田清右衛門に御座候。以上

延宝五年二月十七日

22　宍戸六左衛門

一　拙者親六左衛門

貞山様御代元和四年に佐々若狭を以被召出御切米弐切四人御扶持方被下置、御大所御奉公相勤申、後御加増度々被下置、御切米拾壱切余り被成下候。
義山様御代右之通御奉公仕候処、御大所脇番頭被仰付候。然処慶安元年に木幡作右衛門御大所頭御免被成候に付、氏家主水・成田木工を以右作右衛門代り親六左衛門被仰付候砌、御切米五両五人御扶持方に被成下候。其後一両年相過山口内記を以御切米拾両に被成下御奉公仕候。右何も年号然と覚不申候。
義山様御代明暦弐年三月廿五日に、山口内記・真山刑部を以、親六左衛門御知行弐拾貫文拝領仕候。拙者儀承応弐年に
義山様御奥小性組に成田木工を以被召出、御切米三両四人御扶持方被下置、御奉公相勤罷有候。
御当代寛文弐年に親願差上申候得ば、同年十月六日に奥山大炊を以弐拾貫文之御知行拙者に無御相違被下置、拙者に被下置候三両四人御扶持方親に被下置候。寛文六年願差上、八月十三日に柴田外記・茂庭周防を以拙者弟同氏与右衛門に右之御切米御扶持方被下置、親には隠居被仰付候。拙者儀寛文弐年より
大殿様へ御小性組御奉公仕候。拙者知行高弐拾貫文に御座候。以上

延宝五年二月十五日

23 石川万太郎

一 拙者祖父石川古九右衛門儀
貞山様御代に御大所衆に被召出、御切米弐両四人御扶持方被下置、其後

義山様御部屋住之時分御譲人に罷成御大所頭被仰付、段々御加増被成下、御切米拾両四人御扶持方に被成下、明暦弐年に古内故主膳を以御知行弐拾貫文被下置、右御切米御扶持方は被召上候。右九右衛門儀万治弐年病死嫡子九右衛門に右同年

綱宗様御代奥山大炊を以御知行高之通無御相違被下置候処、親九右衛門儀寛文四年に病死仕候に付て、拙者に引続弐拾貫文之所、

御当代寛文四年十月廿三日柴田外記を以被下置候。右弐拾貫文之御黒印頂戴仕候。以上

延宝五年二月廿日

24　松野作左衛門

一　拙者祖父松野作右衛門儀保土原江南三男に御座候。江南知行高百貫文之内右作右衛門に三拾貫文分為取申度由奉願候処、

貞山様御代に願之通被仰付、名字松野に被成下之由承伝候。何年誰を以被下置候哉其段は不承伝候。右作右衛門儀元和三年三月廿日に病死仕候付、跡式無御相違拙者親作右衛門に同年六月、従

貞山様被下置之由申伝候。寛永年中惣御検地之節二割出目被下置三拾六貫文に罷成候。御奉公致勤仕候処病人に罷成、御番等相勤兼申に付、錦織休安次男弥平太養子に仕、実子出生仕候はば右知行高三拾六貫文之内実子に弐拾貫文、右弥平太に拾六貫文末々に被下置度由奉願候処、願之通御仰付御番代為仕差置申候。其以後拙者出生仕拾壱歳に罷成候明暦三年七月十一日に親作右衛門病死仕候付、跡式右願之通従

義山様山口内記を以同年九月七日に高三拾六貫文之内拙者に弐拾貫文、同性弥平太に拾六貫文被下置、当時拙者知行高弐拾貫文之御黒印頂戴仕候。祖父作右衛門以前之儀は保土原弥市兵衛方より可申上候。以上

延宝七年三月廿一日

25 木崎新蔵

一 拙者高祖父木崎右近儀仙道之内永沼之庄木崎と申所領地にて住居仕候処、従貞山様抽御忠節候はば本知行之通永代不可有御相違旨、天正拾七年九月十日之御朱印并十月廿四日之御直書被下置、御家へ被召出之由承伝候。右両通之御判物于今所持仕候。右近嫡子曽祖父同氏筑後引続御奉公相勤、筑後長子祖父同氏主計

御同代御知行高七貫文被下置御奉公仕、

義山様御代寛永年中惣御検地之刻御下中並に二割増被下置、八貫五百文被成下由、先祖被召出段々被下置候御知行高并家督相続仕候年号・御申次等委細之様不承伝候。右主計儀江戸御大所御賄方役目相勤候処、数年首尾能致勤仕候為御褒美、御加増之地拾壱貫五百文万治元年に古内故主膳を以致拝領、都合弐拾貫文被成下候。主計嫡子私父同氏安右衛門儀

御同代定御供に被召出、別て御切米四両御扶持方四人分寛永廿壱年古内古主膳を以被下置、其後御手水番相務申候。御当代右主計老衰仕に付て隠居之願申上、跡式引続右安右衛門に被下置、安右衛門御切米御扶持方は主計一代隠居分に被下置旨万治四年四月古内中主膳を以被仰付、以後安右衛門御腰之物奉行相勤候処、寛文八年九月病死仕、

跡式弐拾貫文無御相違同年極月廿七日原田甲斐を以拙者に被下置御黒印致頂戴候。以上
延宝七年八月朔日

26 猪子権左衛門

一 拙者儀被召抱候品先年於江戸
義山様へ永井豊前守御直に申上候は、内藤権左衛門と申者被召抱被下度奉存候。権左衛門事拙者にも少続御座候。且又猪子喜左衛門後家甥に御座候。喜左衛門後家于今御国に罷在候。為後家にも御座候間、似合敷御扶持被下召抱被下候はば恩可奉存候由申上候得ば似合敷擬作被成下可被召抱候。此方にては方々より相頼候牢人数多有之候間、早々御国へ相下可申由御意被成候に付、承応弐年八月十七日に御当地へ罷下候故古内故主膳へ罷出度候得共、拙者儀に御座候得ば可罷出様も無御座候て罷有候処、久住弥五右衛門へ主膳被申付候は、於江戸永井豊前守殿被相頼候牢人内藤権左衛門と申者御当地に可罷有候。何方に罷有候哉、相尋様子委可承由被申由にて、拙者被相尋主膳へ罷出候。明暦弐年四月十四日に右主膳を以御目見被仰付候。其節主膳窺申候は、少々御擬作をも可被成下御事に御座候哉と承申候へば、主膳被申候は御恩賞何程被下置可然候哉、豊前守殿御心中難斗儀候間、於江戸豊前守殿へ御相談之上被仰出にて可有之由被申候。弐拾ヶ年以前同四年六月廿八日に右主膳を以御知行弐拾貫文被下置弐拾ヶ年相禿罷有候猪子喜左衛門名跡に被仰付候。猪子喜左衛門事
貞山様御代に御知行五拾貫文にて被召抱御奉公仕候処、五拾五ヶ年以前相果、子喜左衛門に跡式無御相違被仰付候由承伝候。拙者未生以前之事に御座候故委は不奉存候。子喜左衛門も四拾弐ヶ年以前に相果、子共無御座候て弟

兵助に御知行三拾貫文被下置、兄喜左衛門名跡に被仰付候由承伝候。兵助も三拾九ヶ年以前相果子共無御座候て、跡式相禿申候由承伝候。然処弐拾ヶ年以前拙者被召抱候節、猪子喜左衛門名跡に被仰付候。以上

延宝五年三月廿六日

27 太田権右衛門

一 寛永拾七年に

大殿様へ古内主膳を以拙者儀御小性に被召出、御仕着并四人御扶持方被下置候。同拾九年御仕着被相直、御切米三両四人御扶持方に被成下候。承応三年に三両之御加増従義山様、古内主膳・成田木工・山元勘兵衛を以拝領仕六両四人御扶持方被成下候。大殿様御代に被為成候御時、三両之御加増奥山大学を以拝領仕、九両四人御扶持方に被成下候。其以後御入国被遊於御国元、御知行弐拾貫文和田織部を以万治弐年八月十五日に拝領仕候。勿論右之御切米御扶持方は被召上候。寛文元年十一月十六日に御黒印頂戴仕候。以上

延宝五年四月廿五日

28 鎌田半助

一 拙者養曽祖父鎌田左馬丞、先祖伊達御譜代之由に御座候。右左馬丞に御知行九貫五百三拾文被下置由承伝候。誰様御代に誰を以被召出御知行被下置候哉勿論年月不承伝候。

義山様御代右左馬丞病死仕、跡式無御相違実子半助に被下置候。年月・御申次不奉存候。其以後半助儀御右筆御役目相勤、九貫五百三拾文之外に御切米弐両七人御扶持方并壱ヶ月に弐切宛小遣金被下置候。然処御同代寛永弐拾壱年拾五貫四百七拾文御加増被下置、弐拾五貫文地高に被成下候。右御加増被下置候御取次覚不申候。仍右御扶持方御切米被召上候由承伝候。右半助慶安四年に病死仕、実子次郎助に家督無御相違被下置候。何年何月誰を以被下置候哉承伝不申候。然処次郎助儀承応三年に病死仕実子無御座妹壱人御座候に、右御知行高之内五貫文為御扶持方分与被下置、右半助年久敷御奉公首尾能仕候間、右妹成人仕候はば苗跡をも可被立下段、義山様御意之旨拙者儀は承応弐年に山本勘兵衛を以御小性組に被召出、御切米金壱枚御扶持方六人分被下置御奉公仕候処に、右半助親類共鎌田苗跡拙者に被立下度段、兵部殿・隠岐様へ奥山大炊を以申上候処、万治三年極月七日に拙者御切米御扶持方六貫九百八拾四文に被直下、右次郎助妹御取合妹に被下候五貫文へ八貫拾六文御加増被下置、都合弐拾貫文地高に被成下旨、奥山大炊を以被仰渡、御黒印奉頂戴候。拙者実父堀尾山城殿浪人に御座候。養父先祖之儀委細不承伝候間有増に申上候。以上

延宝五年正月廿六日

29　大河内善左衛門

一　拙者親大河内仲意拾九歳にて慶長九年貞山様へ御坊主衆に伊東肥前を以被召出、其後御茶道衆に被召仕、御切米六両四人御扶持方被下置、定御人足壱人被借下候。其後

義山様へ御乞被成御茶道頭被仰付候。寛永拾四年為御加増金八両被下置、拾四両四人御扶持方に被成下、御人足壱人被借下候。且又右仲意年久御奉公無懈怠相勤申付て、寛永弐拾壱年三月十五日御知行拾五貫文被下置由、山口内記を以被仰渡候。江戸に相詰候刻は拾人御扶持方被下置候。拙者儀十壱歳にて御小性組に被召出、以後御切米三両四人御扶持方被下置候。承応三年仲意六十九歳にて隠居願申上候処に、願之通被仰付、右拾五貫文同年三月廿五日拙者に被下置、拙者御合力仲意に被下置、隠居被仰付候。御国御用は相勤可申由被仰付江戸へも御用候はば可被為呼之由御意御座候。寛文元年仲意願申候は年久御奉公相務申候間、其身隠居分之御合力御知行に被直下、善左衛門に被下置候様に申上候処、願之通御知行被直下、其上父子共に数年御奉公相勤申候由にて、壱貫百文御加増被下置、弐拾貫文之都合に被成下段、寛文元年四月十三日奥山大学を以被仰渡、弐拾貫文之御黒印拝領仕候。

以上

延宝七年三月廿日

30　橋本伊左衛門

一　拙者曽祖父橋本風玄

御北様へ被召出、御切米御扶持方被下置之由に御座候。老衰之上隠居仕由承伝候。右風玄嫡子同氏洞安、右御合力引続被下置候。右風玄被召出候年号・御申次且又御切米御扶持方何程被下置候哉、勿論洞安に家督被下置候年号・御申次不承伝候。右洞安儀天麟院様へ被相付御奉公仕候処に、従天麟院様被仰立、従義山様寛永廿壱年八月十四日に御知行之地三拾貫文被下置旨富塚内蔵丞を以被仰渡候。右御切米御扶持方其節被召上候由承伝候。洞安実子橋本求馬無足にて、義山様へ御小性御奉公相勤候。洞安隠居跡式綱宗様御代万治三年二月十五日に古内中主膳を以無御相違右求馬に被下置候。然処右求馬同年六月十三日病死仕候。嫡子同氏万太郎幼少故、拾五歳迄求馬弟同氏善兵衛に御番代被仰付候。三拾貫文被下置之由、万治三年十二月廿五日に古内中主膳・奥山大学を以被仰渡候。然処右万太郎寛文元年八月朔日に病死仕候。拙者儀求馬次男故、兄万太郎跡式弐拾貫文にて被立下之由、寛文元年霜月十六日に奥山大学を以被仰渡候。其節私三歳に罷成候故、右善兵衛に引続御番代被仰付候処、善兵衛寛文八年三月十七日に病死仕候に付、直々拙者に御知行被下置候由、同年八月十一日に原田甲斐・古内志摩を以被仰渡、弐拾貫文之御黒印奉頂戴候。以上

延宝七年七月二日

31　相田金右衛門

一　拙者先祖相田康安と申者、岩城侍にて御座候処、儒学有之を以政宗様御代被召抱、御知行三拾貫文被下置、御相伴等被仰付、御奉公仕候由申伝候。右康安子同金三郎儀も、政宗様御小性之間にて被召仕候由に御座候。康安相果跡式無御相違右金三郎に被下置、御小性御奉公相勤申候。然処金三郎儀寛永六年に病死仕、家督無御座進退被召上候時分、金三郎母残命仕由相達御耳、右三拾貫文之内三貫文御知行被下置候。右母は樋口美作と申者娘に御座候。美作儀御知行九拾五貫文被下置御奉公相勤申候処、一本

松御陣之節討死仕由申伝候。

政宗様御代拙者養父岩崎外記と申者、御切米御扶持方被下御奉公仕候処、右金三郎に外記姉聟之由相達御耳、金三郎老母に被下候三貫文之御知行右外記に被下置、其身御合力も御知行に被直下、両様取合六貫文余之所中島監物を以被下置、相田金三郎苗跡に被相立、相田右馬丞に被成下候。勿論金三郎母一代右馬丞手前にて扶助仕候。右御知行被下候年号・御切米・扶持方何程と申儀委細不奉存候。

忠宗様御代寛永年中に大御検地之節弐割出目を以、七貫九百五拾七文之高に被成下候。其節被下置候御黒印亡父右馬丞頂戴所持仕候。右馬丞儀実子無御座候付て、拙者を代継に仕候。拙者儀は古白石源右衛門次男に御座候。右馬丞に源右衛門儀姻《みうち》に御座候故拙者を家督に申合候。

忠宗様御代右馬丞名改相田藤右衛門に被成下候。藤右衛門儀江戸御国共に色々御奉公相勤申候。従
忠宗様、綱宗様御部屋住之時分、御児小性衆被付進候節、拙者儀明暦弐年成田木工を以被召出、其年三月江戸へ罷登、三ヶ年無足にて定詰仕、御小性之間御奉公相勤申候。

綱宗様御代拙者無進退にて御奉公仕候段、奥山大学・油井善右衛門披露仕候処、拙者に別て御切米金子五両御扶持方五人分被下置、夫より引続品川御奉公相勤申候。

御当代寛永元年に被下置候御黒印亡父藤右衛門頂戴取持仕候。寛文弐年に親藤右衛門隠居願申上候処、同年七月八日於江戸、奥山大学を以願之通被仰付候。跡式無御相違拙者に被下置、父子共に無懈怠相勤并私儀神妙に御奉公仕候由仰立を以、御加増之地拾弐貫四拾三文拝領仕候。本地合弐拾貫文に被成下候。右御切米御扶持方は被召上候。親藤右衛門には同年七年十八日於御国元、柴田外記・大条監物を以右之通被仰渡候。同年十月六日に被下

置候御黒印、拙者頂戴所持仕候。今以弐拾貫文之高に御座候。拙者実父先祖之儀は私兄白石源右衛門可申上候。
以上
延宝五年二月十五日

32　青木市太夫

一拙父并兄両人越前宰相殿に奉公仕罷有候処、子細御座候て右之者共越前を立退申候処、右兄之内壱人は越前へ被召返于今罷有候。其弟拙兄青木三十郎儀は承応元年極月二日義山様へ御小性に成田木工を以被召出、御切米拾五両・拾五人御扶持方被下置、翌年八月二日古内先主膳を以御知行六拾貫文被下置、御扶持方・御切米は被召上候。然処三十郎儀寛文三年正月病気差出存命難仕、其上後嗣持不申候付、実弟拙者拾弐歳に罷成候を名跡に被成下、末々被下置度旨奉願、三十郎儀は同年同月廿九日に病死仕候処、右知行高之内四拾貫文被召上、弐拾貫文拙者に被下置、三十郎跡式被立下之旨同年三月廿三日奥山大学を以被仰渡、拙者知行高弐拾貫文に御座候。御黒印頂戴仕候。以上
延宝七年九月二日

33　横田宥益

一義山様御代明暦元年乙未拙者儀軍法を以被召出候。津田古豊前を以生田十太夫被召抱候並も候間、先以為御合力御扶持方拾人分に金子拾両宛被下置候。其以後御次之医師之御奉公被仰付候。其上江戸定詰被仰付四ヶ年御奉公仕

候。

綱宗様御代奥山大炊を以申上候は、軍法医師両様大分之儀に御座候間、相勤申儀罷成間敷候。医師成共軍法成共一方御免被成下度由申上候得ば、則医師之御奉公御免被成下候。其上従

綱宗様糺法被仰付於于今糺法軍法両様之御奉公相勤罷有候。

御当代に訴訟申上候ば、拾人御扶持方に金子拾両被下置、進退不罷成御奉公難勤、其上愚母妻子内之者等扶持可仕様無御座迷惑仕候段申上候。其以後寛文弐年壬寅七月、日は失念仕候。奥山大炊を以、右拾人御扶持方に金子拾両被召上御知行高弐拾貫文拝領仕候。以上

延宝四年十二月十三日

34 村上新左衛門

一 拙者実父村上三郎左衛門儀

貞山様御代寛永元年に被召出、則御知行四拾貫文被下置御奉公相勤、同四年に拾貫文御加増之地拝領仕候。

義山様御代惣御検地之時分弐割出被下置、高六拾貫文に被成下候。三郎左衛門嫡子村上勝助、明暦三年に病死仕候。

三郎左衛門儀病人に罷成御奉公不罷成、嫡孫村上安太夫幼少故、拙者儀三郎左衛門四男に御座候に付、御番代為相勤申度段、万治元年に

義山様へ山口内記を以申上候処、願之通被仰付、寛文三年迄六ヶ年御国御番代相勤申候。右三郎左衛門隠居之願申上候節、御知行高六拾貫文之内弐拾貫文拙者に被分下度旨、

御当代寛文三年に茂庭古周防を以申上候処、願之通右御知行弐拾貫文拙者に被下置之由、同年六月六日に右周防を以被仰付、御奉公相勤申候。以上

延宝四年十二月八日

35　多田権太夫

一　拙者儀多田清左衛門次男に御座候。

義山様御代慶安四年七月十日古内故主膳を以、

綱宗様御部屋住之時分御小性組に被召出、御切米三両四人御扶持方被下置候。明暦元年極月大条兵庫・中村備前・油井善右衛門を以為御加増御切米弐両被下置、御切米高五両に被成下候。

綱宗様御代万治弐年極月奥山大炊を以為御加増御切米三両被下置八両に被成下候。万治三年二月十八日奥山大炊を以御膳番被仰付候。万治四年八月廿五日

綱宗様御意を以、

当屋形様御膳番に被仰付候由、和田半之助・鈴木主税を以被仰渡候。拙者儀悴之時分より久敷御近習御奉公・江戸定詰相勤、進退困窮仕、此末御奉公勤可申様無御座候に付、志田之内新沼村御蔵新田拾七町御座候、罷成儀に御座候はば此所を被下置、御奉公相勤申度奉存候由願上申候処、寛文弐年十月五日於江戸に被仰渡候は其方事、御先代様より引続年久御奉公無恙相勤候間、志田郡之内新沼村拾四貫三百八拾五文、其上御切米御扶持方五貫六百拾五文に被直下、右合弐拾貫文之高に被成下旨奥山大炊を以被仰渡、弐拾貫文之御黒印同年十月十日に頂戴仕候。

拙者儀寛文六年病気指出、行歩不自由に罷成候間、御近習御奉公御免被成下候様に訴訟申上御免被成下、其以後虎之間御番所被仰付御国番相勤申候。以上

延宝五年二月廿日

36 入生田三右衛門

一 拙者曽祖父入生田主水儀山岸参河次男に御座候。参河死去以後、嫡子山岸修理御知行高之内、従貞山様為遺所被下置候。名取郡富沢村中谷地にて、四千百五拾苅、同川島分にて三千七百苅、畠弐貫地并従参河時居住仕候同村在所屋敷共に修理以願主水に被下置御奉公相勤候処に、貞山様所々御戦之時分主水儀数ヶ所手負手足相叶不申、其上主水子共拙者祖父三右衛門幼少故、御奉公相勤候儀不罷成候に付て、屋代勘解由執権之刻、遺所之地在所屋敷共に指上申候由申伝候。年月・御申次之儀は不承置候。従貞山様修理に被下置候御判物は于今所持仕候。同祖父三右衛門儀十六歳之時、伏見へ罷登、右之旨趣奥山出羽を以、貞山様へ申上御奉公相勤候内、御歩行衆に悪事仕候者有之、討可申旨被仰付首尾能仕候付て、右出羽を以御知行被下置候節、遺所之地主水差上候儀申立候処、出羽披露之上天正弐拾年正月十二日右在所屋敷被返下、并為遺所名取郡富沢村山口屋敷三千苅・桑原屋敷三千苅・畠三百地・宮在家屋敷千苅之所被下置之由尤其節頂戴仕候貞山様御判物于今所持仕候。然処元和四年御検地之時分右遺所之地被召上、同五年為替地東山之内長部村・黒川之内宮床村にて拾貫拾四文之所奥山古大学を以被下置、寛永十三年五月貞山様御逝去同年六月廿日右三右衛門奉殉死、跡式無御相違拙者親三右衛門被下置候由、誰を以被仰渡候段は不承

置候。
義山様御代寛永年中惣御検地之時分鴇田駿河依願駿河知行替被仰付、宮床村駿河に被下置候節長部村も被召上、同弐拾壱年八月十四日右御検地弐割出共に、拾弐貫文之所栗原之内川熊村・名取之内富沢村にて親三右衛門に被下置候。御黒印所持仕候。
綱宗様御代万治弐年三月廿三日親三右衛門病死跡式願江戸へ申上候処に、無御相違拙者に被下置之旨御意之段同年四月二日奥山大学方より奉書を以被申渡、御国御奉公相勤候処、
御当代同年三月古内中主膳を以御小性組に被召出、寛文弐年十二月十八日右大炊を以被仰渡候は、
貞山様御逝去之刻祖父三右衛門奉殉死儀に候間、親三右衛門御取立可被下儀に候へ共、病人其上年若死去仕候。拙者儀御近習にも被召仕儀に候間御加増八貫文被下置、弐拾貫文に被成下旨被申渡勿論御黒印頂戴所持仕候。右主水以前之儀は実正不承候条、御判物等所持仕品承置候通申上候。以上
延宝五年正月廿六日

37　牧野新兵衛

一　拙者祖父牧野与右衛門儀
孝勝院様御祝言之節御供仕罷越候。其砌御切米三拾石御扶持方拾人分被下置御奉公仕候処、寛永三年十一月晦日病死仕候。与右衛門嫡子拙者父牧野権兵衛、其節は虎千代様御小性に被召出無足にて御奉公仕候故、則
義山様へ従

孝勝院様被仰上候に付、右与右衛門諸式無御相違被下置由、同年十二月廿七日津田故豊前を以父権兵衛に被仰渡候。虎千代様御遠行以後、孝勝院様へ被召仕、年久江戸定詰、御奥方御用被仰付進退相叶不申候に付て、御訴訟和田半之助を以申上候処に、寛文七年十月十五日に右御切米御扶持方御知行高拾弐貫文に被直下、其上八貫文御加増被下御知行高弐拾貫文に被成下之旨原田甲斐を以被仰渡候。拙者儀は万治三年十一月十五日に御奥御小性被召出候に付て、寛文弐年に御切米六両御扶持方四人分被下置御奉公仕候。然処父子進退替々に被成下度之旨、延宝四年二月四日父権兵衛奉願候処、願之通被成下之由同年五月十三日小梁川修理を以被仰渡、御知行弐拾貫文之所無御相違拙者に被下置、拙者御切米御扶持方は父権兵衛拝領仕、父子共に御国御番相勤罷有候。以上

延宝五年三月三日

38　佐藤喜左衛門

一義山様へ寛永拾壱年に、私儀十六歳之時津田中豊前を以御小性組に被召出、御切米六両四人御扶持方被下置候。私儀佐藤古権右衛門三男に御座候。義山様御代慶安三年二月五日中村七郎兵衛幼少に付、右七郎兵衛知行高三拾壱貫文之所番代被仰付之旨成田木工を以被仰渡、其上為御加増、私御切米御扶持方御知行六貫文に被直下、都合三拾七貫文に被成下候。其節致頂戴候御黒印所持仕候。右七郎兵衛儀成長拾六歳に罷成候に付、右番代之地相渡申度奉存候段、御当代寛文元年七月三日に願申上候処に、私元来より之知行六貫文へ、七郎兵衛知行高之内拾壱貫文被分下、其上

三貫文御加増被下置、私七郎兵衛共に弐拾貫文宛に被成下由、同弐年三月廿日於江戸柴田外記・遠山勘解由を以被仰渡候。難有仕合に奉存候得共、代番知行高之内被分下候儀無拠奉存、右被分下候拾壱貫文七郎兵衛に被返下候様に仕度奉存候段、同年四月廿五日に願覚書差上申候処、最前御吟味之上被仰付候間、願難被相叶由にて右覚書被相返候。其節致頂戴候御黒印所持仕候。右之通にて知行高拾貫文に被成下候得共、右如申上番代知行高之内被分下候儀何とも無拠奉存不顧憚、

御当代寛文四年二月十九日に右被相返候願覚書、於江戸に又差上、右拾壱貫文之所七郎兵衛に被返下候様に仕度奉願趣、乍恐達て申上候処、願之通被仰付之旨同月廿三日大条監物・茂庭周防を以被仰渡候。番代知行拾壱貫文右七郎兵衛に被返下候。私には別て為御合力壱ヶ年に御金五拾切宛被下置、元来より之知行九貫文と右御合力金五拾切にて御奉公相勤申候。其節致頂戴候御黒印所持仕候。右之進退高にて引続御奉公相勤困窮仕候付て、右御合力金御知行に被直下度奉存段、

御当代寛文八年極月四日に願覚書指上申候処、同九年八月十九日為御加増御知行拾壱貫文被下置之旨渋川助太夫を以被仰渡、本地九貫文取合当知行高弐拾貫文に被成下候。其節致頂戴候御黒印持所仕候。勿論右御合力金五拾切は被召上候。以上

延宝五年二月廿九日

39　桜井八右衛門

一　拙者祖父桜井庄右衛門儀

貞山様御代に屋代勘解由を以被召出、御知行拾貫文被下置御奉公相勤申候。庄右衛門嫡子拙者養父同氏八右衛門に跡式被下置、其以後
貞山様御代に中島監物を以御加増之地弐拾貫文拝領仕候。年久儀に御座候間年号承伝不申候。
義山様御代に惣御検地之時分、弐割出目共に三拾六貫文之高に被成下候。拙者儀
御当代茂庭中周防を以被召出、親八右衛門養子に被仰付、寛文四年五月五日中周防を以御目見仕候。右御知行高三拾六貫文之内拾六貫文同氏三太夫、残弐拾貫文拙者に被分下之旨、
御当代寛文四年五月十六日茂庭中周防・大条監物を以被仰付候。親八右衛門儀同九年十月病死仕候。跡式御知行弐拾貫文拙者に被下置旨、同十年正月十九日茂庭当周防を以被仰付候。且又親八右衛門
御当代に拾人御扶持方拝領仕候刻被仰渡候品、数年御奉公無恙相勤候間、当座為御褒美御扶持方拾人分其身一代被下置之旨奥山大炊を以被仰付候付て、親八右衛門死後御扶持方被召上候。然処拙者儀右之通御知行被分下弐拾貫文にて御奉公相勤候処、小進にて節々在江戸仕進退続兼申候間、親八右衛門に被下置候拾人御扶持方被下置度由、願覚書を以申上候得ば、其上拙者役目之芸仕上候条、為御褒美御加増拾人御扶持方被下置旨、寛文拾弐年正月六日古内造酒祐を以被仰付候。拙者知行高弐拾貫文と拾人御扶持方に御座候。尤右之御黒印頂戴仕候。以上

延宝五年正月廿九日

40 堀田庄内

一 拙者先祖美濃国之者御座候。親同氏和泉

義山様御部屋之節、寛永拾年古内故主膳を以被召出、御合力弐拾両拾人御扶持方被下置、江戸定詰御弓御用相勤、義山様御代被為成、同十四年に御知行三拾貫文之所右主膳を以被下置由、右之品々幼稚にて承伝委細之儀不奉存候。然処同十六年和泉病死仕、拙者儀実嫡子に候得共其節五歳に罷成御目見不仕に付、右御知行被召上、致成長御奉公仕候はば本御知行御返可被下候間、先以御切米拾両御扶持方拾人分被下置旨同年極月古内伊賀を以被仰渡候。御当代被為成、右之義山様御意之段申立、右御切米御扶持方之通御知行被直下度旨奉願候処、寛文拾弐年三月廿八日に、御蔵御新田起目之地高弐拾貫文に被成下、御切米御扶持方は被召上之旨柴田中務・古内志摩を以被仰渡御黒印奉頂戴候。

以上

延宝五年四月廿三日

41　砂金市右衛門

一　拙者実父砂金内記儀砂金左衛門次男に御座候。貞山様御代に誰を以何年に被召出候哉不承伝候。御知行拾貫文被下置御奉公仕候処、御金山本判御役目被仰付相勤申候内、御加増之地拾貫文被下置、弐拾貫文に被成下、其後野谷地申請起目新田壱貫五百五拾八文拝領仕知行高に被結下、弐拾壱貫五百五拾八文之高に被成下候。右御加増何様之品を以何年に被下置候哉。且又新田起目拝領仕候年号・御取次不承伝候。右御役目相勤申内寛永十七年九月十一日父内記病死仕、跡式無御相違拙者に被下置旨、同年十二月古内古主膳を以被仰付候。

義山様御代、寛永年中惣御検地之節弐割出共に弐拾五貫九百文之高に被成下候。然処拙者次男同苗仲兵衛無進退に御座候に付て、右知行高之内五貫九百文之所仲兵衛に被分下、御番所をも被仰付御奉公仕候様に被成下度旨延宝弐年三月十日願申上候処、如願五貫九百文之所仲兵衛に被分下之旨、同年四月廿二日大条監物を以被仰渡、当時拙者知行高弐拾貫文に御座候。勿論先祖之儀は砂金佐渡方より申上候。以上

延宝七年四月廿七日

42 安久津吉右衛門

一 拙者養父同氏道純実父源右衛門と申者伊達御譜代筋目之由承伝候得共、誰様御代に被召出、進退何程被下置候品々右源右衛門より前相知不申候。源右衛門儀不行歩者に御座候付て、御奉公不罷成候故、貞山様御代伊達より浪人仕江戸に居住仕候。如何様之品を以江戸へ罷登候哉不承伝候。源右衛門実弟、長沼左太吉・同甚之助と申者は貞山様へ御奉公申上候。然処右源右衛門子共三人御座候付、貞山様御代伊達御譜代之品々申上子共被召出、嫡子道純儀は御切米三両御扶持方被下置、延寿院道三へ被相付、次男作十郎儀は、義山様御部屋住之時分御小性組に被召仕候内病死仕候。三男安兵衛儀は貞山様御奥小性に被召仕候処、為御意源右衛門儀は江戸に居住仕者之儀に候へば、壱人は手前に指置度儀も可有之

被思召其身に被下置、御構無御座候段被仰渡御暇被下置候。其後有馬中務少将殿へ有付申候。道純儀医師御奉公相勤申内、

義山様御代弐両之御加増被成下、合五両八人御扶持方に罷成候。御加増被下候節之御申次古内故主膳に御座候。年号覚不申候。道純儀娘壱人持死去仕候付て、右進退其節娘に被下置候由、古内故主膳を以被仰渡候。年号覚不申候。拙者儀

義山様御代承応元年七月九日右古主膳を以、御小性組に被召出御切米六両御扶持方四人分被下置候。

綱宗様御代万治弐年十二月十六日奥山大炊を以、右道純聟名跡に被仰付、拙者御切米御扶持方へ道純娘進退御取合、拾壱両に拾弐人御扶持方に被成下候。

御当代御膳番御役目被仰付相勤申内、延宝三年十月十四日柴田中務・小梁川修理を以其身儀年久御奉公相勤申候。其上御役儀兼日如在不仕段被聞召候間、御切米御扶持方御知行に被直下、拾壱貫六百九拾弐文へ御加増八貫三百八文被下置、都合弐拾貫文之高に被成下候。拙者儀真籠正左衛門実四男に御座候。実父先祖は真籠杢之助方より申上候。以上

延宝七年九月九日

43　伊藤儀右衛門

一　拙者祖父伊藤理蔵儀同苗古肥前次男に御座候。貞山様御代右肥前別て奉公励候付て、其身二番目に御知行被下置可被召使之旨、天正拾五年十月十九日御朱印被成

下、于今所持仕候。其節御知行弐拾貫文被下置、御小性組御奉公仕候由申伝候。理蔵儀隠居被仰付、拙者親善右衛門に家督無御相違被下置、善右衛門代に新田壱貫文余拝領仕候由、且又寛永廿年惣御検地之節二割出拝領、弐拾六貫百文之高に被成下候由、右理蔵隠居被仰付善右衛門に家督被下置候年号并右新田拝領仕候員数年号共に不承伝候故、分明不申上候。寛文弐年に伊藤新左衛門新田起目之内三貫文被分下度由奉願、弐拾九貫百文之高に被成下候。同七年右衛門隠居被仰付、拙者兄同名庄太夫に家督無御相違被下置候。然処後見御仕置之内、同八年四月善右衛門儀不慮之罪被仰付、庄太夫進退被召放庄太夫・友堅・拙者三人共に流罪被仰付跡式断絶仕候処に、同十三年三月十八日島御免被成下之旨古内志摩を以被仰渡、且又延宝三年五月右庄太夫被召出、伊藤嫡伝之名跡被仰付、同四年三月六日拙者被召出、其方亡父善右衛門儀御後見御仕置之時分、理不尽之罪に会候段被為聞召、今度右善右衛門跡式知行高弐拾九貫百文之処無御相違被下置之段御意之旨、柴田中務・小梁川修理を以被仰渡候。其節拙者申上候は私兄同氏友堅無足にて罷在候。順儀に御座候間、右跡式友堅に被仰付被下置候様に乍恐奉願之旨申上候得ば、友堅儀も被為聞召候上其方に被仰付候間、早速御受申上可然之由、右両人衆指図に付、強て申上候儀憚多奉存、御受申上、同八日上郡山九右衛門を以御目見仕候。同月七日拙者始親類共以連判、右知行高之内何分にも御積を以友堅に被分下、両人共に御奉公申上候様に仕度旨奉願候処、九貫百文友堅に被分下、弐拾貫文拙者に被下置之由御意之旨中務修理方を以同十三日に被仰渡候。御黒印は未頂戴不仕候。以上

延宝五年二月四日

44 長沼半兵衛

一　拙者曽祖父長井仲右衛門儀会津譜代之由承伝候得共、誰様御代に先祖誰を初て被召出候哉、曽祖父より先之儀不承伝候。右仲右衛門実子拙者祖父同氏仲兵衛儀御知行高拾弐貫弐百九拾九文之所被下置、江戸御用数年相勤申候。然処長沼丹後と申者近親類に御座候故、類名長沼に罷成度旨、貞山様御代佐々若狭を以申上候処、願之通被成下由承伝候。右御知行誰様御代に先祖誰拝領相続仕候哉相知不申候。然処寛永拾弐年右仲兵衛病死仕候。其節先茂庭周防を以、右跡式御知行無御相違拙者親市左衛門同年に被下置候。義山様御代御検地被相通候砌二割出弐貫四百四拾壱文被下置拾四貫七百文之高被成下候。承応三年野谷地拝領仕明暦四年開発新田高四貫弐百八拾六文、都合拾八貫九百八拾六文被結下候。右市左衛門儀寛永廿年より御国御用数ヶ年相勤、延宝三年に病死仕候。拙者儀市左衛門実子に御座候に付、跡式無御相違被下置旨、御当代延宝三年六月十七日に柴田中務を以被仰付候。拙者儀男子持不申に付、成田助之丞弟七九郎、拙者娘取合聟名跡に願申上、右助之丞御知行五拾壱貫七百弐拾八文之内壱貫拾四文拙者に被分下度旨願申上候処に、小梁川修理を以延宝五年十月三日に被仰付、右御知行取合高弐拾貫文に被結下御奉公相勤申候。以上

延宝七年十月十七日

45　片山六郎兵衛

一　片山伊勢次男拙兄同氏権之丞儀、

義山様御代寛永拾四年に津田近江を以被召出、御切米五両四人御扶持方被下置御奉公仕候処、正保弐年に右権之丞病死仕実子無之付、拙者儀実弟に御座候間家督被仰付被下度段奉願候処、願之通同年極月廿九日に津田近江を以、右御切米御扶持方無御相違拙者に被下置候。其以後野谷地申請開発仕、起目拾三貫八百八拾三文之所、寛文十三年六月十八日に小梁川修理を以拝領仕候。然処拙者儀実子無之付、笹町七郎右衛門次男彦六聟養子に被仰付、七郎右衛門知行高之内六貫百拾七文之所拙者に被分下度段奉願処に、願之通被成下旨延宝七年二月十九日に柴田中務を以被仰渡、知行高合弐拾貫文と御切米五両四人御扶持方拝領仕候。御黒印は于今頂戴不仕候。以上

延宝七年四月朔日

侍衆

御知行被下置御牒（二十五）

十九貫九百七十八
文与里十八貫文迄

1　尾関源太夫

一　拙者儀神尾備前守縁者御座候。付て御家へ相出申度被存候得共、其節備前守江戸御町奉行に御座候条、加様之儀申上候事遠慮被仕候処に、久世先九左衛門拙者縁者に御座候間、才覚を以古内先主膳迄申入、如何様之進退にも在付可被申候。以来之儀は御取立被下候様に我等御無心可申上由、備前守九左衛門へ被申付、右之品々主膳へ九左衛門申入候処、則
義山様御耳に被相立被召出、中之間御番所被仰付、御扶持方拾人分・御切米五両被下置候。其後備前守、主膳へ被申候は、尾関藤左衛門儀、小進にて御家に罷在候。進退困窮仕御奉公勤兼候体之由、拙者縁者に御座候条不便に存候間、我等存入之通、
義山様御耳に被相立、小地をも被下置候様に、御手前頼入候由被申候処に、江戸大火事に付右之段相延、其上
義山様御逝去被遊、弥以相延申候。其以後為御目付、天野弥五右衛門殿・神尾五郎太夫御当地へ被罷下候。右五郎

太夫拙者親類に御座候。尾関藤左衛門儀、少進にて手前摺切申、其上右備前存入難黙止存候間、拙者共へ之御首尾にも候間、各御取持頼入候段、富塚内蔵丞・原田甲斐・古内志摩へ弥五右衛門殿、五郎太夫相頼被申候処に、右三人被申候は、当時之儀御座候間、野谷地新田成共為取申様に可仕旨挨拶被申、其後寛文五年四月廿三日御奉行所迄拙者願之覚書差出申候後は、右之御首尾を以、牡鹿郡蛇田村・深谷之内鹿股村右両所御蔵新田之内野谷地弐拾町拝領仕開発、御竿入代高拾九貫九百七拾八文被下置候由、

御当代寛文拾壱年三月十九日に片倉小十郎を以被仰渡候。其後御黒印致頂戴、右拾人御扶持方・御切米五両相続被下置候。弥中之間御番相勤罷在、寛文七年に改名仕源太夫に罷成候。已上

延宝五年三月四日

2 佐藤七左衛門

一 私実父同性七左衛門、米沢御譜代之者に衛座候。

貞山様御代、於伏見御歩行衆に被召出御奉公相勤申候処、其後御歩御番頭被仰付、大坂両度之御陣之節致御供罷登、落城御帰陣之時分何方に御座候哉、於中途御知行拾五貫文中嶋監物を以被下置候由承伝候。引続右御奉公申上、寛永五年四月廿五日に病死仕候に付、七左衛門跡式私拾三歳之時節、同年八月六日伊藤肥前を以無御相違被下置、其以後

義山様御代惣御検地弐割出目高三貫文、正保元年に拝領仕、且又切添起目新田高壱貫八百三拾文之所、明暦元年二月六月山口内記を以被下置、都合拾九貫八百三拾文之高に被成下御黒印頂戴仕候。已上

延宝五年三月十三日

3　佐藤勘五郎

一　拙者先祖魚名公五男藤成公弐拾一代之末孫、佐藤藤九郎下野国足利郡住居仕候。右藤九郎定綱様へ被召出、刈田之郡平沢村被下置、藤九郎より代々曽祖父佐藤文助迄拾壱代御譜代に御座候由承伝申候。右代々名元委細相知不申候。
貞山様御代、右文助儀十八歳にて米沢へ罷越、浜田伊豆を以御目見仕、御小性組に被召使候。天正拾八年刈田之郡円田之郷之内北境之在家壱間被下置候御朱印所持伝候。右文助摺上・関ケ原御陣へも馬上にて御供仕候由承伝申候。右北境之在家は御竿御改六貫文に被成下候由承伝申候。慶長五年石田治部少殿御様体見分可仕由、右文助に
貞山様就被仰付候に、文助弟同氏甚之允召連罷登、御様子具見届罷下、品々申上候処に、為御褒美、慶長六年御加増五貫文文助に被下置由承伝申候。御申次不承伝候。右之御黒印所持仕候。弟甚之丞に其節御切米・御扶持方被下置候由に御座候。
貞山様御代慶長九年御加増六貫八百八拾六文文助に被下置候。御印判所持仕候。
貞山様御代慶長拾壱年御加増弐十貫三百三拾壱文文助に被下置、御鷹師頭被仰付候由承伝申候。御黒印所持仕候。
右両度之御加増如何様之被仰立を以被下置候哉、御取次等不承伝候。都合三拾八貫壱百拾七文に被成下候。惣高之御黒印
義山様御代始に、何も被召上候節、指上申由承伝申候。

貞山様御代慶長拾七年右文助隠居願申上、祖父庄右衛門無御相違跡式茂庭了庵を以被下置、引続御鷹匠頭被仰付候。

右文助は元和九年病死仕候。

貞山様御代慶長拾八年七月十五日手前御鷹師衆御鷹之儀に付無調法仕、祖父庄右衛門進退被召上、茂庭了庵に預ケ被置、元和元年右組御鷹師衆訴訟申上候に付、御免被成被召使、無足にて御鷹師衆頭被仰付候由承伝申候。其後寛永六年茂庭了庵を以知行拾五貫三拾四文被下置候。同年手前起目壱貫三百三拾四文、中嶋監物・桜田運斎を以被下置候。右高合拾六貫三百六拾八文に被成下、加藤喜右衛門・高城外記御下書取持仕候。

義山様御代、寛永拾七年祖父庄右衛門病死申に付、同年四月田中勘左衛門・古内伊賀を以拙者親正右衛門に跡式無御相違被下置、引続御鷹頭被仰付候。寛永弐十壱年弐割出を以十九貫六百文に被成下候。御黒印頂戴仕候。寛文元年

御当代御黒印頂戴仕候。延宝元年親正右衛門病死仕候に付、御小性頭衆を以親類共願申上候処に、同年九月九日油井善助を以跡式無御相違、御知行高拾九貫六百文之所拙者に被下置候。御黒印頂戴不仕候。柴田中務・大条監物御下書書替所持仕候。以上

延宝五年四月廿五日

4 木村又作

一 拙者先祖木村肥前浪人にて京都に罷在候処、飛鳥井殿被懸御目候付て、御願を以稙宗様へ御奉公に罷在候。

晴宗様御代に罷成、御知行八拾貫文被下置候由、御黒印于今六通所持仕候。何年誰を以如何様之品にて被下置候哉、分明に不存候。然処に、
輝宗様御代に罷成、品々御座候て進退被召上候由承伝候。右肥前儀拙者より何代先之先祖に御座候哉、肥前と祖父之間何代御奉公仕候哉、勿論誰代に進退被召上候哉、其段も不承候。祖父木村帯刀儀、
貞山様御代に被召出、御知行拾六貫三百三拾三文被下置候由承候。如何様之品にて、何年に誰を以被下置候哉、不存候。其以後
義山様御代に、寛永弐拾壱年御分領中惣御検地之時分弐割出被下置、高拾九貫六百文に被成下候。右帯刀儀、寛文三年九月病死仕候付て、親九兵衛に跡式無御相違被下置候。誰を以何年に被仰渡候哉不存候。右九兵衛儀、寛文九年八月病死仕候付て、跡式無御相違拙者に被下置旨、同年霜月古内志摩を以被仰渡、御黒印頂戴仕候。拙者儀、幼少之時分親九兵衛死去仕候付て、先祖之様子委細不承伝候。

延宝五年三月十九日

5　小関平内

一　拙者先祖伊達御譜代に御座候得共、
誰様御代に被召出候哉、委細之品承知不仕候。祖父小関彦右衛門は、御家御宿老仕候菅野備中に相続候由承伝候。親彦右衛門は二瓶縫殿助二男に御座候処、先彦右衛門妻女縫殿助伯母に御座候故聟に罷成、小関之家督被下置候由承候。天文十四年西山御合戦に二瓶縫殿助御忠節申上候段、

晴宗様御感状頂戴仕候。右縫殿助長男二瓶縫殿助儀同半に罷成、政宗様御代外様之御奉公被仰付、小関・二瓶両家之事、私親彦右衛門に附与被成下、天正拾六年に引馬五疋・荷物十駄十疋・関所往還之御黒印被下置候由承候。其上奥郡御出馬之刻は、右彦右衛門宅へ被掛御腰候。御恩賞に関所被下置候御朱印頂載仕、三通之御書于今所持仕候。其節之御知行高、然と不奉存候得共、刈田郡関・渡瀬・滑津・峠田・下永井・高擔《ママ》円福寺・田入宇野・川原在家・堺在家・半在家等致拝領、御国替以後者御合力被下置年経候て、御知行三貫五拾九文被下置候由承知仕候。拙者儀は
忠宗様御代、親彦右衛門相果候跡式三貫五拾九文、寛永拾七年四月九日に中嶋監物を以致拝領候。同弐拾一年御知行割に弐割増被下置、三貫六百五拾九文に罷成候。
忠宗様御代、寛永弐拾年に野谷地弐町被下置開発之地弐貫九拾三文、正保三年六月廿三日に山口内記を以致拝領候。
御同代明暦弐年に、野谷地拾町被下置、開発之地拾貫九百弐拾壱文并拙者弟目々沢源之丞、承応三年に申請候野谷地三町開発之地弐貫七百八拾五文之所右拾町分之苗代目百姓屋敷に仕付、源之丞拙者両人願之段申上、願之通
綱宗様御代万治三年二月十日茂庭先周防・富塚内蔵丞を以致拝領、御知行高拾九貫四百五拾八文之被黒印頂戴仕候。
以上
延宝五年三月十七日

6 武山吉右衛門

一 祖父武山勘右衛門儀は同氏肥前五男に御座候処に、

義山様御代、寛永拾四年に御小性組に被召出、御切米三両・御扶持方四人分被下置御奉公相勤申候。然処右肥前野谷地拝領仕候起目九貫三百九拾四文之所、勘右衛門に被下置度由、肥前申上候付、願之通津田豊前を以被下置、寛永弐拾一年八月十四日御日付之御黒印取持仕候。其以後同所地尻野谷地拝領仕、起目六貫三百七拾八文御座候に付、知行高に被成下度由、拙父勘右衛門申上候処、承応三年三月十日願之通是又豊前を以被下置、知行高拾五貫七百七拾弐文之高被成下、御黒印所持仕候。且又右御切米・御扶持方御下中並に寛文元年に三貫五百拾四文に被直下、都合拾九貫弐百八十六文之高に御座候。然処勘右衛門儀寛文三年三日病死仕候付、同年七月廿二日奥山大学を以跡式御知行高拾九貫弐百八拾六文無御相違拙者に被下置、御黒印頂戴所持仕候。先祖委細之儀武山兵左衛門方より可申上候。以上

延宝七年六月十七日

7　高橋道求

一　拙者実父高橋道的儀

義山様御代寛永年中被召出、御切米三両・四人御扶持方被下置、御次医師御奉公相勤申候。被召出候節之御取次相知不申候。

御同代正保三年野谷地拝領仕開発、高拾五貫三百四文之所山口内記を以被下置候。年号不承伝候。

御同代右御切米・御扶持方、御知行三貫九百文に被直下、都合拾九貫弐百四文に被成下候。如何様之品を以、右御切米・御扶持方、御知行に被直下被哉、勿論年号御取次等も不承置候。父道的、寛文八年五月廿五日病死仕候に

付、跡式無御相違拙者に被下置候旨、同年八月六日各務采女を以被仰渡候。当時拙者知行高拾九貫弐百四文之御黒印奉頂戴候。已上

延宝五年二月廿六日

8 増子弥兵衛

一 拙者先祖伊達御譜代之由承伝候得共、誰様御代誰を始て被召出候哉、高祖父以前之儀相知不申候。高祖父増子周防儀は稙宗様御代御奉公仕、其嫡子拙者曽祖父石見儀は実元様へ被相付之由申伝候得共、進退何程被下置候哉、尤家督相続之儀委細相知不申候。然処如何様之儀御座候哉中絶仕、石見嫡子拙者には祖父備前儀者浪人にて罷在、備前嫡子拙父弥兵衛儀は、貞山様御代被召出御奉公仕、段々御取立を以、御知行拾貫百弐拾弐文奥山古大学・蟻坂丹波を以被下置、其後野谷地致拝領、起目高義山様御代寛永十五年被下置之由、右御知行拝領之年号、且又新田起目高・御申次等不承伝候。惣御検地之節弐割出目被下置、都合高拾九貫弐百文之御黒印頂載所持仕候。拙父弥兵衛儀正保三年に病死仕、同年九月跡式無御相違拙者被下置之旨、古内先主膳を以被仰付候。拙者儀十歳に罷成候節、右弥兵衛死去仕候故、委細之儀不承置候間、承伝を以如此御座候。当時知行高拾九貫弐百文之御黒印御当代迄頂戴仕候。已上

9 新妻九兵衛

延宝五年三月十八日

一 拙者先祖祖父新妻備前儀岩城浪人に御座候。
貞山様御代に被召出御奉公申上罷在候処に、其後御知行六貫文被下置、文禄弐年に佐沼御給主に被仰付候。其節之御申次は不承伝候。右備前儀、慶長十八年に致病死候。跡式御知行高六貫文無御相違、父九兵衛に右同年津田古豊前を以被下置候。然処九兵衛嫡子長兵衛と申拙者兄に御座候。
義山様御代寛永十八年に中豊前を以被召出、正保元年に御知行十貫五百文被下置、定御供御奉公相勤申候。九兵衛跡式御給主には二男私を相立可申旨被仰付候。然ば右長兵衛儀正保三年五月病死仕候。依之長兵衛に被下置候御知行拾貫五百文之所被召上候。其後拙者成長仕候に付て、
義山様御代、津田中豊前方より願申上、右長兵衛代に定御供御奉公明暦元年二月被召出、御知行拾貫五百文中豊前を以被下置候。其後右豊前新田起高之内四貫七百九拾八文拙者に被分下度旨、豊前方より願申上候処に願之通承応弐年に被下置、十五貫弐百九拾八文に罷成候。仍親九兵衛儀万治元年八月病死仕候付て、御知行高六貫文之内三貫文、私弟吉兵衛に被下、御給主之跡式被仰付、残三貫文并当豊前拝領仕候新田起高之内六百七拾文之所、私に分被下度之由、津田玄蕃方より願申上候処に、願之通被下置之旨
綱宗様御代、万治三年二月富塚内蔵丞・茂庭中周防を以被仰渡、都合拾八貫九百六拾八文に被成下、寛文元年
御当代御黒印奉頂戴候。以上

延宝七年二月廿七日

10　赤坂伊左衛門

一　拙者先祖伊達御譜代之由承伝候得共、誰様御代に被召出、何時御知行拝領仕候哉、祖父以前之儀は不奉存候。祖父赤坂但馬儀御知行十貫文被下置、貞山様御代右衛門太夫殿へ被相付御奉公仕候。然処右衛門太夫殿御遠行被遊、右但馬嫡子兵部と申者追腹仕候に付、二男拙者父八郎兵衛に但馬跡式無御相違、右十貫文之所被下置、但馬には隠居分に別て御知行三貫文被下置、右衛門太夫殿御袋様へ被相付、父子共に御奉公仕候処、其以後但馬相果申、右御知行三貫文は被召上候。右之通御先代被成下候年号・御申次等不承伝候。其後義山様御代親八郎兵衛野谷地拝領仕、自分開発高壱貫九百文之所、寛永弐拾壱年御知行割之時分御知行高被結下、弐割出目共に都合拾三貫九百文に被成下、御黒印頂戴仕候。右新田誰を以被下候と申候儀無御座候。御同代正保弐年六月十八日に野谷地拝領仕、自分開発高四貫九百九拾三文、慶安弐年極月廿九日に山口内記を以拝領仕、御知行高拾八貫八百九拾三文に被成下候、然処親八郎兵衛万治弐年極月廿九日病死仕候付、跡式無御相違嫡子拙者兄孫太夫に、万治三年正月十一日に綱宗様御代古内主膳を以被仰付、右御知行拾八貫八百九拾三文被下置御黒印頂戴仕候。且又御当代御知行地付にて、切添高百六文寛文元年十一月十六日に被下置段、御割奉行堀越甚兵衛・柳生権右衛門申渡拝領仕、御知行高拾八貫九百拾九文に被成下候。然処兄孫太夫儀寛文五年七月十九日に病死仕候。子共持不申候に付、拙者儀右孫太夫実弟之儀に御座候間、家督拙者に被下置候様に親類共願覚書指上申候処、右跡式無御相違拙者に被下置之旨、寛文五年極月十三日従
当屋形様富塚内蔵丞を以被仰渡、右御知行拾八貫九百拾九文之御黒印奉頂戴候。以上
延宝五年四月廿日

11　村上六郎兵衛

一　曾祖父村上与五右衛門米沢御譜代にて先祖より進退被下置御奉公仕候処、如何様之品に御座候哉、米沢にて進退被召上候由承伝申候。勿論進退高共に年久儀御座候故、品々不奉存候。其後与五右衛門父子共に米沢より浪人仕、御当地へ罷越町屋敷罷在候処、
貞山様御鷹野被遊御出馬候節、祖父村上与左衛門其節は又市と申砌、表に罷出罷在候得ば、御歩行之衆を以名本御尋被遊付、名本申上候得ば、御前に御覚被成者に候間、委細相尋可申由追て御歩行衆を以御尋に付、品品申上候得ば、先祖御用に相立申候品弥御覚被遊通に候間、可被召使由御意被遊、茂庭石見を以祖父与左衛門被召出、御知行三貫文被下置、御買物御用被仰付致勤仕候。於先祖御用にも相立申由緒を以被召出儀に候得共、右之品々何様之儀に御座候哉、一円不存覚候。右御用数年相勤申に付、
御同代伊藤肥前を以御加増被下置、拾五貫文に被成下候。祖父与左衛門被召出、両度御知行被下置候年号、年久儀に御座候故覚不申候。右御黒印は先年祖父住宅火事仕候時分致焼失候。祖父与左衛門儀寛永弐拾年に病死仕、跡式御知行高拾五貫文之所、山口内記を以無御相違、実父与左衛門に被下置、御買物御用共に引続被仰付候。継目

被仰付候年号、年久儀に御座候故覚不申候。且又其砌弐割出目御座候て継目之御黒印は拾八貫七百文之御知行高にて、寛永弐拾壱年八月十四日之御日付にて頂載仕候。実父与左衛門儀承応弐年に病死仕候。跡式御知行高拾八貫七百文之所同三月三月廿七日山口内記を以、無御相違拙者に被下置候。同年四月三日御日付之御黒印頂戴仕候。

御当代御黒印頂戴仕候。以上

延宝七年四月四日

12 小嶋五兵衛

一 拙者先祖小嶋河内伊達御譜代御座候。河内進退三拾貫文之所は、嫡子小嶋弥兵衛に被下置候。義山様御代に右弥兵衛跡式孫弥兵衛江戸御番之時分如何様之儀御座候哉、御国へ被相下進退被召上候。河内二男小嶋兵助無進退にて

貞山様へ御奉公仕、高麗御陣へ之御供被仰付御帰朝被遊、則御知行拾弐貫六百文之所、祖父兵助に奥山出羽を以被下置候。

御同代寛永五年に野谷地新田に申請、起目弐貫四百八拾文之所、拙者親兵助に茂庭釆女を以被下置、高拾五貫八十文にて江戸御番被仰付、馬上並相勤申候。親病人に罷成拙者番代仕候。

義山様御代同拾七年惣御竿被相通、右之弐割出三貫弐拾文之所、同弐拾壱年八月十四日奥山古大学を以被下置、合拾八貫百文被成下候。

御同代に山口内記・真山刑部を以野谷地新田に申請、起目弐百七拾九文之所

御当代寛文元年十一月十六日奥山大炊を以被下置、高拾八貫三百七拾九文に御座候。御当代に親隠居願申上、同三年八月廿九月に右大炊を以拙者に家督被下置候。右高之内三貫三百七拾九文之所、拙者三番目弟小嶋五右衛門に被下置、御奉公為仕度旨奉願上、右之通五右衛門に分被下置候御意之段、同拾年二月廿三日原田甲斐申渡、拙者残知行高拾五貫文之御黒印頂戴仕候。以上

延宝四年十二月十六日

13　田手権左衛門

一　拙者苗字之曽祖父田手土佐儀元来伊達御譜代之由承及候。誰様御代に被召出、御知行被下置候哉、其段は不承伝候。嫡子備中儀、従貞山様右衛門大夫殿へ被相附候時分、御知行高五貫六百弐拾文拝領仕候由に御座候。右衛門大夫殿御遠行被遊候に付、貞山様へ被召出、中嶋監物を以右之御知行高無御相違被下置、引続御奉公被仰付候。御同代野谷地五町歩被下置、開発高三貫六百文右合九貫弐百弐拾六文に被成下候。義山様御代、寛永十八年惣御検地之刻出目拝領仕、高拾壱貫三百文に被成下候。右誰之御申次にて被下置候哉不承伝候。然処備中儀老衰仕、実子左門儀正保三年に相果申候。男子無御座候故、拙者儀は安代掃部末子に御座候を、右左門女子ニ取合聟苗跡に仕度旨、慶安五年双方願を以申上候条、同年七月廿二日に山口内記を以、願之通無御相違拙者に被下置之旨被仰渡候。承応弐年に野谷地弐町分山口内記を以拝領仕、起目高壱貫七百九拾文、明暦弐

年正月廿二日に右同人を以被下置候。其後万治弐年に拙者知行付に切添御座候条願を以御竿被入下、六百拾文之高に結被下候旨、古内志摩を以被仰渡候。高合拾三貫七百文御黒印奉頂戴候。拙者儀男子無御座候故、牧野次左衛門弟甚兵衛を聟苗跡に仕、且又次左衛門知行高之内五貫文右甚兵衛分被下度旨、寛文十壱年に双方願并両御番頭大町備前・伊藤刑部末書を以申上候処、於江戸古内志摩御披露之上、願之通無御相違被仰付之趣、同拾弐年正月廿五日柴田中務を以被仰渡候。右知行高合拾八貫七百文に被成下候、御下書致頂戴候。以上

延宝五年二月廿日

14 櫻田太兵衛

一 拙者先祖伊達御譜代之由承伝候。誰様御代に先祖を被召出候哉、其段不承伝候。祖父櫻田次右衛門儀貞山様御代に、御知行十五貫五百九拾六文之所被下置御奉公仕由候得共、年久儀にて委細様子不奉存候。右次右衛門儀、寛永拾壱年に病死仕、其節は嫡子作蔵幼少に付て、成人仕候迄右次右衛門弟大石新八郎に番代被仰付、右作蔵拾六歳に罷成候時、右新八郎願申上

義山様御代古内伊賀を以、寛永十七年三月右御知行拾五貫五百九拾六文之所作蔵被下置御奉公仕候。且又惣御検地相入弐割出目御加増に被下置、御知行高拾八貫七百文に被成下、寛永弐拾壱年に御黒印右作蔵頂戴仕候。作蔵儀子持不申、拙者儀は森田筑後二男に御座候を養子に仕度段申上、慶安五年如願古内故主膳を以被仰渡、承応弐年より拙者御番等之御奉公仕候。然処

御当代右作蔵隠居願申上候処、古内中主膳を以、寛文元年九月十一日願之通隠居被仰付、右御知行高拾八貫七百文之所無御相違拙者に被下置御黒印頂戴仕候。以上

延宝五年三月七日

15　青木猿松

一　拙者曽祖父青木備前儀、先祖より御譜代にて、誰様御代に拝領仕候哉、御知行弐十貫文被下置御奉公相勤申候。備前病死仕、嫡子私祖父内蔵助に右弐拾貫文貞山様御代に被下置候。義山様御部屋住之時分より内蔵助御奉公仕、御加増拾貫文被下置三拾貫文に被成下候。其以後如何様之品に御座候哉進退被召上、久浪人にて罷在候。慶安二年に内蔵助病死仕、嫡子私実父市郎兵衛儀慶安三年に被召出、内蔵助知行高之半分十五貫文被返下候。其後開発之新田三貫六百八拾九文承応弐年十二月廿三日に被下置、本知取合十八貫六百八拾九文に罷成候。実父市郎兵衛、延宝三年十月五日に病死仕、拙者家督知行高拾八貫六百八拾九文無御相違、延宝四年正月廿三日に柴田中務を以被下置候。私八歳にて市郎兵衛相果申に付、品々委細に不存候間有増に申上候。以上

延宝五年三月四日

16　前田喜兵衛

一貞山様御代拙者実父前田喜左衛門御切米弐両・御扶持方十人分被下置、佐々若狭を以被召出候。義山様御代野谷地申請、右之起目高四貫三拾六文并右之御切米・御扶持方御知行に被直下、五貫九百三拾四文取合九貫九百七拾文承応元年四月六日山口内記を以被下置候。御切米・御扶持方直被下候品不承伝候。右喜左衛門儀御村御普請方指引御用相勤候処、所々御用立候用水見立申上、常陸御船着間所御普請被仰付、五ヶ年相詰成就仕候付、明暦三年四月十日為御加増御知行五貫三拾文古内古主膳を以被下置、高拾五貫文に被成下候。寛文元年十一月十六日知行所切添起目高三貫五百拾弐文真山刑部を以被下置候。右取合御知行十八貫五百拾弐文之高に被成下候処、喜左衛門儀年七拾八迄御奉公申に付、実子拙者家督被下置度旨奉願候付、寛文弐年五月十三日奥山大学を以無御相違被仰付、右御知行高拾八貫五百十弐文御黒印頂戴仕候。已上

延宝五年三月六日

17　笹原伝右衛門

一拙者親笹原掃部最上譜代、元和八年最上没落付御当地へ罷越候。貞山様御代寛永年中深谷牡鹿野谷地弐拾町馬場出雲を以被下置御目見仕、右野谷地自分造作を以開発仕候処、水損所御座候て起兼、義山様御代寛永十八年惣御検地之砌、高七百八文罷成被下置候。御下書所持仕候。御普請方御用にて御奉公仕候。義山様御代拙者儀寛永十五年より無足にて御郡御普請御用四箇年相勤申付、寛永拾九年四月真山刑部・古内先主膳を以、御切米壱両四人御扶持方被下置候。正保三年深谷之内須江村にて野谷地五町五反山口内記を以被下置、慶

安元年御竿被相入、八百三拾四文拝領仕候。引続承応三年真山刑部を以右起残之野谷地へ被相加、六町分被下置、万治元年御竿被相入、壱貫七百弐拾弐文被下置、右取合弐貫五百五拾六文被成下候。御当代罷成惣侍衆持添之御扶持方・御切米御知行に被直下候節、寛文元年右御切米・御扶持方弐貫三百七拾壱文被直下、取合四貫九百弐拾七文に被下候。御黒印致頂戴所持仕候。御当代寛文三年四月九日親掃部被下置候七百八文之所無御相違奥山大学を以被下置、掃部に隠居被仰付候。取合五貫六百三拾五文に被成下候。御黒印致頂戴所持仕候。拙者儀御郡方御普請上廻り御用弐拾八ヶ年相勤申由にて、寛永六年御蔵新田之内にて野谷地十三町富塚内蔵丞を以被下置、同九年御竿被相入、拾二貫八百四拾弐文寛文拾壱年五月八日古内志摩を以被下置、本知新田取合拾八貫四百七拾七文に被成下候。御黒印致頂戴所持仕候。引続御普譜上廻り之御用、当年迄四拾箇年相勤罷在候。以上

延宝五年二月九日

18　上田長右衛門

一　拙者親上田宗順儀

貞山様伏見に被成御座候節被召抱、御知行七貫文被下置、御茶道頭被仰付候。寛永拾壱年五月五日に、貞山様宗順処へ被為成刻、伊藤肥前を以為御加増弐貫九百拾弐文被下置候。寛永弐拾壱年御竿被相入弐割出被下置、知行高拾弐貫文に被成下候。正保四年五月九日親宗順病死仕候。跡式無御相違同年九月九日に成田木工を以拙者に被下置、虎之間御番被仰付御奉公相勤候。

義山様御代慶安四年正月廿日大谷羽生村知行地尻野谷地新田に申上、四反分山口内記・武田五郎左衛門・和田因幡を以拝領仕候内、起目へ御竿被相入、六百七拾五文為御加増、明暦弐年正月廿二日山口内記を以被下置候。御黒印頂戴仕候。知行高十弐貫六百七拾五文に被成下候。

御当代寛文七年閏二月十九日胆沢之郡上野村徳岡野谷地拾町五畝内馬場蔵人・和田半之助を以拝領仕候内、右起目へ御竿被相入、五貫七百九拾九文之所於江戸片倉小十郎・茂庭周防遂披露為御加増被下置、都合御知行高拾八貫四百七拾四文柴田中務を以被成下候。年号失念仕候、寛文十弐年正月廿五日御黒印頂戴仕候。以上

延宝五年三月晦日

19　梅津文左衛門

一　拙者曽祖従

誰様御代被召出候哉、曽祖父以後右近・備前と申候由承伝候。御奉公仕候哉不奉存候間不申上候。拙者曽祖父梅津備前と申者、

稙宗様御代より梁川之内沢田ふにう・伊達之内砂金関と申所知行仕、梁川之内桜館之城に久在所仕、備前嫡子祖父平兵衛代迄罷在候。

貞山様岩出山御下向之砌御供仕、岩出山にて右平兵衛病死仕、嫡子与吉江戸に相詰御奉公仕候内、沼部三次と申者喧嘩之巻に付て、右与吉切腹被仰付、進退被召上候由承伝候。右前者之知行高何程御座候哉、且又段々家督相続候年号等も不承伝候。右与吉弟拙者親文左衛門浪人に罷成、其年六歳より叔父梅津次郎左衛門殿に介抱受罷在候

処、慶長拾年に十六歳にて御不断組に被召出、其以後慶長拾三年十九歳にて御歩行衆に被仰付、弐十五之年より両度之大坂御陣御供仕所、刀損申に付平安城幸弘之御腰物致拝領、御帰陣以後御歩行衆御番頭被仰付、御知行五貫文被下置、御扶持方・御切米被直下都合七貫八百五拾八文に被成下候。前々之御切米・御扶持方は何程に御座候哉、不承伝候。其以後寛永九年正月御本丸於御番所御番組之衆無調法之儀御座候付不届に被召置、石田将監を以進退被仰付、伊達之内小石と申所に罷在候。然処に其年之四月十日茂庭周防在所松山へ被為成候て被思食出、御直書之面難有御文言にて被召返候。御直書於于今所持仕候。右知行高七貫八百五拾八文不相替被下置、御奉公相勤罷在候。然処

義山様御代寛永弐拾壱年御知行割之時分、壱貫五百七拾壱文弐割出被下置、都合九貫四百弐拾九文にて御奉公仕候。其以後明暦弐年閏四月廿拾七日親文左衛門年六拾七にて病死仕候付、於江戸成田木工を以、同年六月十九日に親跡式無御相違拙者に被下置候。其以後拙者知行所之内、内之者起目新田御竿入壱貫七百九拾八文、明暦三年八月十日山口内記を以被下置、其以後桃生郡之内釜谷浜村田志摩新田拝領仕候内、起目四百五拾四文拙者に被下置候様に、右志摩申上候付、

綱宗様御代、於江戸万治三年六月十九日茂庭周防を以被下置候。都合拾壱貫六百八拾壱文に御座候。以上。

延宝五年四月五日

20　武沢太兵衛

一　拙者祖父武沢八左衛門、上野佐野天徳寺一門に御座候て多田申所に小地を持罷在候由承候。

貞山様御代、山岡志摩を以被召出候。拙者親太兵衛儀右八左衛門長男に御座候故、浪人にて罷在候処、柳生但馬守殿御口を被指添、
貞山様御代茂庭周防を以被召出、御知行本地弐拾貫文被下置、江戸御番数年相勤申候。御検地以後弐割出共に弐拾四貫文に被成下候。
義山様御代登米郡大泉村にて野谷地拝領、起目壱貫七拾弐文、正保二年に被下置候。江戸御奉公数年無恙相勤申候付、御加増拾貫三拾八文正保三年に被下置候由承候。宮城郡高城之内竹谷村にて野谷地拝領、起目壱貫拾五文慶安二年に被下置候。同郡竹谷村にて起残之野谷地拝領、起目四百廿七文明暦弐年に被下置、右合三拾六貫五百五拾弐文に被成下候。御加増并新田拝領仕候御申次不承伝候。太兵衛儀江戸御番相勤申以後、京都江州御用被仰付、引続常陸竜ヶ崎御用被仰付相勤申内中気相煩、万治三年正月相果申に付、拙者兄三太夫に跡式三拾六貫五百五拾弐文同年三月茂庭周防を以無御相違被下置御奉公相勤申候処に、寛文三年十月病死仕、実子無御座候付て、三太夫跡式半分十八貫弐百七拾六文、同年極月廿五日に富塚内蔵丞を以拙者に被下置御黒印頂戴仕候。以上
延宝七年二月廿五日

21　坂下惣右衛門

一　拙者親坂下惣兵衛儀佐々古助右衛門三男に御座候。助右衛門儀永井御譜代に御座候。
貞山様御代に右惣兵衛儀家子藤右衛門と申者之苗跡寛永六年七月蟻坂丹波を以右惣兵衛に被下置、藤右衛門儀は隠居被仰付候。藤右衛門儀

貞山様御代に被召出御知行弐拾貫弐百拾四文被下置由承伝候。且又藤右衛門甥家子次郎右衛門と申者無足にて罷在候付、藤右衛門并親惣兵衛奉願候は、右高之内五貫文右次郎右衛門に分為取申度段、是又御同代に申上候処、佐々若狭を以願之通被仰付、残高拾五貫弐百拾四文に御座候処、寛永弐拾年義山様御代、御検地弐割出目にて拾八貫弐百文に被成下候。御当代延宝元年十月廿九日に切添新田五拾三文大条監物を以被下置、拾八貫弐百五拾三文に罷成候。右次郎右衛門儀遁世仕候付、右五貫文之所被召上候。義山様御代惣兵衛儀遠嶋へ御供仕候時分、家子之苗字相改坂下に可罷成由、成田木工を以被仰付候。惣兵衛儀、去年霜月九日に小梁川修理を以隠居被仰付、跡式無御相違拙者に被下置、当時拾八貫弐百五拾三文之御黒印頂戴仕候。以上

延宝五年正月廿五日

22　山崎勝八

一　拙者曽祖父山崎対馬儀岩城落着之節浪人仕御当地へ罷越候処、息女を貞山様にて被召使候。対馬浪人にて堪忍罷成間敷由被成御意、御知行十五貫百六拾七文被下置候。対馬病死仕跡式無御相違、実子主馬に被下置候。主馬致病死候節、実子権兵衛三歳にて幼少有之付、主馬弟正三郎御番代被仰付候故、右御知行致所務御奉公相勤申候処、義山様御代惣御検地之節弐割出目三貫三拾三文被下、取合拾八貫百百文に被成下候。其以後権兵衛成長仕候付、御

知行相返御番等をも為仕度由、
義山様へ山口内記を以右正三郎願申上候処、如願御知行十八貫弐百文之所拙父権兵衛に被下置候。権兵衛儀延宝三年七月廿六日に病死仕候。同年十一月十九日に跡式無御相違拙者に被下置旨、柴田中務を以被仰渡候。先祖之儀右之通承伝申候。段々年号は不奉存候。以上

延宝五年二月廿一日

23 茂木太兵衛

一 茂木源兵衛儀茂木対馬嫡子に御座候処、
忠宗様御代慶安弐年十一月二日山口内記を以被召出、御切米金子弐両弐分・御扶持方四人分被下置、中之間御番被仰付候。明暦三年胆沢郡上野原御鷹場に被成置候節、右源兵衛儀同所御鳥見御用被仰付取移申に付、為御合力右御鷹場之内にて野谷地七町分被下置候。起目新田弐貫八百八拾二文万治三年二月十日、茂庭周防・富塚内蔵丞を以被下置候。
御当代に罷成、御知行へ御切米御扶持方持添之分御知行に直被下候砌、何も同前に右御切米・御扶持方三貫弐百弐拾九文に直被下之由、寛文弐年三月十八日奥山大学を以被仰渡、取合六貫百拾壱文之高に被成下候。然処拙者儀右対馬三男に御座候。
御当代に罷成、寛文元年七月十三日鴇田淡路手前御歩小性に被召出、同人手前物書御用加勢分に被仰付相勤申候処、右源兵衛儀、男子持不申、其上病人にて御奉公成兼申候付、拙者を源兵衛子共分に仕家督相立申度由、寛文弐年

十一月三日右願之通申上、同月十四日病死仕候付、其段申上候得ば、拙者儀御歩小性組御免被成下、源兵衛家督無御相違被下置由、同年十二月十八日柴田外記を以被仰渡、引続淡路手前物書御用被仰付候。依之御出入司衆手前物書並之御扶持方七人分為御加増、寛文八年正月廿九日古内志摩を以被下置候。且又胆沢郡上野村拙者知行所地付にて、野谷地六町分寛文五年被下置、新田開発仕、同九年に御竿被相入、起目起過共拾壱貫四百九拾五文并在郷除屋舗へ御竿被相入、知行高に被成下度願申上候付、右新田所同前に御竿被相入、高五百六拾七文、取合十弐貫六拾文之所寛文拾壱年三月十九日片倉小十郎を以被下置候。右本地新田都合拾八貫百七拾三文御扶持方七人分に御座候。以上

延宝五年四月七日

24　新藤吉左衛門

一　拙者先祖代々御譜代之由御座候得共、誰様御代に先祖誰を被召出候哉品々不承伝候。祖父善左衛門貞山様御代に御知行高拾貫文被下置、御本丸にて御賄役被仰付相勤申候。以後若林御城へ御移之節御加増五貫文被下置、合拾五貫文拝領仕候。御知行拝領御申次・年月不承伝候。善左衛門嫡子半十郎貞山様御奥小性に被召出、御切米八両・御扶持方四人分被下置御奉公仕候。義山様御代に寛永十七年弐割出目三貫百文被下置、取合拾八貫百文に罷成候。御同代同拾八年四月廿七日右善左衛門病死仕候。右知行高無御相違、右半十郎に被下置候。年月御申次不奉存候。

半十郎御切米・御扶持方之分は半十郎実弟牛之助に被下置、御国御番相勤罷在候処病死仕候。実子無御座候故、右御切米・御扶持方被召上候。半十郎儀は、善左衛門跡式知行之御黒印寛永弐拾壱年八月十四日に頂載仕、承応三年六月朔日右半十郎病死仕、実子次郎作に家督無御相違、同年十月廿一日に津田豊前を以被下置、御小性組被仰付候。

御当代寛文四年御手水番被仰付、同五年四月江戸へ罷登相勤申候処、同六年正月より相煩御暇被下罷下、段々病気指重り申に付実子無御座候故、実弟拙者に家督被下置度旨、寛文八年四月十三日津田玄蕃を以申上候処、同年五月二日に古内志摩・原田甲斐を以右願之通無御相違家督拙者に被下置、御黒印頂載仕候。同年九月九日兄次郎作病死仕候。拙者儀同年十月虎之間御小性に被仰付、江戸御番相勤申候処、延宝二年四月江戸御番御赦免被成下、御国御番相勤罷在候。以上

延宝五年四月廿日

25 鈴木七左衛門

一　拙者親鈴木三平儀鈴木林斉二男に御座候て、無足にて罷在候処、貞山様御代慶長八年に拾八歳に罷成候刻、中嶋監物を以被召出、御知行四貫弐百三拾三文被下置御奉公仕候。其以後牡鹿郡湊村にて水荒之地八町歩中嶋監物を以御印判にて致拝領候。且又同拾三年に御買新田五町分於右同所申請開発仕候処、義山様御代寛永十八年惣御検地之時分御竿被相入、弐割出目共拾八貫百文に被成下御黒印頂載仕候。右三平儀慶安

四年に病死仕候処、跡式無御相違拙者に被下置之旨、戸田喜太夫を以同年に被仰付候。右之御黒印同五年に頂載仕候。
当屋形様御黒印寛文元年に頂戴仕候。先祖之儀は惣領筋目に御座候間、同氏主税方より可申上候。已上
延宝五年三月廿三日

26　佐々木又右衛門

一　拙者先祖
誰様御代誰を始て被召出候哉不承伝候。拙者祖父佐々木五右衛門儀
貞山様御代、右五右衛門御知行四拾貫文余にて御小人奉行被仰付、数年相勤申候。慶長拾年御上洛之時分御供仕御番明罷下砌、御小人之内懸之助と申者不届之儀御座候由にて於道中右五右衛門手討に仕候。就夫進退被召上、御国浪人にて罷在候。然処大坂御陣之節五右衛門浪人之儀御座候間、忍罷登御備之内に相加リ、於大坂表首二撃取申候付、御勘当御赦免被成下、御帰陣之後御知行拾五貫文被下置候。年号・御申次は不承伝候。右五右衛門儀御国御番相勤、宝永拾壱年六月廿二日病死仕候。依之拙者親五右衛門に右跡目無御相違、従
貞山様被下置候。年号御申次不承伝候。且又
義山様御代惣御検地之刻、弐割出三貫文被下置拾八貫文被成下、江刺之内浅井村知行所にて切添弐拾六文之所、
御当代寛文元年八月富塚内蔵丞・奥山大炊を以被下置、都合知行高拾八貫二十六文被成下候。右五右衛門儀寛文五年十二月三日病死仕候。同六年三月十九日親五右衛門跡目無御相違柴田外記を以拙者に被下置候。御黒印頂戴仕

候。以上

延宝七年六月十七日

27 吉田三郎兵衛

一　拙者祖父吉田九兵衛関東小田原譜代にて北条安房守処に奉公仕由に御座候。小田原没落以後拙者親吉田喜太郎と申候時分、慶長十三年之比

貞山様へ溝口外記殿・柳生又右衛門殿御取持を以、御知行五貫文・拾人御扶持方にて被召出御奉公仕候。大坂御陣之節も馬上にて罷登候。寄親は鈴木和泉に御座候。元和三年之時分鈴木和泉・横田道斎を以御知行拾五貫文に被成下、

貞山様へ御奉公相勤申候処、其後

義山様御部屋へ被相附古内伊賀を以御目見仕、吉田三郎兵衛に改名被仰付、江戸御番御上洛御供仕候。

義山様御代惣御検地以後、二割出被下置知行高拾八貫文に被成下候。寛文元年に改名申上、親三郎兵衛、市左衛門に被成下、拙者三郎兵衛に罷成候。寛文弐年七月廿二日親市左衛門病死仕候付、同年十月廿四日柴田外記・大条監物を以跡式無御相違被下置候。其以後寛文五年江戸御役自被仰付相勤申候処、病気に付訴訟申上、延宝二年に御免被成、御国御番仕罷在候。以上

延宝五年二月廿四日

28　大槻五郎兵衛

一　拙者祖父大槻五郎兵衛儀仙道浪人にて御座候。貞山様御代慶長拾九年に被召出、御切米壱両・五人御扶持方被下置、御歩行に被召使候。誰を以被召出候哉不承伝候。元和九年に野谷地被下置、自分開発高拾壱貫八百弐拾八文并御切米・御扶持方願申上、御知行に直高三貫百七拾弐文取合高拾五貫文中嶋監物を以被下置候。何年に御竿入被下置候は不承伝候。寛永元年より名取郡御代官被仰付節、御歩行組御免被成下候。寛永十八年御検地弐割出共に高拾八貫文に被成下候。義山様御代承応弐年三月病死仕候。実子拙者実父同氏五郎助に、同年九月十三日に古内古主膳を以右御知行高之通被下置、右五郎助寛文三年五月病死仕候。同年七月十九日に富塚内蔵丞を以、右知行高拾八貫文拙者に被下置候。以上。

延宝七年三月廿七日

29　山内万六

一　拙者先祖相州浪人曽祖父山内内匠助、芦名修理太夫盛氏御家中会津横田と申所に居住、祖父山内源兵衛貞山様会津へ御討入被成候砌御奉公に付、天正十七年六月十一日迄本領之通一字被下置由、同九月十二日に御朱印頂戴然処、太閤様小田原御発向之砌、会津被指上、御本国へ御取移之節、鈴木和泉・原田左馬助を以御奉公仕度旨申上候処、御知行高三拾貫文被下置、在名横田を名乗横田対馬と改名仕被召出御奉公仕候処、元和六年霜月十七日に病死仕、実子万六七歳罷成幼少に御座候付、同七年二月二日右御知行高之内半分被召上、十五貫文被下置跡式家督被相立被下由、佐々若狭を以被仰付候。右万六儀改名源兵衛に被仰付候。源兵衛儀寛永四年より奥山古大学御番組に罷成、御国御番拾弐年相勤、同十六年より江戸御留守御番被仰付十弐ヶ年相勤申候。

貞山様御代より

義山様へ引続御奉公申上候。寛永十八年惣御家中へ御竿被相入弐割出御加増高拾八貫文に被成下、寛永弐拾壱年八月十四日御黒印頂戴仕候。

御当代始寛文元年霜月十六日右之知行高拾八貫文不相替被下置御黒印頂戴、同三年極月迄在名横田を名乗罷在候処、於会津従

貞山様被下置候御朱印にも本名山内と被下置候間、山内に被成下度段津田玄蕃を以申上候処、同四年正月四日に本名山内に被成下由、右玄蕃を以被仰出候。親源兵衛儀延宝三年三月十九日に病死仕候。私儀為御番代寛文五年より江戸定御供被仰付、同拾三年迄江戸御奉公相勤申候。同年三月定御供御免被成下候。延宝三年迄江戸御国共拾壱ヶ年御奉公相勤申候間、跡式無御相違被下置度旨、親類共以連判願之覚書指上候処、於江戸小梁川修理・大条監物被遂御披露、御知行高拾八貫文無御相違拙者に被下置家督被仰付旨、延宝三年閏四月廿八日に柴田中務を以被仰渡候。御下書拝受仕候。以上

延宝五年三月九日

30 守屋六右衛門

一　拙者先祖守屋源兵衛儀
貞山様御代守屋伊賀を以被召出、御切米・御扶持方被下置候。員数は不承伝候。元和七年に右御切米・御扶持方御知行四貫百文に大町駿河・永沼丹後を以直し被下候由承及候。同八年に御加増六貫九拾四文右両人を以被下置、義山様御部屋へ被相附御奉公仕候節、宮城之内笠神村にて野谷地津田近江を以拝領開発仕、三貫三百六文右同人を以被下置候。三口合拾三貫五百文被成下之由承及候。右源兵衛、元和九年八月九日病死仕、子共持不申付、実弟清蔵に跡式同年津田近江を以被下置候。然処清蔵男子所持不仕候に付、嶋野盛閑二男拙者実父六右衛門御小性御奉公仕候を聟苗跡に仕候。右六右衛門御切米三両・御扶持方・四人分被下置候。清蔵儀寛永三年八月朔日病死仕、跡式知行御扶持方共に無御相違、同年に津田近江を以親六右衛門に被下置候。其砌六右衛門に被下置候御切米三両之処指上申候。其後寛永弐拾年惣御検地之節、二割出目を以拾六貫弐百文に被成下候。六右衛門儀万治弐年五月九日病死仕、跡式
綱宗様御代同年十月廿七日古内古主膳を以無御相違拙者被下置候。
御当代寛文弐年に惣侍衆御扶持方御知行直被下候節、右四人御扶持方御知行壱貫八百文に被直下、都合十八貫文に被成下、御黒印頂戴所持仕候。以上
　　延宝五年三月廿八日

31　鹿野長太夫

一　拙者祖父鹿野孫右衛門儀二本松家中に罷在候時分大原美濃と申候処、天正拾七年霜月従

貞山様御家中へ可罷越旨、美濃所へ御証文被下置付、任御証文御家中へ罷越候付、大原美濃、鹿野孫右衛門と改名被仰付、屋代勘解由を以御知行拾七貫文被下置御奉公仕候。何年何月御知行被下置候哉不承伝候。右孫右衛門病死仕、跡式子共清兵衛に無御相違、
御同代茂庭古周防を以被下置候。何年何月跡式清兵衛に被下置候哉不承伝候。
御同代に古周防を以、慶長十六年に御加増被下置、三拾貫文之高に被成下御弓頭被仰付、
義山様御代寛永十四年御弓頭御免被成候。
御同代弐割出目被下置、寛永廿一年八月十四日に三拾六貫文之高に被成下候。慶安四年正月病死仕、清兵衛跡式半分に被成下旨、古周防を以同年七月廿八日御知行十八貫文拙者に被下置候。親清兵衛跡式如何様之品にて半分に被成下候哉、委細之儀被仰渡無御座候。右清兵衛儀拙者実親に御座候。以上

延宝五年三月十三日

32 大塚善内

一 拙者先祖伊達御譜代之由承伝候。私祖父大塚和泉儀御切米六切・御扶持方三人分被下置御奉公相勤申候由に御座候。何年に誰を以被下置候哉不承伝候。拙父同氏善内儀は右和泉嫡子に御座候処、
貞山様御代別て御切米三切・御扶持方三人分被下置候。是又何年に誰を以被下置候哉不承伝候。
義山様御代新田起目拾四貫九百弐拾弐文被下置、并右御切米三切・御扶持方三人分を御知行壱貫七百拾八文に被相直、都合拾六貫七百文之所山口内記を以被下置候由に御座候得共、如何様之品を以被下置候哉、年月共に不承伝

候。寛永弐拾壱年八月十四日之御黒印奉頂載、其外同年同日之別紙御目録所持仕候。其後野谷地拝領、自分開発高壱貫三百五拾四文之所被下置旨、慶安五年四月六日に右内記を以被仰渡候。其以後野谷地申請、自分開発高三貫九百十九文之所、明暦元年六月十九日右内記を以被下置、都合弐拾壱貫九百七拾三文之高に被成下、右同年同日御黒印頂載仕候。親善内事色々御用四拾弐ヶ年御国御番拾壱ヶ年無懈怠相勤、
御当代に罷成延宝弐年七月病死仕候。跡式御知行高弐拾壱貫九百七拾三文之所無御相違拙者に被下置旨、同年霜月十三日小梁川修理を以被仰渡候。右高之内三貫九百七拾三文之所亡父依遺言、従弟粟野三右衛門に分為取申度由、延宝三年十月廿五日に申上候処願之通被成下段、同年極月十一日右修理を以被仰渡、残拾八貫文之所当時拝領仕候。親跡式拙者に被下置候以後于今御黒印頂戴不仕候。祖父和泉より以前之儀は承伝無御座候。和泉跡目は同人聟大塚九兵衛相続仕候。以上

延宝七年三月八日

編著者紹介

相原 陽三（あいはら ようぞう）
昭和８年（1933）仙台市生まれ。
『仙台藩家臣録』全５巻を佐々 久先生とともに編集。
元　仙台市立川平小学校校長
仙台市史編さん室嘱託
仙台郷土研究会理事
宮城歴史教育研究会員

仙台藩家臣録　第二巻

１９７８年７月31日　初刷発行
２０１８年12月７日　第二刷発行
定　価――（全六巻揃）本体２５、０００円＋税
編著者――相原陽三
発行者――斎藤 勝己
発行所――株式会社東洋書院
〒１６０－０００３　東京都新宿区四谷本塩町15－８－８Ｆ
電　話　０３－３３５３－７５７９
ＦＡＸ　０３－３３５８－７４５８
http://www.toyoshoin.com
印刷所――株式会社平河工業社
製本所――株式会社難波製本

落丁本乱丁本は小社書籍制作部にお送りください。
送料小社負担にてお取り替えいたします。
本書の無断複写は禁じられています。
©AIHARA YOUZOU 2018 Printed in Japan.
ISBN978-4-88594-524-3